谢本书◎著

滇军风云

民国劲旅

云南出版集团公司
云南人民出版社

图书在版编目(CIP)数据

民国劲旅:滇军风云/谢本书著.—昆明:云南人民出版社,2013.6(2022.4 重印)

ISBN 978-7-222-10929-2

Ⅰ.①民… Ⅱ.①谢… Ⅲ.①国民党军-军事史-史料 Ⅳ.①E296

中国版本图书馆 CIP 数据核字(2013)第 132042 号

出 品 人:赵石定
责任编辑:段兴民 金学丽
封面设计:艺和天下
责任校对:董郎文清 杨子人 谷彦梅
责任印制:窦雪松

书　名	民国劲旅　滇军风云 MINGUO JINGLU DIANJUN FENGYUN
作　者	谢本书　著
出　版	云南出版集团　云南人民出版社
发　行	云南人民出版社
社　址	昆明市环城西路 609 号
邮　编	650034
网　址	www. ynpph. com. cn
开　本	720mm×1010mm　1/16
印　张	22
字　数	280 千
版　次	2013 年 6 月第 2 版　2022 年 4 月第 2 次印刷
印　刷	云南灵彩印务包装有限公司
书　号	ISBN 978-7-222-10929-2
定　价	58. 00 元

云南人民出版社微信公众号

目录

一 楔 子

滇军精锐　冠于全国

云南，这是一块神秘的土地、神奇的地方，一个远离中原的边陲之地，一个曾经被人们认为是“蛮荒之地”“瘴疠之区”的地方，那些人云亦云的传闻，使云南一直笼罩着一层神秘的、永不消散的雾，也使云南成为人们心目中一个难以猜透的谜。其实，云南虽然神奇、神秘，却是美丽的、丰富多彩的。它地处中国西南、东亚腹地欧亚板块的结合部，是寒温热三个气候带的交汇处，是古代中国“西南丝绸之路”的主要通道，是众多民族的发祥地。因其特殊的地理条件和社会环境，使它成为众多的“王国”：“植物王国”“动物王国”“有色金属王国”等；因其物种的多样性，被世界动植物学界誉为“地球物种基因库”；因其文化的独特性，受到世界人类学家和历史学家的关注、青睐，被誉为“人类社会进化的活化石”。

云南境内山川秀丽，风景宜人，民族众多，资源富饶，是一块难得的宝地。考古发掘表明，云南有可能是世界最早古人类的故乡，而且是中国古老文化的发祥地之一。距今1400万年前腊玛古猿化石的发现，距今170万年前元谋人化石的发现，都证明云南是人类祖先生息繁衍之地。进入有文字记载以来的历史一再证明，云南与祖国中原地区保持着割不断的联系，秦汉时期云南已直接纳入祖国的版图，唐宋时期云南出现的南诏、大理地方政权，与中央政府仍然保留着相当密切的联系。到元代以后，云南正式成为祖国的一个行省。云南古代历史发展与祖国历史的发展，既是统一的、不可分割的，又与中原地区有着很大的不同，而且在某种程度上更加丰富多彩。进入近代，由于云南地处祖国西南边疆，成为英、法殖民主义者入侵中国的“后门”，云南各族人民的反帝反封建斗争风起云涌；抗日战争时期，云南更成为中国对外交往主要的，几乎是惟一的通道，云南在祖国历史发展中的分量加重了，亮点增多了。

在民国时期，云南历史的发展多次走到了祖国历史发展的前沿。

反袁护国战争和反蒋“一二·一”运动，都是云南带的头；抗日战争和西南的解放，云南所起的作用都是很突出的。从云南陆军讲武堂到西南联合大学，从文教事业到科学技术事业的发展，民国时期的云南都占有重要的一席之地。这一切是由历史的、社会的许多原因造成的。然而，我们这里要说的是，“滇军”——这个民国时期云南的“特产”，一支值得关注的“劲旅”，在民国时期有其不可取代的历史地位。写作这本书就是要再现历史的本来面目，让人们更好地认识“滇军”，一睹“滇军”的风采。

那么，“滇军”到底是怎么一回事呢？

滇军，这是云南军队的名称。云南简称“滇”，故以“滇军”之名称呼云南军队。不过，我们这里要说的是，作为专有名词的“滇军”，并不是泛指任何时代的云南军队，而是特指中华民国时期（1912—1949年），由云南地方实力派组建、指挥、武装的一支相对独立的军队，这是民国时期的一大特色。这支滇军，不仅在于它的指挥官和士兵基本上是滇籍人士，而更重要的是，它直接受命于云南地方实力派的领导和指挥。这支军队既是云南地方实力派的支柱，也是地方实力派敢于和中央政府抗衡的砝码。这是民国时期，云南之所以成为相对独立的云南的一个重要条件。

虽然这支军队具有相对的独立性，立足于维护云南地方实力派的利益，难免有其局限性。然而这并不是说，它只顾地方实力派的利益，而不顾全民族的利益。事实是，当大敌当前或面临严重民族危机的关键时刻，它就挺身而出，以民族利益为重，进行英勇的战斗，为民族立下丰功伟业。辛亥起义、护国首义、抗日战争、云南解放，都一再显现了滇军为民族的生存和富强而战的爱国主义精神，使滇军演绎了风云一时、威武不屈的角色，奠定了自己在民国时期不可取代的历史地位。

滇军的形成可以追溯到清末新式陆军（简称“新军”）的组建，而云南陆军讲武堂则是滇军军官的摇篮。辛亥起义以后，随着新的地方政权的建立，相对独立的滇军开始正式形成。在民国时期，担任云南军政一把手职务的主要有四个人，这就是蔡锷、唐继尧、龙云、卢汉。蔡、唐、龙、卢四人就成了不同时期滇军的主要统帅。滇军在历史上的作用与功过，与这四位主要统帅在历史上的作用与功过密切相关，难以分割。

不过，需要强调的是，在民国时期，滇军的历史地位与历史作用是不可低估的。从辛亥革命到护国运动时期，有“滇军精锐，冠于全国”[①]之说；抗日战争时期，滇军被看作是“国之劲旅”；解放战争时期，滇军成了国共两党重点争取的对象；滇军的最后转向，更使蒋介石在大陆的政权丧失重要支撑，而不得不退往台湾。云南的解放，使滇军走完了自己的旅程，完成了自己的历史使命。

遗憾的是，在民国时期，饶有趣味而又具有鲜明地方民族特色和重要作用的滇军历史，尚鲜有著作加以全面地论说。作者不揣冒昧，以简洁的形式、流畅的笔调，配以大量历史图片，写下了这部滇军历史的著述，名曰《民国劲旅 滇军风云》。

参考文献

①赵钟奇：《护国运动的回忆》，载《近代史资料》1957年第5期第25页。

二　从云南陆军讲武堂说起

1. 清末云南建新军　民初滇军有了兵

“滇军”形成于辛亥革命时期，然而其渊源则可以追溯到清末新军的建立。而“新军”的出现，又是清末历史发展的结果。

清代前期，特别是“康乾盛世”，中国还是相当强大和富足的，在世界历史上有举足轻重的地位。然而由于长期闭关自守、盲目自大，看不见欧洲诸国在经历了资本主义革命以后的迅速发展，因而日益落后。老迈的清帝国在风雨飘摇之中，碰上了世界上几乎所有的大大小小的资本主义、帝国主义国家的入侵，逐渐地败下阵来。特别是1840年中英鸦片战争敲开了大清帝国的大门以后，清王朝一蹶不振，“康乾盛世”的雄风没有了，代之而起的是令人伤感的战败、屈辱、赔款、割地，中国逐渐沦为半殖民地半封建社会。

尤其令人遗憾的是，在中日甲午战争中，偌大的中国却打不过小小的日本。李鸿章在“自强新政”招牌下，苦心经营30多年的北洋陆军和北洋海军，被小小的日本打得丢盔弃甲、狼狈不堪。结果是北洋海军全军覆没，陆军也全面溃退，损失一大半，而洋枪洋炮则损失殆尽。中国失败得如此惨重，以至维新志士谭嗣同不得不惊呼：“四万万人齐下泪，天涯何处是神州？”①亡国的阴影笼罩在人们的心头。

面对着中国被“瓜分豆剖”、国家濒临灭亡的危险关头，“救亡”与“振兴”成了近代中国发展的主旋律，无数志士仁人寻求着救国图强的真理和道路。资产阶级改良派发动了维新变法，却遭到了血腥的镇压。以孙中山为代表的资产阶级革命派，走上了革命的道路，提出了“振兴中华”这个深深打动几代中国人的响亮口号。而清王朝的统治者们，为了巩固其统治、加强与外国侵略者的勾结、强化对人民的控制，预防革命的发生，也不得不抛出了一些“改革”措施，其中之一就是在“整军经武，以救危亡”的呼声下，建立新式陆军（简称“新军”）。

袁世凯

新军的建立以袁世凯1895年底在天津新农镇（小站）督练新军为标志。袁世凯（1859—1916），字慰亭，号容庵，河南项城人。在中国近代历史上，袁世凯以投机、奸诈著称，好事也不能说一件也未做过，但更多的是把坏事做绝。他组织“新建陆军督练处”，仿照德国和日本的陆军建制，使用新式武器，拥有步、骑、工程、辎重等兵种；设有步兵学堂、炮兵学堂、工程兵学堂等，推行新式军事教育。新军的建立，使清王朝的军事力量有所增强；然而出乎清王朝统治者意料之外的是，恰巧是这支军队，后来成为推翻清王朝的重要军事力量。在辛亥革命中，除了袁世凯控制的北洋六镇（镇，相当于师）以外，各省的新军几乎都成为辛亥起义的主要军事力量；而袁世凯控制的北洋六镇，则成为他在清王朝统治者和革命军之间讨价还价的本钱，最终也成为迫使清朝皇帝退位的“法宝”之一。

20世纪初，清政府在进行军事改革的过程中，决定将全国新军编为36个镇（师）。地处祖国边疆的云南，因国防的需要，计划建立新式陆军两个镇，但直到辛亥革命，只编成一个镇。

1904年，还在军事改革的过程中，云贵总督即削去云南防军士勇名号，改称巡防队，共40个营（又称巡防营），约2.4万人。1905年，设云南督练处。1907年，云贵总督锡良将步队改编为陆军混成协（协，相当于旅）。1908年，将云南督练处改为督练公所，将混成协扩充为一个镇，按当时全国陆军编列的序号，被授予第十九镇番号，官兵总计为1.09万人。第十九镇成立之际，统制（师长）为崔祥奎。下设两个协，第 37 协协统（旅长）为王振畿，第 38 协协统为谭振德。次年（1909 年），第十九镇统制改由钟麟同担任，第 38 协协统改由曲同丰担任。与此同时，全省巡防队扩编为 62 个营。这样第十九镇及全省巡防营的官兵总数达到 3.5 万余人，这在清末各省中，是一个军事力量较强的省区。

也出乎清王朝地方当局的意外，云南新军第十九镇的基层指挥权，后来实际上为资产阶级革命派所掌握，成为云南辛亥起义的基本军事力量。辛亥革命以后，就是这个新式陆军与巡防营的结合与改编，最终演化为由云南地方实力派控制的相对独立的“滇军”。

而这种演化，与云南陆军讲武堂的作用是分不开的。因此可以认为，清末的新军是滇军的前身，而清末新军向滇军的演化，云南陆军讲武堂在其中起了孵化的特殊作用。这里我们就不能不说一说云南陆军讲武堂了。

2. 创建陆军讲武堂　云南新军有戏唱

云南陆军讲武堂的校址，位于昆明城中心著名的风景旅游点翠湖西岸。这里，绿树成荫、鸟语花香、环境幽雅、湖水清澈，是一个难得的人间天堂。讲武堂校园宽阔，建筑古雅，大楼前的跑马场和练兵场不亚于两个足球场的面积，绿草茵茵、生机盎然。这个地方原来叫承华圃，是清末民初昆明群众的重要政治集会中心。云南陆军讲武堂的设立，是清末形势发展的必然结果，它使云南新军有戏唱。

在清末新军的编练过程中，迫切地需要新式军官，而这时新军军官无论从数量和质量都满足不了实际需要。仅依据 1910 年《陆军第十九镇报告表》称，第十九镇全镇指挥官佐缺额 60 名，已在职军官中，“将领多不得人，中下级军官学庸品卑”，难以适应新军的建设需要。而巡防队军官中，更是“类皆目不识丁之武人”，素质相当低下。

为适应整军经武、重建新式陆军的需要，开办陆军军官学堂，以培养军事人才，势在必行。在云南陆军讲武堂成立之先，云南已举办过武备学堂（1899 年）、新操学堂（1901 年）、陆军速成学堂（1906 年）、陆军小学堂（1906 年）以及第十九镇随营学堂（1909 年 2 月）等。不过，这些军事学堂主要是训练下级军官，既不正规，设备也较差，训练人数有限，效果也不理想。

云南陆军讲武堂是清末全国各地成立的许多讲武堂中最为重要的一所。它不但规模较大，课程较完善，教学质量较高，而且所起的作用也特别突出。云南陆军讲武堂初办于 1907 年 9 月，总办（校长）由陆军小学堂总办胡景伊兼任，教官亦多由陆军小学堂教官兼任。开学之初有学生 86 人，而到次年 2 月，仍留堂者仅 41 人，减少了一半多。学堂设施及教学质量均不理想，结果才 7 个月就停办了。

一年以后，护理云贵总督沈秉堃及云贵总督锡良又重办云南陆军讲武堂。这是一所以轮训新军军官及巡防营在职军官为主，又招考中等学校以上学生，培养下级军官的军事学校。云南陆军讲武堂重办之际，正好日本陆军士官学校第 6 期中国留学生毕业回国，云南当权者便从中物色人才，任命大批回国留日学生为讲武堂的骨干和教官。而这批人中，参加孙中山领导的资产阶级政党同盟会的占有相当大的比例，其中重要者有李根源、张开儒、沈汪度、李烈钧、方声涛、赵康时、唐继尧、庾恩锡（后改名庾恩旸）、顾品珍、刘祖武、李鸿祥、李伯庚、罗佩金等。

在这众多的人士中，我们要特别提到李根源。李根源（1879—1965 年），字印泉，云南腾冲人。早年留学日本，加入同盟会，参与创办同盟会云南支部机关刊物《云南》杂志。1909 年从日本陆军士官学校第 6 期毕业后回云南，即被任命为正在筹建复办中的云南陆军讲武堂监督（二把手）兼步兵科教官，后又任总办（校长，一把手）。李根源不仅为重办云南陆军讲武堂立下了汗马功劳，更为在讲武堂保护革命力量，使讲武堂成为云南同盟会员活动的基地，成为云南革命的中心，作出了卓越的贡献。从这个角度上讲，云南新军向滇军的孵化，乃至于云南滇军的形成，李根源功不可没。

云南陆军讲武堂监督
（后任总办）李根源

据学者们统计，在云南陆军讲武堂重办之初的 47 名教职员中，同盟会员有 17 人，革命分子 11 人，倾向革命者 8 人，政治态度不明者 11 人，没有发现明显的反动分子。从学历来看，受过新式教育的占绝对优势，就已知担任教官（教员）的 40 人中，日本各学堂毕业者有 28 人，就学于北京京师大学堂者 4 人，就学于越南巴维学校者 2 人，情况不明者 6 人。这个初步的分类，反映了云南陆军讲武堂的政治、业务的基本情况。[2]

云南陆军讲武堂于 1909 年 9 月 28 日（旧历八月十五日中秋节）正式开学，至今已 100 多年了。从它开学的那天起，它就以新的面貌出现在云南的政治舞台上，引人注目。学校制定的校训为“坚忍刻苦”四个字，李根源身体力行，以为榜样。讲武堂还制定了系列军歌，歌词慷慨激昂，富有感染力，学员和教官们每天早操都要集中唱讲武堂军歌。讲武堂系列军歌中，最重要的两首歌词是：

其一：

风云滚滚，
感觉他黄狮一梦醒。
同胞四万万，
互相奋起做长城。
神州大陆奇男子，

携手去从军。
但凭团结力，
旋转新乾坤。
哪怕它欧风美雨，
来势颇凶狠。
练成铁肩担重任，
壮哉中国民！
壮哉中国民！

其二：

堪叹那世人，
不上高山安知陆地平？
二十世纪风潮紧，
欧美人要瓜分。
枕戈待旦，
奔赴疆场。
保卫国家，
壮烈牺牲。
要知从军去，
是男儿本分。
鼓起勇气向前进，
壮哉中国民！
壮哉中国民！[3]

与清王朝地方当局统治者的愿望相反，云南陆军讲武堂为同盟会、为革命派提供了重要的活动场所，革命党人事实上掌握了云南陆军讲武堂的大权。曾是讲武堂学员的朱德，在其《辛亥革命回忆》中说，云南陆军讲武堂成了“云南革命的重要据点”，也成了“西南团结革命力量的核心”[4]。到 1910 年 5 月 9 日，李根源成为讲武堂总办，沈汪度为监督，张开儒为提调。这样。讲武堂的一、二、三把手全为同盟会员所担任。

这个学校开办之初，有几个重要特点：

云南陆军讲武堂大门

第一，规模较大，班次较多，学生人数也比较多。云南陆军讲武堂开设了甲、乙、丙三班（后来改称为第一、二、三期）。甲班学员（第1期100人）来源于陆军第十九镇管带（营长）、督队官（副营长）、队官（连长）、排长等。这些人中除毕业于日本陆军士官学校及其他军官学堂者外，都要轮流入堂训练。乙班学员（第1期为100人）是从巡防营的管带、帮带（副营长）、哨官（连长）、哨长（排长）等军官中，调取年龄在30岁以下，文理通顺者轮训。丙班学员（第1期为200人）则招考贡生、廪生、普通中学堂学生中年龄在16—22岁者，学成后用来补充下级军官。以后又从丙班学员中挑选成绩优秀者100人，特授学术，称为特别班。1910年初，随营学堂200人并入丙班。同年5月，云南两级师范学堂毕业生有志从军者30人，进入讲武堂，于是讲武堂又设一“附班”。这样，开办之初全校学生共630人。1910年8月，甲、乙两班第1期学员毕业时，又挑选了甲、乙两班第2期学员各80人入堂学习。在1911年10月辛亥革命爆发前，在云南陆军讲武堂接受了军事训练和民主革命思想洗礼的有近800人。这批人返回新军和巡防营，成为云南辛亥起义的重要骨干和基本力量。

第二，学制较长。根据清末关于军事学堂学制的规定，讲武堂的学制每期一般为4个月，除假期及往返时间外，实际在堂学习时间仅为3个月。而云南讲武堂甲、乙两班学制为一年，特别班为两年半，丙班为三年，学制要比规定的时间长几倍。不过由于当时的特殊需要，特别班后来在辛亥起义爆发前提前毕了业。

第三，课程设置完善，教学质量较高。云南陆军讲武堂分为步兵、炮兵、骑兵、工兵、辎重兵五种兵科。甲、乙班入堂后重点学习军事学科，如地形学、筑城学、兵器学、军制学、卫生学等，并学习兵科教程，如本科的典、范、令等。丙班、特别班先学习普通学科及军事基本教程，如国文、伦理、器械画、算术、史地、英文和法文、步兵操典、射击教范、阵中勤务令、工作教范、野外演习等，然后分科专门学习军事学科和本兵科教程。学校的制度和作用仿效日本陆军士官学校，每天上课6小时，下操2小时，早上有体操和跑步，晚上还有自习，夜间不时有紧急集合的训练。由于课程完善、教学严格、纪律要求高，使得讲武堂毕业生的质量在当时与其他军事学堂相比，高出一筹。所以后人说："云南讲武堂之声誉昭著，不亚于日本之士官、保定之军官学校。"⑤

第四，组织机构完善，管理有序。讲武堂在管、教一致的原则下，有教育行政、教学相配套的机构。设总办1人，下设五个处：监督处（教导处），负责教学；提调处，负责人事、行政；编修处，负责秘书、文牍；财务处，负责财务、会计；军医处，负责防疫。监督处下又设甲、乙、丙班班主任各1人。各种规章制度甚为完善，成立之初就订有《云南陆军讲武堂试办章程》《改订云南陆军讲武堂章程》，稍后有《云南陆军讲武学校章程》《陆军讲武堂内务规则》等。

第五，更为重要的是，云南陆军讲武堂几乎从重建之日起，其实权就掌握在革命党人的手里。讲武堂的重要职务，几乎全部由同盟会员担任。不仅同盟会员担任了总办、监督、提调，还担任了各班班主任、各兵科科长，主要教官和执事官也都是同盟会员或革命分子担任。入堂学习的学员，同盟会员也有一定的比例。学堂内还秘密发展了一批同盟会员，在日常的教学、训练中，不断灌输民主革命的精神和内容。

例如，李根源在与学生讲述明代初年，沐英率军进入云南、驱逐元朝在云南的统治势力时，非常有感情，意在强调反对清王朝的统治。为了强调这个问题，李根源还在讲武堂西南隅建筑了一个小亭子，取名为“思沐小墅”，意思是思念以沐英为代表的汉族先贤，而“志在匡复”，含义是相当明确的。还有一次，李根源与教官李烈钧、罗佩金在昆明黑龙潭率学生进行军事演习后，又率学生拜谒黑龙潭的薛尔望墓。薛尔望是明末士绅，清军入关后，不愿在清朝统治下，全家投黑龙潭死去。其谒薛尔望墓的意图，也是很明确的。再如，1910 年 4 月，法国修建滇越铁路通车到昆明，李根源召集全体学生讲话说：“法国今天将滇越铁路修抵昆明，我们国家不唯修不起铁路，甚至将国家主权拱手送给外国人。我辈军人有守家卫国之责，大家在校应该努力学习，将来势必雪此耻辱。”他要大家去火车站看看。讲话慷慨激昂，讲到痛心之处，不禁痛哭流涕。滇越铁路在昆明举行通车典礼之日，讲武堂的学生们都到火车站去，看到法国人耀武扬威，不禁悲愤交集。回校后，国文课以《看滇越铁路通车后的感想》，为题作文，使学生们受到深刻的爱国主义教育。[6]

这样，云南陆军讲武堂成了培养大批民主革命战士的军事学校，不仅出现了像朱德、叶剑英这样杰出的军事家、共和国元帅，还为滇军培养了一大批骨干。蔡锷在讲武堂上过课、讲过学；唐继尧曾是讲武堂的教官；龙云、卢汉则曾是讲武堂（后改称“讲武学校”）的学员，后来都是滇军中的上将，云南的实际统治者。正是从这个意义上我们可以说，云南陆军讲武堂是云南民主革命的摇篮，更是滇军军官的摇篮。

3. 朱德考入讲武堂　显赫生涯开了场

清末云南陆军讲武堂培养的杰出人物中，共和国元帅朱德是其代表。

朱德（1886—1976），字玉阶，四川仪陇人。朱德从小热爱劳动，八九岁就能挑能背，行走迅速，刻苦耐劳并练就了一副好的身架子，为他后来从军打下了一个坚实的基础。朱德早年毕业于四川高等学堂附设体育学堂后，回仪陇县高等小学堂任体育教习兼庶务。当他得知云南陆军学堂在筹办之中的消息，遂义无反顾地决心投笔从戎，报考军事学校。1909 年春，朱德 23 岁时离开了故乡，与好友秦昆一道，从成都步行了 70 多天来到云南省城昆明，决心投考云南陆军讲武堂。

不久，朱德与秦昆一同报考了云南陆军讲武堂，两人考试成绩都不错，达到了录取的要求。然而出乎意外的是，秦昆被录取了，朱德却榜上无名，这使朱德很难堪。后查原因得知，原来秦昆报名时使用的是虚假的籍贯，用云南某地地主家庭的身份报的名，所以被录取了；而朱德仍用四川仪陇县的籍贯报的名，所以未被录取。因为，云南陆军讲武堂创办之初，当局主要有两个目的，一个是培养为当局所需要的军事骨干，还有一个目的是要对付英法对云南西南部地区的入侵。为了后一个目的，所以对云南西南部地区的临八属（临安府所属蒙自等地）的考生录取的名额较多，而对云南省外的考生则暂时不考虑录取，这样朱德用原籍报考，就失去了录取的机会。

不久，云南陆军讲武堂补招新生，朱德这一次接受了教训，假填籍贯报了名。朱德籍贯写的是“云南临安府蒙自县”，姓名用的是“朱玉阶”。由于考试成绩好，又是云南籍考生，自然顺利过了关，被录取了。⑦

但是，入学以后却遇到了很大的麻烦。朱德的四川口音是典型而又顽固的，只要一开口，谁都能听出他的四川口音，假填籍贯的问题，很快就暴露了。按当时的规定，这是要开除学籍的。由于朱德考试成绩优秀，办事又很认真，一心想学军事，而且不远千里而来，其精神很感人。于是如何处理朱德假填籍贯的问题，讲武堂的几位领导发生了争执。有的说，应当严格执行现有的规定，主张开除其学籍，否则以后讲武堂很难管理，纪律不好维持；有的则为朱德的精神所感动，主张变通处理，不要开除朱德的学籍，让他能继续在讲武堂学习。主持校务的李根源深为朱德的精神所感动，最后表示："籍贯错了改回来就可以了，不要为这样一个问题，把一个不远千里跋涉来投考讲武堂的有志青年，拒于校门之外。"这样，朱德遂被保留了学籍，留了下来。[8]

朱德对于最终能够被录取到云南陆军讲武堂学习，是非常感动的。据朱德的女儿朱敏回忆，朱德当时曾激动地说："这是我寻找多年的地方！"他从 18 岁起就开始寻找救国的道路，现在起了步，因而感到许多年没有如此轻松过。他始终像推着一块石头上山，石头不断往下滚，又推上去，几经反复后，石头终于推到一个高度，放在平台上，他可以喘息一下，看看眼前的景物了。许多年后他又回忆说："我一心一意投入讲武堂的工作和生活，从来没有这样拼命干过。我知道我终于踏上了可以拯救中国于水火的道路。"[9]云南陆军讲武堂成为朱德军事生涯的起点。朱德在讲武堂学习期间参加了中国同盟会。参加同盟会领导的革命斗争，这成为他参加民主革命的起点，朱德从此开始了他一生显赫的军事生涯和革命生涯。云南陆军讲武堂是他人生中可贵的也是关键的一步。

在讲武堂学习期间，朱德还遇到过一次麻烦。据 1938 年朱德的回忆，在云南陆军讲武堂学习期间，他所在的学生队队长是教官顾品珍。由于那时部分教官和干部存在着随意打骂学生的情况，朱德曾对这种情况提出了批评，为此引起顾品珍的不满。一次，顾品珍找到朱德一点过失，遂把不满情绪发泄了出来。那是朱德放假外出，因事回校晚了几分钟，点名时未到。顾在他到后进行严厉的训斥，还不准他解释。朱德于是和顾品珍顶撞了起来。顾在盛怒之下，找到李根源，要求开除朱德的学籍。李根源听了后，心平气和地对顾说："我们办讲武堂的目的，你是一清二楚的。我们不需要培养唯唯诺诺、循规蹈矩的学生，而是要培养像朱德这样朝气蓬勃、敢于负

朱德（前排左一）与云南陆军讲武堂同学

责的人才。”[10]顾听了李根源的劝告后恍然大悟，怒气逐渐平息了下来，从此也改变了对朱德的态度，朱德对此深为感动。在随后十多年的滇军军旅生涯中，朱德与顾品珍保持了较好的师生关系，而且成为顾品珍一直倚重的部属。

从云南陆军讲武堂开始，李根源与朱德建立了长达半个多世纪的终生的师生情谊。李根源对朱德的影响是多方面的，从另一个角度讲，这也是云南陆军讲武堂对朱德的影响。透过朱德的故事，我们可以看到云南陆军讲武堂的学风和作风。这种学风和作风，对后来的滇军也有着深刻的影响。

4. 龙云击败法拳师　昆明百姓喜开颜

后为云南省政府主席的龙云，这时还是讲武堂学员，却做了一件使昆明老百姓扬眉吐气的喜事，这也是讲武堂历史上的趣事之一。

龙云（1884—1962），字志舟，彝族，彝名纳吉乌梯，云南昭通人。龙云后来统治云南达 18 年之久。他的成名，与云南陆军讲武堂有着密切关系。龙云不仅是云南陆军讲武堂第 4 期（1912—1914）骑兵科的学员，而且他在讲武堂学习期间，在比武中，还曾打败过不可一世的法国拳师，为此他开始崭露头角。这个传奇的故事，具有神秘的色彩。

青年时代的龙云

事情发生在 1914 年的秋天。龙云在讲武堂毕业的前夕，有一位自称为“法国大力士”的人来到了昆明。这位法国拳师姓甚名谁，昆明的老百姓已经记不清楚了，有的人称他为“法国大力士”，有的人叫他“老番”，有的人叫他“老外”。他长相凶横，个头高大，白皮肤蓝眼睛，满脸络腮胡，一眼望去确乎有“大力士”的架势。他来到昆明，大言不惭地声称自己的武术“天下无敌手”，愿意在任何地方与任何人比武。他在晋谒云南都督唐继尧时，要求在云南陆军讲武堂摆擂三天，并且立下誓言：在三天之内，如果没有人把他打败，他就留在昆明传授武术，开馆传教；如果谁打败了他一次，他就没有脸再留在昆明，立刻离去。作为一省之长的唐继尧，面对这位拳师，心里嘀咕：同意他吧，有谁能与这位大块头匹敌呢？不同意他吧，又怎能开这个口呢？他犹犹豫豫，哼哼哈哈，最后还是不得不同意了法国拳师在讲武堂摆擂的要求。唐继尧很不放心，万一中国人真的被这个大块头打败了，都督的脸往哪里搁呢？因此，他在讲武堂学员和滇军内部悬赏，如果有谁能够打败法国拳师，将给予重赏。

法国拳师在讲武堂的跑马场指挥台上，围起了圈子，扯起了旗子，红红绿绿地写满了大力士“豪言壮语”的纸条，随风飘舞。在摆擂比武开始的第一天，昆明的老百姓像赶庙会一样，陆续前往讲武堂围观。唐继尧心神不定，颇为不安，骑着马，在前呼后拥的吆喝声中，来到了跑马场，坐在擂台下正中前面的太师椅上。他表面上若无其事，实际上心情特别紧张。滇军中的武术师们、讲武堂学员中爱好武术的小伙子们以及流浪江湖的好汉们，一个接着一个地先后登台了。然而这些叫得响的“半瓶子醋”，多半没有经过什么正规训练，耍耍花枪还可以，拉出来上阵是万万使不得的。结果，在法国拳师“三下五除二”的快动作之下，纷纷败阵下来。围观的群众扫了兴，唐继尧的脸色也由红变白，不声不响地离开了跑马场。

第一天比擂的结果，法国拳师获得了全胜。第二天擂台摆出，法国拳师脸红脖子粗，耀武扬威，显得不可一世。这一天，没有一个人上台与法国拳师比武。

第三天早晨，太阳出来了，跑马场明亮多了，人们的心情也开朗多了。法国拳师神气十足，登上擂台，向四周望去。他是在寻找比武的对象，还是在有意挑衅，人们的心中，大大地打上了一个问号。上午过去了，仍然没有人上台。当天空的太阳向西移动的时候，法国拳师满心以为三天擂期将满，胜利不仅在望，而且已经在握。正准备收拾东西下台，不料一个小伙子以出人意料的轻捷动作，跃上擂台。拳师傲慢地直起腰，仔细打量起这个小伙子来。

小伙子身材只有一米六多一点的高度，比起法国拳师整整矮了一个头；伸出手臂，比起法国拳师紧握拳头的胳膊也短了一截；至于脚杆短，那就更不用说了。但他的脸油亮黝黑，双目有神，紧紧地盯着法国拳师的眼睛；穿的是一件白色的衬衣，草绿色的长裤。尤其使法国拳师意外的是，脚上竟然穿的是一双普普通通的草鞋。上台的这位小伙子，显然刚脱去军装，看得出来，他还未当官，如果不是哪个部队的士兵，也许就是讲武堂的学员，因此穿草鞋是不足为怪的。法国拳师轻蔑地看了看小伙子脚下这双草鞋，他怎么也不会料到，正是这双草鞋，在比武过程中发挥了奇妙的作用。

法国拳师端详了小伙子后，心里暗暗发笑，你算老几？敢来这里胡闹，只用轻轻一腿，就把你踢上九重天。正在这时，唐继尧又骑着高头大马来了。因为三天的比武快要结束，难道偌大一个云南省真的就没有人能制服这位法国拳师吗？他是怀着惴惴不安的心情赶来的。唐继尧刚一坐下，裁判的哨音就响了，比武开始。

法国拳师高傲地昂起头，把拳伸出，直抵小伙子的胸口；小伙子也伸出拳头，却无论如何也绕不过法国拳师的手臂，更无法触及他的头部。交手几个回合，小伙子难以发动进攻，因此改变策略，直接向法国拳师手臂捶去。法国拳师顿感有如铁棒敲打的力量，手臂发软，近乎麻木，大呼不平，硬说小伙子身上藏有暗器。比赛暂停，小伙子为了表示清白，当即脱光衣服，只穿背心短裤，请求再战。这件背心颇为特殊，乃由细竹丝编成，是昭通的土特产，既能防身又不怕汗浸，汗水多了脱下来抖抖又可穿上再战。法国拳师暗中吃惊，知道小伙子武艺不凡，又有气功，心里已自不安。比武重新开始，小伙子一交手，即用腿一扫，想不到小伙子脚上的草鞋绳索被甩开，草鞋腾空而起，从法国拳师的头部上方掠过。法国拳师大吃一惊，以为是飞刀突袭，正欲躲避，小伙子全身运气，用八卦拳“猫洗脸”式子，虚晃一下，就势“双擒双抛”，来了个“和尚撞钟”，低着头，连人带拳，一齐向法国拳师的腹部撞了过去。拳师一下被撞翻在地，大约过了两三分钟才翻身起来。

“哗”，一片掌声，淹没了整个跑马场。唐继尧眉开眼笑，站了起来。小伙子不好意思，一溜烟地从人群中走了。法国拳师精疲力竭地拖着大块头的身躯，走下了擂台。他还有什么可讲的呢？第二天，法国拳师悄悄地离开了昆明。这时，昆明老百姓的注意力，已经不是法国拳师，而是打败法国拳师的小伙子。他是谁呢？

他就是龙云，当时叫“龙登云”，是讲武堂快要毕业的学员。他平时喜欢武术，但并未正式上过阵。所以法国拳师摆擂三天，他并未想到要出场。然而，三天的擂期快要过去了，难道能让云南人在这位法国拳师面前丢脸吗？他心潮起伏，坐立不安，真想跳上擂台显身手，掀翻那个自命不凡的“老外”，出出憋在心头的窝囊气。然而恰巧这两天他又在闹肠胃炎，肚子拉得很厉害，精神也不大好，所以也就犹犹豫豫，下不了出场的决心。他的同班好友却一个劲儿地鼓励他说：“龙登云，试试看！”是呀，他转念一想，自己不是什么拳师，也没有什么名气，被打败了也没有什么不好意思。于是仗着一股气，一冲就上了擂台。由于龙云没有包袱，敢打敢拼，加上在老家昭通有名师指教，武功底子不错，因此出乎意外地把一个不可一世的法国拳师打败了，为云南人民争了一口气，老百姓也喜笑颜开了。

龙云由此大显身手，为他以后的发展奠下了无形的基石。直到晚年，龙云仍对自己青年时期能够打败法国“大力士”而感到异常高兴，“认为是他生平最得意的事”之一。[11]

龙云击败法国拳师的故事，既是讲武堂的喜事，也是滇军的趣事。

参考文献

①《有感一章》，见《谭嗣同全集》第540页，中华书局1981年第1版。

②茅海建：《云南陆军讲武堂与辛亥云南起义》，见《华东师范大学学报》1982年第3期第76页。

③李根源：《曲石诗录》第16卷第9页，昆明铅印1978年版。

④参见《辛亥革命回忆》，见《朱德选集》第379页，北京，人民出版社1983年第1版；《辛亥回忆》，见《解放日报》1942年10月10日。

⑤东南编译社编述：《唐继尧》第14页，上海，震亚图书局1925年第1版。

⑥素庵、适生：《云南陆军讲武堂的概况》，见《云南贵州辛亥革命资料》第16页，北京，科学出版社1959年版。

⑦参见《云南陆军讲武堂同人录》，原件为石印本，无印刷日

期，云南省图书馆、档案馆皆有藏本。

⑧李希泌：《忆朱德委员长》，见《健行斋文录》第2页，北京，书目文献出版社1996年版。

⑨朱敏：《我的父亲朱德》第53页，沈阳，辽宁人民出版社1996年版。

⑩李希泌：《我的父亲李根源》，见《新编曲石文录》第9—10页，昆明，云南人民出版社1988年第1版。

⑪赵乐群、傅开林：《龙云及其家族和凉山的关系》，见凉山《文史资料选辑》第2辑第6页。

三　辛亥起义奠定滇军基础

（1911—1912年）

1. 重九起义风云急　云南新军成滇军

清末的云南，无论是清王朝的地方当局，还是资产阶级革命派，都十分重视新军的军事力量，都想要控制新军的领导权。1909年底，原广西巡抚李经羲调任云贵总督。李经羲任云贵总督后，深感第十九镇总参议靳云鹏独断专行，不便指挥，要物色自己信任的人才，于是李根源和陆军小学堂总办罗佩金，向李经羲推荐在广西军界任职的蔡锷"才堪大用"。本来，李经羲在广西时，已认识蔡锷，经此一推荐，一拍即合。

蔡锷（1882—1916），原名艮寅，字松坡，湖南邵阳人，是著名维新派领袖梁启超的学生。早年留学日本，毕业于日本陆军士官学校第3期，比李根源还早（李是第6期）。回国后先后在湖南、江西、广西军界任职，来云南前已任广西龙州讲武堂总办、广西混成协协统（旅长）。他虽然未加入同盟会，却是具有爱国民主主义思想的青年将领。1911年初调来云南，不久任第十九镇第37协协统（旅长），而原37协协统王振畿则调任兵备处总办。当时，十九镇只有两个协，控制了一个协，就等于掌握了第十九镇一半的军权，而且37协驻防昆明，地位重要；另一个协，第38协，则驻防滇西南。

1911年10月10日，辛亥武昌起义爆发，全国震动。云南同盟会员和革命人士兴奋异常，准备积极响应。从10月16日到10月28日，云南同盟会会员唐继尧、殷承瓛、沈汪度、张子贞、黄毓成、刘存厚、谢汝翼、韩凤楼等（并邀请蔡锷参加）先后举行五次秘密会议，决定依靠已由讲武堂师生控制的新军基层指挥权力，立即发动响应武昌起义的昆明辛亥革命。鉴于蔡锷资格老（其实蔡锷此时年仅29岁，但在日本陆军士官学校毕业早，故资格老）、地位高（新军协统），又支持革命，参与了起义的秘密策划，故被推为昆明起义军临时总司令。

当时第 37 协驻昆明，下有两个标（团）。其中 73 标驻昆明北郊北校场，决定由李根源指挥，起义时从北门进城，进攻军械局（在螺峰街）及五华山（城内制高点，背靠螺峰街）。74 标驻昆明南郊巫家坝，决定由蔡锷指挥，起义时从南门进城，进攻云贵总督署（今昆明胜利堂）及藩库、盐库等地。会议决定 10 月 30 日深夜（实为 10 月 31 日凌晨 3 时）发动起义。

正在这时，9 月 27 日云南腾越（今腾冲）先于昆明爆发了响应武昌起义的辛亥腾越起义（又称滇西起义），次日取得成功，成立了以张文光为首的滇西军都督府。腾越起义的主力也是新军，是云南响应武昌起义的首次起义，它的成功，给正在准备中的昆明起义以新的刺激。

10 月 29 日，作为起义军临时总指挥的蔡锷，赶往昆明南郊巫家坝，与驻那里的 74 标及炮标（炮团）各营管带（营长）中的革命者，商议起义计划的落实。10 月 30 日下午 7 时，蔡锷以准备夜间演习为名，下令各队事务长做饭；8 时又下令军需长发给士兵枪弹，以为实弹演习之用。蔡锷在巫家坝 74 标本部召集筹商起义的会议尚未结束，即见到“城内大火冲天”，情况已经发生了意外的变化。

正在这时，“嘟、嘟、嘟……”电话铃不安地响起，蔡锷拿起了话筒。电话中传来了急促的声音：“松坡（蔡锷字松坡）、松坡！是你吗?”蔡锷已听出这是云贵总督李经羲的声音，随即应声：“是，是!”

李经羲接着说：“北校场的士兵叛变，已向北门进攻。现在，我命令你，火急，马上率 74 标官兵进城镇压叛军。火急，火急呀!”

蔡锷再次说：“是，是!”放下电话，看看门外。昆明城北火光甚大，已可隐约听见枪声了，他意识到北校场驻军已经提前行动了。蔡锷不慌不忙对军官们说：刚才是总督打来电话，要我率军进城，平叛救驾。看来，北校场的行动已经开始，我们要紧急配合。现在，马上紧急集合!

几分钟后，74 标及巫家坝的炮标官兵们，很快在操场上集合了。他们整齐排列，气氛非常严肃。年轻的蔡锷迈着稳健的步伐，走上检阅台，直截了当地宣布革命宗旨，并对作战方略作了指示。蔡锷说："满清专制数百年，纪纲不振，政以贿成，四万万同胞如坐涂炭。现在武昌起义，四处响应，皆欲扫除专制、复我民权，我辈军人何莫非国民一分子？与其被疑缴械，徒手待戮，何如持此利器，同起义军，革命清廷，驱逐汉奸，复我山河，兴我汉室之为愈耶！果能如此，诚汉族之荣、军界之光也。"[①]步、炮两标官兵三呼"革命军万岁"口号，以示赞成。蔡锷下令整队出发，74标的目标占领五华山，进攻军械局，炮队目标占领东、南两门。到半夜12时30分，巫家坝驻军出发完毕。蔡锷亲自率领这支队伍，迅速向城内推进。

昆明辛亥起义临时总指挥蔡锷

这时，从讲武堂提前毕业不久，分配到74标当见习排长的朱德，冲到队伍前向蔡锷报告："二营左队连长，带领两个排逃跑，我带领一排人紧紧追赶，包围了他们，追回了部队，但连长跑了。"

蔡锷立即斩钉截铁地说："那就任命你为连长，指挥该连！"于是，火线上升任连长的朱德，向城内发起了冲锋。从这时起，朱德就与蔡锷建立起了亲密的友谊，并视蔡锷为自己的"良师益友"。[②]

原来在10月30日晚上8时许，昆明北校场73

标第3营李鸿祥所部排长、同盟会员黄毓英等派兵抬子弹，作起义的最后准备，被值日队官、北洋派的唐元良追究，甚至鞭打士兵。情绪激昂的士兵开枪打死唐元良，并杀死了另外几个反动军官，于是，由基层首先发动起来的起义就提前几个小时爆发了。李鸿祥等立即率领73标起义官兵攻破北门，进攻五华山和军械局，于是发生了“大火冲天”的战斗。因为1911年10月30日恰巧是农历九月初九，这一天的辛亥昆明起义，史称“重九起义”。

由于起义比原定时间提前了几个小时，根据起义军领导人的分工，同盟会云南支部长李根源尚未赶到昆明城北的北校场。北校场73标起义部队先由李鸿祥、黄毓英率领，向北门进攻。原来决定，起义开始，即由住在城内的讲武堂师生做内应，打开城门，让起义军进城。但因约定时间未到，城门紧闭，起义军战士们遂翻越北门城墙，砸开城门，指挥部队入城。此时，李根源赶到，与李鸿祥等指挥起义军分头进攻城内制高点圆通山、五华山以及军械局、造币厂等地，尤其将主力集中于军械局（五华山侧），以求夺取武器弹药。74标及炮标进城，也立即投入战斗。

云贵总督李经羲、第十九镇统制（师长）钟麟同、总参议靳云鹏等人得知73标“叛变”以后，除下令在昆明城南巫家坝的37协协统蔡锷率队进城“救驾”外，即由钟麟同、靳云鹏指挥巡防两营及辎重营、宪兵营、机关枪队等部，抢占五华山东头之武侯祠、劳公祠等地，对包围军械局的起义军进行反击，战斗十分激烈。

重九之夜，昆明战斗异常激烈。起义官兵不怕牺牲，浴血奋战，可歌可泣。如讲武堂特别班学员、74标2营所属见习排长、后升任连长的朱德，身先士卒、英勇善战，率队参加攻打云贵总督署，很快缴了督署卫队的械，李经羲不得已仓皇逃走、隐匿民间。讲武堂甲班第2期学员、73标所属排长文鸿逵，在进攻五华山麓之红栅子时奋勇当先，猛冲上山，露出半截身子勇猛射击敌人，被敌人机枪扫射，胸部中弹如蜂窝，壮烈牺牲。据统计，文鸿逵所中枪弹，“在万粒以上”。起义军下级军官董鸿勋、徐时云、包顺建、何国梁、姚

图为攻打五华山的临时指挥部云南贡院

小由、张权等，在战斗中负伤都不下火线，竭力死战，毫不退缩。讲武堂教官顾品珍，率领学生与敌人激战于南门外，奋不顾身与敌人肉搏，头部受伤亦不畏缩。起义军领导人之一的李根源，在指挥起义攻城时，跳战壕扭伤脚踝，不能行走，由两个士兵扶着继续指挥战斗。起义军领导人蔡锷，一直在前线指挥，直到战斗胜利结束。

辛亥昆明重九起义战斗过程中，革命志士牺牲 150 余人，负伤 300 余人；敌方死者 200 余人，伤者 100 余人。[3]所以学者认为，云南省城起义，是除首义的湖北以外，独立各省革命党人组织的省城起义中战斗最激烈、代价也最巨大的一次。可以认为，辛亥昆明重九起义，可与辛亥武昌首义相并论。

昆明重九起义成功后，云南各府、州、县传檄而定，全省迅速光复，辛亥云南起义取得了重大胜利。

辛亥昆明起义后，建立了以蔡锷为都督的云南军政府（云南军都督府），实行了一系列的改革，取得了重大的胜利，为云南人民实现民主革命开辟了道路，也使民国初年的云南成为全国最安定的省

辛亥昆明起义后云南军都督府所在地——光复楼（今五华山云南省人民政府办公厅所在地）

份之一。不久，孙中山回国，并在1912年元旦在南京宣告中华民国成立。然而南京临时政府成立不到百天，就被以袁世凯为首的北京政府所取代，从此建立了北洋军阀对中国的统治。地处边陲的云南，北洋军阀势力鞭长莫及，云南军队具有了相对的独立性，因而经过辛亥革命洗礼的云南新军，开始被称为“滇军”。这就是说，滇军是由新军演变而来，是辛亥革命的产物，也可以说是辛亥革命的副产品。

辛亥革命以后，相对独立的，以云南人为主体，地方财政为支撑，并直接受命于地方实力派的这支云南军队，被赋予了“滇军”的称号。不过，滇军实际上是一种约定俗成的习惯称呼，它的官方名称在不同时期有不同的称呼，如“护国军”“靖国军”“建国军”“国民革命军”等等。然而，不管它的官方名称怎样变化，辛亥以后，这支具有相对独立性的云南军队，一直被看作是一支特殊的部队——“滇军”，而这支滇军的第一任统帅，无疑应该是领导云南辛亥起义，并成为首任云南都督的蔡锷。原云南陆军讲武堂总办、辛亥云南起义主要领导人之一的李根源，则是滇军形成的催化人和滇军最早的将领，他不仅是辛亥云南军政府军政部总长兼参议院院长，还是军政府任命的高级将领（迤西国民军总司令兼第二师师长）。

云南辛亥起义，奠定了滇军的基础，也促进了滇军的形成。

2. 李根源急赴滇西　张文光顾全大局

提到李根源奉命急赴滇西，处理滇西问题，就要从腾越辛亥起义说起。

腾越（今腾冲）是中缅边境重镇，地势重要。同盟会很注意腾越地区的工作，1905 年以后，同盟会员不断来到这一地区活动，并发展了后来成为腾越起义领导人的张文光为同盟会员。

张文光（1882—1914），字绍三，云南腾越人，1907 年加入同盟会，同时创设“自治同志会”。辛亥武昌起义后，张文光与同盟会员，决定联络在腾越地区的新军两个连和巡防营发动武装起义。1911 年 10 月 27 日下午 7 时，腾越起义爆发，经过一夜战斗，起义宣告成功。次日成立了以张文光为首的滇西军都督府，并决定派兵西进，扩大战果，推动全省起义。

辛亥云南腾越滇西起义领导人张文光

滇西军向大理进军过程中，10 月 30 日昆明起义成功，旋即成立云南军政府。大理新军响应昆明行动，宣布反正。然而，在当时的特殊历史条件下，开始滇西军并不知道大理已经反正，遂向大理进攻；随后获得消息，大理确已反正，然而由于指挥失当，进攻仍在继续。于是发生了双方都已宣布响应辛亥起义的滇西腾越军和大理军的武装冲突，而且冲突尚有扩大的趋势。

消息传到昆明，云南军政府为了迅速稳定局势、妥善解决滇西问题，都督蔡锷乃任命李根源为迤西国民军总司令兼云南陆军第二师师长，全权处理滇西问题。

李根源于1911年12月2日，带病从昆明出发。李根源为滇西之行作了两手准备：一方面致电张文光，希望和平解决滇西问题；另一方面也作了进军永昌（今保山）、腾越的准备，要迫使腾越军就范。

张文光深明大义、顾全大局，复电李根源，愿以和平方式解决滇西问题，服从省军政府的裁定。张文光的部下、腾越军的主要将领彭蓂、李学诗、刘德胜等，不仅是同盟会员，而且又是云南陆军讲武堂的学生，与李根源有师生之谊。利用这种关系，于公于私，对于和平解决滇西问题都是有希望的。为了尽快调解滇西冲突，张文光与腾越父老请李根源仍在腾越居住的父亲李大茂到永昌、大理与李根源沟通关系。李大茂遂给李根源发电报说，他此次前来，因腾越、大理两军相持不下，而又函电隔阂，迫于父老之多次请求和张文光的诚恳相邀，以民为重，故勉为上路。再次转达张文光希望和平解决滇西问题的愿望。

李大茂到永昌时，派专人给李根源送出一亲笔密函，要李根源注意处理八项事件，其中特别提到，张文光首义之功不可没，他保护了地方，没有丝毫权利之心，很为难得，应优待之，不可稍有歧视之见，妄听他人谗言，这是很重要的，切切，切切。这次首义诸人，如彭蓂、李学诗、钱泰丰、刘德胜等，宜始终保全，优予擢用，腾越之事方易收拾。

12月17日，李根源到达大理时，张文光派张文运、张镒安、张映宝、林春华、李治、杨发锐、杨毓铣、刘品三、和朝选、曹之骐等滇西军政府的10名代表前往欢迎，同时讨论善后事宜。李根源向滇西军政府提出了9条建议，其主要内容是：裁军，军队不干预地方政治，地方官由省任命；惩办少数肇事者，腾永（腾越、永昌地区）人士推荐多人到省任职，共同办理一切庶政。对这些条件，10人联名转告张文光。张文光复电说，滇西军政府全部接受，并邀请李根源到腾越进一步协商，处理善后问题。

1912年2月1日，李根源到达腾越，发表了《告示腾越父老子弟》书，肯定了滇西起义的功绩，并对滇西父老抱有厚望。同时委张文光为腾越镇军门，专管腾越军务，从而撤销了滇西军政府，结束了辛亥起义后云南存在昆明、腾越两个军政府的局面，实现了军政的统一。同年3月，根据李根源的建议，蔡锷任命张文光为云南提督，驻大理。4月，张文光赴大理就职，随后又被任命为云南协都督，仍驻大理，腾越随即改名腾冲。由于张文光的腾越军在革命进军中，曾与大理军发生战斗，张文光到大理事实上难以履行其协都督的职责。不过，滇西问题总算和平解决了。

尽管李根源在处理滇西问题过程中，可能多杀了一些"肇事者"，对此，历来指责的人较多。不过平心而论，蔡锷、李根源最终和平解决了滇西问题，结束了两个政权并存的局面，使全省军政统一、军事力量统一，这不能不说是一件值得肯定的大事。

从此，"滇军"基本上得到了统一。除了在1927年至1929年间，唐继尧下台以后的几年，滇军内部发生了火拼事件以外，在整个民国时期，滇军内部基本上是统一的。滇军内部不再有明显的派系之分，这与当时许多省区派系林立的状况相比，是很不相同的，这是滇军的一个重要特点。由于滇军较为统一、内部不存在明显的派系之分，这也是云南在民国时期相对较为稳定的重要原因，也使滇军在民国时期能够始终保持相对独立的状态，在中国近代政治、军事舞台上发挥着难以替代的作用。

3. 大都督微服出访　小卫士坚拒回府

1911年底，蔡锷担任了云南都督。成了一省之长后，他逐渐意识到，要稳定社会秩序、改善百姓生活，就必须迅速恢复和发展生产，使人民群众安居乐业。而作为经济比较落后、财政赤字庞大的云南，该从哪里入手呢？想来想去，他决定还是先走历史上“清官”的道路：微服出访，体察民情，了解情况，调查研究，然后制订切实可行的改革措施。

冬天的一个傍晚，蔡锷脱下了将军服，换上了一套洗旧了的蓝布长衫，脚上穿着一双土粗布鞋，不带任何随从信步走出了军政府大门（今昆明五华山云南省人民政府大门），优哉游哉地向大街走去。蔡锷到商店走一走，看一看，与售货员交谈一阵，又转上大街，听听人们的街谈巷议，还主动与几位老者攀谈生活、物价和市场供应情况。这时的昆明城区人口仅10万左右，街道狭窄，房屋陈旧，物资贫乏，食品单调，老百姓的生活还很不令人如意。人们因推翻清王朝的统治而欢欣鼓舞，但又对当前的生活困境而忧愁焦心。这一切都留在蔡锷的脑海里。他边走边思考，渐渐形成了一些想法：仅仅推翻清王朝的旧政权是不够的，云南需要改革，社会需要安定，生产需要发展，财政需要平衡，人民的生活需要改善。只有这样，人们才会从心眼里支持新生的革命政权，新的政权才能逐步巩固。

不知不觉夜已深了，街上的行人少了，蔡锷这才想到自己也该回军政府了。蔡锷漫步回到五华山军政府的大门，正准备进入大门时，大门岗亭的小卫兵大吼一声：“证件！”蔡锷没有着军服，也没有带任何证件，而卫兵是刚换防来不久的士兵，不认识蔡锷；即使认识，这时蔡锷未着军装，又是深夜，也看不清。蔡锷犹豫了一下，不便作任何解释，一声不吭地退走了。他想，转到五华山军政府的后门，也许不会这样为难。

蔡锷沿着华山南路、青云街，走到了军政府后门，后门的小卫兵也不认识蔡锷，加上夜已很深了，还是要证件。蔡锷颇有难色，又觉得不便说明自己的身份，遂对卫兵说：“请通报，我要会见都督夫人。”他的意思是，要找自己的老婆来解围。但是卫兵无法理解，又问他是什么人。蔡锷仍然没有明说。于是，卫兵对这个衣冠不整、其貌不扬、夜半来闯军政府的年轻人起了疑心，忍不住提起手来

“啪、啪！”掴了蔡锷两个耳光。

响声惊动了传达室的一位年轻的参谋。参谋赶忙出来看看到底发生了什么事。不看则已，一看就慌了手脚。怎么，卫兵打了蔡都督！他赶忙上前，喊了一声：“都督！”蔡锷虽然脸色不好看，但并未生气，也没有讲什么话。参谋把蔡锷扶进军政府后，忙向蔡锷道歉和解释。蔡锷打断了他的话说：“好吧，和我到办公室去一下。”

参谋丈二和尚摸不着头脑，跟着蔡锷进了蔡都督的办公室，开了灯。蔡锷坐在办公桌旁找来了一张便笺，写了手令。参谋站在旁边吓呆了，不知如何是好。蔡锷把手令写好后，交给参谋，只说了一句话：“照命令马上执行。”参谋战战兢兢地看完手令，一块石头才落了地，忍不住笑了一声说：“是！”

原来，蔡锷的手令写的是：特提拔后门卫兵为排长，立即执行。可是当参谋拿着蔡锷手令到后门时，卫兵不见了，只有一支步枪放在后门岗亭内。因为参谋与蔡锷进后门时，卫兵知道自己打了都督两耳光，心里非常害怕，无可奈何，只好放下步枪，悄悄地逃走了。④

后门卫兵没有当成排长，然而这段佳话却流传了下来。刚刚形成中的滇军作风，在这个故事里也得到了体现。

这以后，蔡锷在云南对军政实行了一系列的改革，使民初的云南成为全国最安定的省区之一，也使滇军日益强大起来。

4. 云南派军援四川　滇军省外显威风

云南辛亥起义成功，全省迅速安定。而在同一时期，全国以至西南都还处于动荡不安的状态之中，四川、贵州都尚处于清王朝的控制之下。

四川的情况较为复杂。武昌起义前，四川人民反对清政府出卖路权的爱国运动（保路运动）蓬勃开展，迅速转化为反清武装暴动。四川保路运动成了辛亥武昌起义的前奏曲。然而，辛亥武昌起义后，四川响应起义的力量由于反动派的镇压而分裂，延至1911年11月22日重庆才响应起义，宣布成立了以同盟会员张培爵为都督的蜀军军政府。蜀军军政府力所能及的仅是川东、川南的部分地区，四川省会成都及其余地区仍然控制在清王朝手里。随后四川又军府林立，社会秩序混乱。清朝四川总督赵尔丰陈兵成都、简阳间；清朝钦差大臣傅华嵩、统领凤山、驻藏大臣联豫领兵由雅州（雅安）向成都进军；清朝川汉铁路大臣端方又屯兵川东。川事危急。

希望迅速解决四川问题，是革命派和独立各省的共同要求，并寄希望于已宣布独立的云南。为此，云南决定派兵援蜀。云南军政府于1911年11月11日讨论了“援蜀案”，取得了几点共识：（一）天府之国，为形势所必争，川乱平，则鄂无牵制。（二）铁路风潮起，各省次第反正，独川省为赵、端钳制，反而不能独立，应扶助之，俾五族早定共和。（三）赵、端大肆淫威，政学绅商，死亡枕藉，宜披发缨冠往援。⑤于是决定组织滇军援川军一个师，以云南军政府军务部总长韩建铎为师长（又称“滇军援川军总司令”），下辖两个梯团（相当于旅），以谢汝翼为第一梯团长，李鸿祥为第二梯团长，率兵支援四川革命力量。

1911年11月14日，援川第一梯团从昆明出发，经云南昭通向四川叙府（今宜宾）前进。稍后，援川第二梯团经贵州威宁、毕节向四川泸州前进。当滇军援川第一、二梯团出发之际，四川境内形势发生新的变化。11月27日，端方在资州被杀，入川鄂军宣布反正。同日，成都宣布响应武昌起义，赵尔丰被迫交出政权后逃亡，旋亦被杀。成都成立大汉军政府，以蒲殿俊、朱庆澜为四川正、副都督。10天以后，即12月8日，成都发生兵变，蒲殿俊、朱庆澜逃亡，尹昌衡、罗伦继任四川正、副都督。再过数日，滇军援川第一、二梯团先后到达叙府、泸州。

按照滇军进军计划，一路经叙府向成都进军，矛头指向赵尔丰的势力；另一路经泸州向川东进军，矛头针对端方的势力；同时计划在解决川省问题以后，准备北伐。然而，当滇军第一、二梯团到达叙府、泸州后，形势已发生了变化，于是蔡锷命令第一、二梯团暂停前进，暂驻叙、泸一带。

这时，川南的社会秩序比较混乱。一方面反清群众运动勃起，另一方面少数人趁火打劫。这两种情况有时难以分辨。滇军驻扎川南，不能不出面“维持大局”，采取了剿抚兼施的方针，大显威风，局面很快稳定。在剿匪追击过程中，滇军一度占领了自流井、贡井地区。而自流井、贡井地区是四川省产盐之区，“蜀中财源，大半出于自、贡两井”。[6]这个财源为滇军控制，川军不能不感到威胁，川滇两军矛盾开始表面化，滇军与成都军政府的矛盾更为尖锐。1912 年 2 月中旬，川滇两军甚至在自流井以北界牌地区发生武装冲突。蔡锷表示希望和平解决，重庆蜀军政府愿出面调停。于是在 2 月 20 日，成都、重庆两军政府派出代表胡景伊、王馨柱、邵从恩到达自流井，与滇军代表韩建铎、谢汝翼、李鸿祥、黄毓成等协商，最后双方订立了《北伐条约》八款，从而结束了川滇之间正在酝酿的战争。

根据《北伐条约》的规定，川滇军共同组织北伐队，分道出师中原地区；滇军北伐一个梯团的军需由四川供应。条约的规定目的明确，就是川滇军团结起来，共同北伐，会师中原，直捣清廷。

3 月 12 日，成都、重庆两军政府合并，以尹昌衡、张培爵为四川正、副都督。同时因清帝退位，南北暂时统一，北伐军遂停止组织，滇军援川军乃决定分途返回云南。4 月，入川滇军除张子贞一支队入贵州外，谢汝翼、李鸿祥两梯团先后离川返滇，于 5 月 6 日两梯团同时抵达昆明，援川滇军结束了自己的使命。

可见，辛亥滇军援川的决定是无可非议的，这是滇军首次在省外显示自己的威力。滇军援川对于促进川省起义、稳定川省局势，都有积极意义。最后援川滇军撤出川境也是有纪律的，遵守了诺言的。援川的过程中，由于在追剿匪徒中，误杀了人，这不能不说是遗憾，特别是因控制自流井、贡井与川军发生矛盾，也值得总结经验。不过，滇军援川军总的讲其功绩是主要的，应予肯定。

朱德曾参与援川军，他在《辛亥革命杂咏》诗的第五首中，专门描绘了援川军的情况。其诗云：

忆曾率队到宜宾，
高举红旗援弟兄。
前军到达自流井，
已报成都敌肃清。

这首诗对援川军的歌颂，是不言自明的。

5. 北伐滇军进贵阳　都督贵州唐继尧

滇军援黔，比起援川来讲，情形稍微复杂一点，评价起来也不是那么容易。

滇军入黔的起因，是由于云南军政府组织北伐援军，以声援武昌起义后的革命形势的结果。云南北伐军早在 1911 年 11 月即已组织。因为武昌首义后，战争一度相当激烈，武昌也曾危在旦夕，因此革命党领袖黄兴、湖北都督黎元洪，曾多次通电，要求南方独立各省组织北伐军，支援武昌的革命。云南是应这样的呼吁和要求而组织北伐军的。

云南北伐军是继云南援川军之后组成的，编定为 4000 人，最初名为滇军第三梯团（排列在援川军第一、二梯团之后），后来才叫北伐军。云南北伐军以云南军政府军政、参谋两部次长唐继尧为司令。

唐继尧（1883—1927），字蓂赓，云南会泽人。早年留学日本，加入同盟会，日本陆军士官学校第 6 期毕业回国，任云南陆军讲武堂教官、新军参谋官、管带等职。在昆明积极参与辛亥重九起义，云南军政府成立后，任军政、参谋两部次长，云南北伐军司令。

云南北伐军原来的出师路线并不打算经过贵阳，而是取道四川泸州，转赴中原。然而，北伐军出师前国内形势发生变化，蔡锷同意唐继尧所率北伐军入黔，经过贵阳开往湖南。为此，蔡锷致电贵州都督赵德全说明：“近闻黔中匪势甚炽，遵义、大定曾抢掠一空。滇军到贵阳时，若贵军约其暂驻一二日，以资震慑，滇军自应尽力；

若恐人民惊疑，则滇军即行通过，决不逗留。万望宣示人民，并释疑虑。”[7]态度还比较和蔼，带有征求意见的性质。

其时贵州的情况比较复杂。贵州在1911年11月4日响应武昌起义，但内部派系斗争激烈，特别是接近同盟会的自治学社与接近改良派的贵州宪政会、耆老会两派的斗争白热化。1911年底，贵州自治学社领导人、枢密院院长张百麟离开贵阳出巡时，贵阳实力空虚。贵州宪政会、耆老会认为有机可乘，枢密院副院长任可澄以及贵州军人刘显世等密谋，假借枢密院名义，向蔡锷发电报称：贵州“公口横行”，要求滇军北伐时经过贵州，“代平黔乱”；并派出曾任云南个旧锡矿公司经理的贵州立宪党人戴戡到昆明，向蔡锷作“秦庭哭”，佯说贵州“公口林立，竟成匪国”。[8]戴戡还与原云南知府的贵州人周沆在昆明日夜向蔡锷报告，贵阳防卫空虚，宪政党布置严密，滇军入黔，当竭力配合，万无一失。在贵阳的若干立宪党人也“函电交驰”，纷纷催促蔡锷进军贵阳。蔡锷对贵州的实际情形并不真正了解，偏听偏信，轻易决定了滇军入黔，再行北伐。尽管此时尚在滇西的同盟会云南支部长李根源提醒蔡锷，滇军不宜卷入贵州内部派别之争，但未能引起蔡锷的重视。

1912年1月27日，滇军北伐军在昆明誓师，次日出发。2月初，滇军到达滇黔交界处的平彝（今云南富源）时，蔡锷突然连发几个加急电报，要求唐继尧中止入黔，改道入川。蔡锷要求唐继尧改道入川，不经贵阳，主要理由有两点：一是陕西形势危急，四川境内滇川军发生矛盾，需要派兵支援；二是了解到贵州内部两派斗争激烈，滇军不宜入黔。蔡锷对滇军入黔可能产生的后果表示担心，在经过一番犹豫之后，下令唐继尧改道入川。

唐继尧接到改道的命令后，作了改道的准备，并命令北伐军参谋长、先遣支队长庾恩旸改道北伐，援川入陕，并规定了改道的路线。然而改道尚未付诸行动，2月12日，庾恩旸又接到唐继尧的命令，要他停止改道，仍向贵阳方向进发。[9]

问题在于，为什么唐继尧在执行了蔡锷“改遭入川”的命令两天后就变卦了呢？看来，戴戡、周沆起了很大作用。与唐继尧随军的贵州立宪党人戴戡、周沆得知唐继尧拟改道入川后，连发数电给蔡锷，请求不要改道。电报煽动说，如滇军改道，宪政会诸人必将受害，所谓“滇兵不发，黔祸或缓须臾；滇兵改途，黔害立见糜烂”。甚至说什么，如果改道，请将载戡、周沆“戮于贵军府，以谢不慎之咎。”戴、周二人坚决反对改道，又别有用心地对唐继尧进行煽动，甚至说什么：“唐司令若进贵阳，都督自然非你莫属。”这简直太露骨了。

唐继尧受到煽动，乃给蔡锷发电诉苦说：“先遣队入黔已深，抵威（宁）、毕（节）一路粮草既未预筹，改道种种困难，谅在洞鉴。”再过一日，唐继尧更明确表示了拒绝接受改道的命令，他给蔡锷电报说：“北伐滇军，已深入黔，碍难改道。”

面对着戴戡、周沆的反对和唐继尧的拒命，蔡锷无可奈何，只好折中地说：“希由执事酌量分拨数队，代平黔事，余军仍须入蜀，以应援蜀之急，并速北伐之师”。这就是说，蔡锷对滇军入蜀的命令，已作了修改，但并未完全放弃。

蔡锷兵分两路的命令，其要点是北伐军主力入川，余部入黔。但这个命令仍遭到反对，蔡锷深知“将在外，君命有所不受”的道理，不得已再次让步，表示“行军计划，远道殊难悬揣。进止机宜，未便遥控。”究竟如何办理，只好唐继尧自己决定了。这就等于放弃了要北伐滇军改道入川的命令了。

过了两天，蔡锷又有些犹豫，由于川滇军在四川发生冲突，虽然有所缓解，但“悬军深入，不能不添援兵”，还是希望唐继尧分兵一部入川。唐继尧却不再买账，给蔡锷的电报说：贵阳同胞“函电交驰，谓如望岁，请求速进”，拟即出发去贵阳。到此时，蔡锷还有什么可说的呢？只好给唐继尧发电：“戡定黔乱为要，毋庸改道入川也。”[10]这样，唐继尧就毫无顾虑地率军向贵阳急进。事实上，正是蔡锷发出上述电报的同一日，即 1912 年 2 月 27 日，唐继尧已率军抵达贵阳近郊。这就是说，蔡锷同意与否并不影响唐继尧向贵阳的进军。

唐继尧所率滇军抵达贵阳近郊后，即分头占领各高地和各要害地区。在贵州耆老会、宪政会及其所支持的部分黔军的怂恿和配合下，唐继尧于1912年3月3日拂晓率部向贵阳城内突然发动进攻，经一日之战就完全控制了贵阳的局势。滇军的威力再一次得到显示。

唐继尧控制贵阳后，对自治学社的革命党人及支持自治学社的群众，不分青红皂白地实行大屠杀。唐继尧的随从副官李佩珩后来回忆，战斗结束后，“押解俘虏约一千六七百来螺丝山阳明洞，报请总司令发落。唐接报告后即起身叫我同他出去看，一大伙副官马弁跟随到了祠外。一看这些俘虏，并不是军人，只是穿普通衣服的人，甚至还有穿长衫的杂立其中。所谓俘虏被集合到螺丝山麓的一个平坦低凹的地方，有武装在周围持械监视。唐到场后，看看俘虏，又看看报告，叫了一些被监视的俘虏出来，然后命令10名一列、10名一列地排列成行，随令副官马弁一列一列地解往山后斩首”。一次就杀了不下五六十人，真是惨不忍睹。[11]这样，螺丝山“尸骸成丘，血流成河”，直到今天民间仍称螺丝山麓为“万人坑”。[12]唐继尧对被俘的官长士兵，只要不为己用，缴械之后，皆驱到东郊悉数坑杀。此外，唐继尧还派人杀害了贵州副都督赵德全、自治学社主要领导人钟昌祚、黔军第1标第1营管带杨树青及第1营全体官兵。

3月4日，在贵州宪政会、耆老会控制下的贵州省议会，推举唐继尧为临时都督。4月26日，北京政府临时大总统袁世凯又任命唐继尧为署理贵州都督；5月10日，又正式任命为贵州都督。这样，唐继尧率滇军进攻贵阳，轻而易举地夺得贵州都督的职位。此后的一个相当长的时期内，贵州成了滇军的势力范围。

滇军北伐及其入黔本身的决定，是很难加以否定的。问题在于唐继尧率滇军入黔后，插手黔局，卷进贵州内部两派的斗争，支持一派压一派，实行大屠杀，夺取了都督职位，从而在事实上开创了民国以来以武力夺取邻省政权的恶劣先例。这一点不能不是滇军形成过程中的一个大问题，蔡锷有领导责任，唐继尧更有直接的责任。

6. 西征军出师西藏　平叛乱滇军善战

辛亥期间，滇军不仅出兵四川、贵州，还出兵西藏，反击英国的侵略势力。

辛亥革命前夕，英、俄两国加紧了对我国西藏地区的侵略活动。清朝中央政府曾令川军2000人调驻西藏，英国印度殖民当局竟然表示“反对”，西藏大领主也发动叛乱。1910年2月，川军在江孜粉碎了叛军的抵抗，进入拉萨。在英国侵略者的诱惑下，达赖逃往印度。英国即于1910年6月，派兵进驻印藏边境的郎塘，叫嚷达赖如果回藏，英军“则须入藏以当保护之任”。

辛亥武昌起义以后，达赖与英印总督密商，派达桑占东潜回西藏，策动武装叛乱。西藏大农奴主则组织“勤王军”，以清政府原驻藏大臣联豫为“元帅”，亚东等地驻军也发生哗变。西藏大农奴主还以达赖名义发布“驱汉”命令，组织以达桑占东为总司令的“民军”，围攻拉萨、日喀则、江孜的川军，并进扰西康藏区。云南都督蔡锷得报，乃电商四川都督尹昌衡，共筹办法。但是，尹昌衡表示，藏事由川省负责，显然不愿滇军插手。

然而，西藏的形势迅速恶化，告急求救之书急于星火。于是蔡锷于1912年4月30日致电北京政府，分电四川军政府，特别告诫：“西藏为我国雄藩，外人垂涎已久。”如果不早为规划，尽快经营，恐后患无穷，后果不堪设想。[13]蔡锷焦急之心，跃然纸上。5月6日，蔡锷再电北京，分电各省，明确表示滇军愿意出兵西藏，以挽救危险局面。最初北京政府没有同意云南派兵，只同意“确探情形，密为筹备”。但是形势继续恶化，加之蔡锷再三要求，北京政府才明确表示：“云南军队，训练甚精；前经援蜀援黔，现已陆续抽调回滇，若以之防剿藏乱，必能得力。”并于5月18日，正式同意滇军与川军配合，“联合进藏，竭力镇抚”，希望川、滇各方“捐弃前嫌，力顾大局”。

得到北京政府的批准，蔡锷决定尽快派出精锐滇军进藏，镇压叛乱，抗击英军的入侵。5月29日，蔡锷致电北京，说明滇军进藏有两条道路可走，一是取道宁远、雅州转入巴塘；二是取道中甸，经阿墩子由巴塘入藏。而川军亦将从巴塘入藏，两军同道，粮饷运输困难，而且又恐发生矛盾。因此，蔡锷建议，川军经巴塘，滇军则另辟新路，由维西、茶砼、马必立之间出口，经珞瑜野人山地方，向西北往拉萨前进。这样，滇藏间的交通可近千余里。然而，此地新辟，需先派侦察队，再派工程队，然后大军才能出发。预计出兵一混成协（旅），年需200万元。滇省财力有限，希望中央筹款。6月18日，北京政府通知云南说，取道宁远、雅州至巴塘一线，绕越太多，毋庸置疑；由维西出口，取道珞瑜野人山一路，工程艰险，费用太多，暂从缓议；惟中甸北至巴塘一路，有可通之处，较为适宜。

此时，西藏战事已日益紧张。四川政务处会议已决定，尹昌衡出任征藏军总司令，率兵入藏平叛，北京政府亦电令尹昌衡统兵入藏。蔡锷则任命云南军政府参谋厅总长殷承瓛为滇军西征军司令官，率兵进藏。1912年7月，西征军自昆明出发，蔡锷及各厅、司长，各校男女学生皆沿途欢送，气氛隆重热烈。8月10日，西征军总部到达大理，10月19日抵达丽江。同时分兵为两个纵队，以郑开文为左纵队长，取道维西大道直趋盐井；以姜梅龄为右纵队长，取道中甸大道直趋乡城；此外还有西防国民军左、右两纵队配合战斗。司令部及其余部队则暂驻丽江。

当滇军出发之际，西藏叛军早闻滇军之名，大为紧张，决定要阻止滇军入藏，乃派人在途中暗杀滇军西征军司令官殷承瓛。当殷承瓛从大理前往丽江途中，一队“商人”突然迎着队伍走来，向殷承瓛平时所乘的坐轿开枪。然而，殷承瓛是有防备，已换穿普通士兵衣服，由坐轿改为乘马，遂躲过这场灾难。但替殷承瓛坐轿的副官，却不幸中弹身亡。

滇军西征军左纵队早在8月15日与西藏叛军相遇于溜筒江附近，滇军发起进攻，消灭叛军40余人，受伤30余人，而滇军无一伤亡，仅打折九响枪一支，消耗子弹1400多发。殷承瓛命滇军乘胜直追，于8月26日攻克盐井、乡城。滇军善战，威震西藏。为此，北京政府致电蔡锷，下令嘉奖。电报说："该都督调度有方，将士奋勇用命，深堪嘉奖。"⑮

滇军西征军司令官殷承瓛

滇军攻克了盐井、乡城，缓解了巴塘之围，增援了川军。然而，由于川滇军矛盾存在，川督尹昌衡三次发出电报，阻止滇军前进；甚至致电北京政府，借口于英人干涉，如滇军轻进，恐酿交涉。蔡锷为避免川滇两军矛盾激化，影响一致对外，乃于8月31日致电北京政府说，川滇两军"如仍存彼此疆界之嫌，而未谅兄弟御侮之意，则滇军惟有退保疆隅，防番氛之侵轶，藏中之事仍请川军独任其劳"。然而，川滇两军的矛盾并未消融。9月21日北京政府下令，明确指出："川边抚剿，尹督自任专办，筹兵筹饷，悉由该督经营，滇自不必争。刻下昌都等处均驻川兵，殷司令切勿轻进，转生枝节。"⑯蔡锷不得已，乃电令殷承瓛，酌留陆军一大队，防军一二营，经营珞瑜野人山一带，从事改土归流，其余全部撤还。

辛亥护滇纪念章

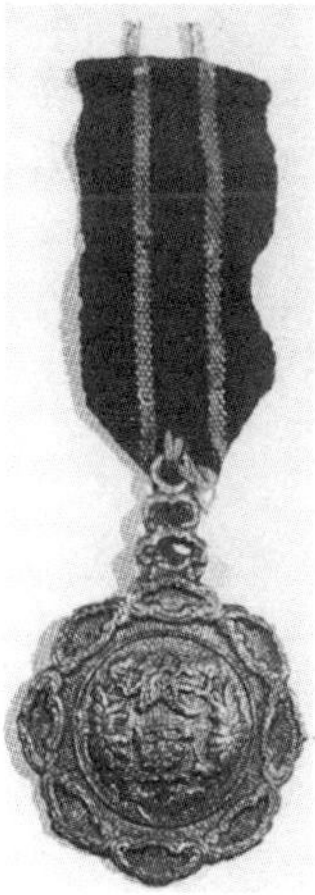

辛亥云南从军纪念章

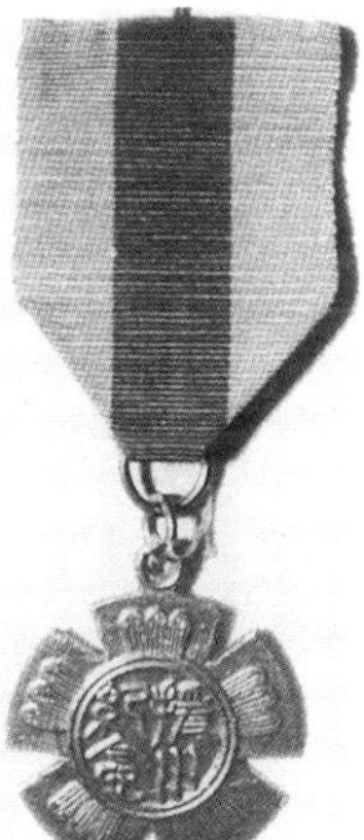

辛亥援川纪念章

辛亥援黔纪念章

辛亥云南起义成功云南军都督府后颁发的各种纪念章

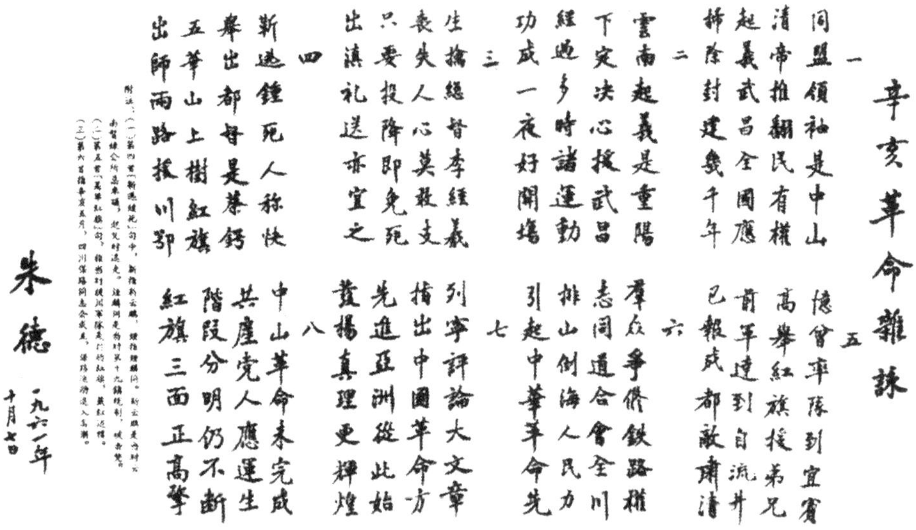

辛亥革命雜詠

一
同盟領袖是中山
清帝推翻民有權
起義武昌全國應
掃除封建幾千年

二
雲南起義是重陽
下定決心援武昌
經過多時諸運動
功成一夜好開場

三
生擒總督李經羲
喪失人心莫敢支
只要投降即免死
出滇礼送亦宜之

四
靳逃鍾死人稱快
舉出都督是蔡鍔
五華山上樹紅旗
出師兩路援川鄂

五
德曾率隊到宜賓
高舉紅旗援弟兄
前軍達到自流井
已報成都敵肅清

六
群众爭修鉄路權
志同道合會全川
排山倒海人民力
引起中華革命先

七
列寧評論大文章
指出中國革命方
先進亞洲從此始
發揚真理更輝煌

八
中山革命未完成
共產黨人應運生
階段分明仍不斷
紅旗三面正高擎

朱德
一九六一年十月七日

朱德为纪念辛亥云南起义所写的几首诗

1912年10月末，滇军撤出藏境。11月11日，西征军抵达丽江。为纪念此次西征军入藏战斗，殷承瓛在丽江刻石为铭，大发感叹，以为纪念。铭石碑文高两丈，今仍存丽江黑龙潭公园内。12月10日，西征军抵达昆明。返昆后，收到大总统慰问电说：“滇军讨匪绥边，师出以律，炎风朔雪，振旅而还。诸将士劳苦功高，特堪嘉尚。出力官兵俟滇督蔡锷呈报到京，再行优奖叙功”。[17]事后殷承瓛升为中将，其余将领亦分别奖励。

滇军进藏平叛与反对英国侵略一事遂暂告一段落。辛亥起义后，滇军派兵进藏，抵御英人侵略，镇压叛乱，功不可没。

辛亥之际，由云南新军及巡防营，经过革命洗礼转化而来的滇军，在光复全省、统一全滇，以及援川、援黔、援藏的过程中，显示了良好的训练和纪律，掌握较为先进的武器，因而有较强的战斗力，成为国人关注的一支新型军队。所以当时舆论有的认为，“滇军精锐，冠于全国”。此言不虚，已为历史事实所证明。

参考文献

①刘存厚：《云南光复阵中日志》，见《云南辛亥革命资料》第18页，云南人民出版社1981年第1版。

②［美］艾格尼丝·史沫特莱：《伟大的道路——朱德的生平和时代》第141页，生活·读书·新知三联书店1979年第1版。

③冯自由：《辛亥云南省城光复实录》，见《革命逸史》第6集第221页，中华书局1981年第1版。

④笔者20年前访问云南大学法律系教授、唐继尧的妹夫李德家的回忆记录稿。

⑤周钟岳：《援蜀篇》，见《云南文史资料选辑》第6辑第241页。

⑥《云南辛亥革命长编》，见《云南贵州辛亥革命资料》第113页，北京，科学出版社1959年第1版。

⑦蔡锷：《致贵阳赵德全电》，见《云南辛亥革命资料》第90页。

⑤阮俊斋：《贵州辛亥革命前后的几点回忆》，见《贵州文史资料选辑》第1辑第112—113页。

⑨庾恩旸：《云南北伐军援黔纪事》，见《云南辛亥革命资料》第266页。

⑩以上诸电，见《云南辛亥革命资料》第242—247页。

⑪李佩珩：《随唐继尧入黔忆事五则》，见《辛亥革命回忆录》第3集第401—402页，文史资料出版社1981年第1版。

⑫周素园：《贵州陆军史述要》，见《贵州文史资料选辑》第1辑第9页。

⑬《蔡锷电政府汉藏交战关系甚巨请早规划》，见《民元藏事电稿》第1页，西藏人民出版社1982年第1版。

⑭《国务院电蔡锷请派兵会同蜀军进藏镇抚》，见《民元藏事电稿》第11页。

⑮《国务院电蔡锷溜筒江等获胜嘉奖》，见《民元藏事电稿》

第 38 页。

⑯转引自《云南文史资料选辑》第 8 辑第 283 页。

⑰赵式铭：《西征篇》，见《云南光复纪要》第 146 页，云南文史研究馆、云南社科院文献研究室 1991 年印刷。

四　护国战争从云南爆发

（1913—1915 年）

1. 袁世凯要当皇帝　筹安会帮腔鼓吹

1912年3月10日，北洋军阀头子袁世凯在北京就任中华民国临时大总统，窃夺了辛亥革命的胜利果实，建立了北洋军阀的统治。袁世凯当上临时大总统后，首先集中军政权力实行独裁专制，血淋淋地屠杀革命党人和革命群众。1913年3月，袁世凯竟然指使其爪牙，杀害了改组同盟会为国民党，并担任国民党代理理事长的宋教仁。这件事惊醒了孙中山和一部分国民党人，使他们开始认识到袁世凯的真面目，决定武装讨伐袁世凯，发动“二次革命”。然而，二次革命不到两个月即宣告失败，北洋军阀的势力进一步扩大到长江流域地区。

这时，远在云南的蔡锷，希望能到北京或中原地区发展；而袁世凯对不属于自己北洋军嫡系的将领蔡锷，作为封疆大吏也不放心，早就想把他调到北京，加以控制和利用。这样，在1913年9月，蔡锷奉北京政府命令调往北京，担任一些显赫的职务，然而却是在袁世凯的眼皮底下，加以“控制使用”。蔡锷离开云南前，推荐贵州都督、云南会泽人唐继尧回任云南都督，袁世凯很快批准。贵州方面则任命刘显世为贵州护军使（削去都督职位，改设护军使，事实上将贵州降了一级，表明袁世凯对“滇黔一体”并不放心）。

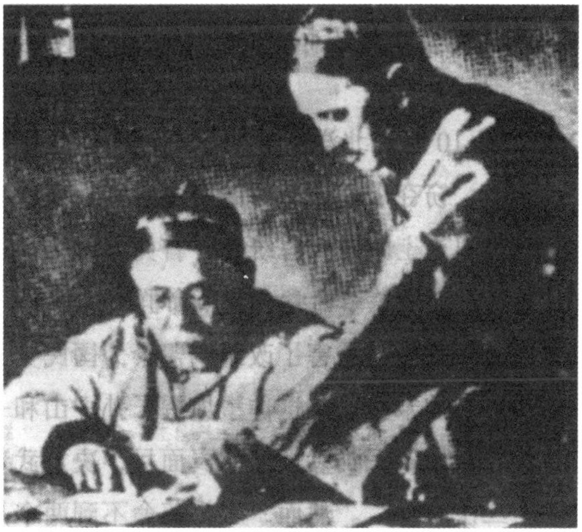

密谋称帝之袁世凯（左一）

蔡锷初到北京，很想帮助袁世凯做一番事

“筹安会”负责人杨度

业。然而，袁世凯的一系列倒行逆施，使蔡锷大为失望。1913年10月，袁世凯通过卑鄙手段，当上了中华民国正式大总统，接着就下令解散国民党，解散议会，取消“临时约法”，把总统任期延长到10年，而且可以无限期连任，实际上成了“终生总统”。他还不满足，准备要当皇帝，龙袍加身。

为了要当皇帝，取得帝国主义各国的支持，袁世凯不惜与英、俄、日、美等帝国主义国家签订了许多不平等条约，和日本签订的“二十一条”，是这些卖国条约中最臭名昭著的一个。根据“二十一条”的规定，实际上要把中国的广大地区和中国政府放在日本的控制之下，使中国变成日本独占的殖民地。

袁世凯要想当皇帝，就要制造舆论，这方面帝国主义也帮了很大的忙。袁世凯的政治顾问、美国人古德诺和法律顾问、日本人有贺长雄，公开发表文章和写书，诬蔑中国人智识水平低，对共和制度缺乏思想准备，胡说在中国实行君主制度比实行共和制度更为合适，宣扬袁世凯做皇帝的“合理”性。

在袁世凯的授意下，一些政客出来组织所谓“筹一国之治安”的“筹安会”，公开宣传复辟帝制，帮腔鼓吹，为袁世凯效劳。有人对“筹安会”的活动提出质问，袁世凯竟装模作样地发誓说：“我连总统都不想当，哪里还想做皇帝呢！”但是，当有人要求取缔“筹安会”的时候，袁世凯却说“筹安会”是“学术团体”，“学者舆论自由研究”，“政府不便干涉”，还派军警去保护“筹安会”的机关和人员。1915 年 8 月，“筹安会”向各省长官寄去了古德诺的文章，请他们派代表到北京，讨论君主制和共和制政体哪个更适合于中国的问题。各省军政长官听说“筹安会”的后台老板就是袁世凯，都急忙出来捧场。

袁世凯还叫其心腹梁士诒组织“全国请愿联合会”，要求召开“全国代表大会”，制造“民意”，立即恢复封建帝制，迅速把袁世凯“公选”为皇帝。在他们的鼓励和收买下，五花八门的请愿团纷纷出笼，甚至有什么“乞丐请愿团”“妓女请愿团”等，闹得乌烟瘴气。袁世凯操纵下的参议院随后公开出面，根据“筹安会”的“研究”，请愿团的“请求”，要就“变更国体”问题征求“国民公意”；还炮制一个“国民代表大会组织法”，3 天之内选出全国“国民代表”1993 人，进行“团体投票”，结果，1993 张选票全部赞成实行君主制。同时，各省送来了一份又一份的拥戴袁世凯当皇帝的“推戴书”，内容完全一致，都写着：“谨以国民公意，恭戴今大总统袁世凯为中华帝国皇帝。”明眼人一看即知，这完全是袁世凯一手制造的。

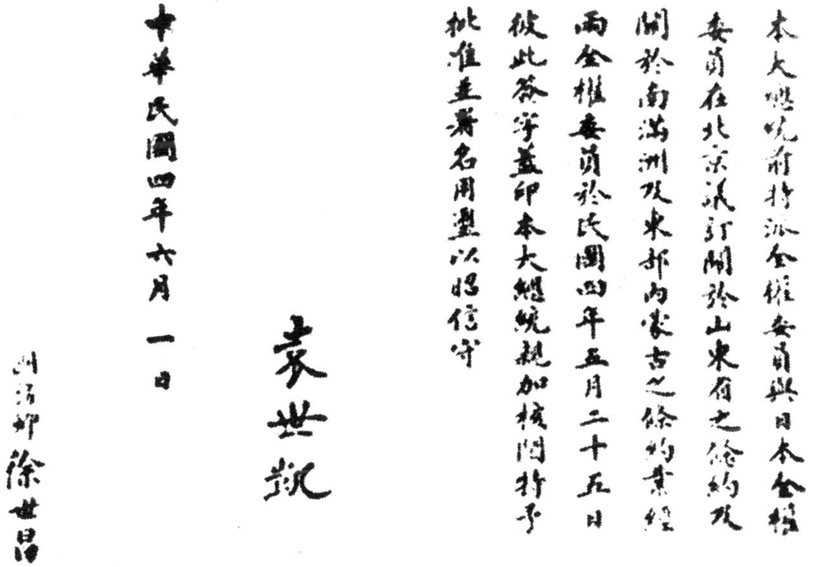
本大總統前特派全權委員與日本全權委員在北京議訂關於山東省之條約及關於南滿洲及東部內蒙古之條約業經兩全權委員於民國四年五月二十五日彼此簽字蓋印本大總統親加核閱特予批准並署名用璽以昭信守

中華民國四年六月一日

袁世凱

國務卿徐世昌

袁世凯批准对日本卖国的“二十一条”

在一片“拥戴”声中，袁世凯故意推让一番以后，终于在1915年12月12日宣布“接受帝位”，同意当皇帝了。第二天，袁世凯神气活现地接受文武百官的朝贺。12月31日，袁世凯下令取消“民国”称号，改用“洪宪”年号。但是，袁世凯倒行逆施达到顶点的时候，也正是他走向失败，走进坟墓的时候。

2. 蔡将军逃出北京　滇军官酝酿反袁

1913年底，蔡锷到北京后，袁世凯先后任命他为陆军部编译处副总裁（加昭威将军头衔）、全国经界局督办、海陆军大元帅统率办事处办事员、政治会议议员、参政院参政等职，很是风光。蔡锷到北京后，对袁世凯的幻想和热情没有维持多久，就逐渐为袁世凯独裁、卖国的行径所扑灭。筹安会出笼后，蔡锷受到更大刺激，促使他下定了反袁的决心。

蔡锷在筹安会发表宣言的第二天，即1915年8月15日，从北京乘晚班车去天津，与其老师梁启超会面，决定策划反对袁世凯复辟帝制的斗争。蔡锷说：眼看不久将有成千上万的人颂王莽功德，上劝进表，袁世凯便安然登其皇位，叫世界看着中国人是什么东西呢？国内怀着义愤的人，虽然很多，但没有靠山，或者没有地位，难于发手。我们明知力量有限，未必抗他得过。但为了四万万人的人格，非拼着命去干这一回不可。[1]

蔡锷此后差不多每周都要去天津与梁启超密商，筹划反袁起义。梁启超原来对袁世凯也抱有很大幻想，这时也转到反袁立场上来了。梁启超发表《异哉所谓国体问题者》一文，打起了反对变更国体、复辟帝制的旗号后，作为梁启超学生的蔡锷，自然引起了袁世凯的注意。蔡锷装得若无其事地说：“我们先生（指梁启超）是书呆子，不识时务。”有人问他：“你为什么不劝你先生呢？”蔡锷回答说：“书呆子哪里劝得转来，但书呆子也不会做成什么事，何必管他呢！”为了掩人耳目，蔡锷还发起成立了一个“讨论国是会”，公开讨论

“国是”问题，会上他甚至表示“赞成君主国体”。袁世凯的爪牙执赞成帝制题名录向蔡锷试探，蔡即在题名录上大书“蔡锷”二字。蔡锷进一步乔装自己，整日无所作为，混迹于北京八大胡同（妓院），结识了名妓小凤仙。蔡锷与小凤仙谈情说爱、风风雨雨的传奇故事，就发生在这个时候。

一天，袁世凯接到情报说，“经界局要人”与西南各省电报来往频繁，很值得怀疑。袁世凯指使军政执法处派便衣军警，闯入蔡宅，翻箱倒箧，搜查函件、电报。由于蔡锷早有预防，军警毫无所获。蔡锷向袁世凯政府提出抗议，袁世凯亦故作姿态，假戏真做，严饬军警捉拿盗犯，并从狱中提出死犯数名枪决，以此掩饰。蔡锷知道事情开始泄露，便设法尽快逃出北京。

1915年11月11日，蔡锷在小凤仙等人的掩护下，逃到天津，住共立医院，暗中与梁启超作最后之密商，又与孙中山、黄兴的代表在天津碰头，商议下一步行动。为了麻痹袁世凯，蔡锷从天津托人向袁世凯请病假，留在天津治病。一切预备妥当，蔡锷即与戴戡一道，穿上日本和服，改变姓名，装扮成日本人，于12月10日登上日本商船山东丸东渡日本。蔡锷上船时，给经界局秘书长周钟岳发一电报，请他代拟一纸请假呈文，以病体未愈，需要换一个地方疗养为名，报告袁世凯。袁世凯接到报告，知道事情不妙，急电蔡锷返京，但蔡锷已经逃走了，袁世凯深为叹息，无可奈何。

蔡锷出逃之际，受辛亥革命熏陶的滇军军官们也在积极酝酿着反对袁世凯复辟帝制的活动。

袁世凯复辟帝制活动公开化以后，全国各阶层人民、政党、派别、团体，除了一小撮封建余孽和死心塌地追随袁世凯的爪牙以外，都在不同程度上进行了反对袁世凯复辟帝制的斗争。打倒袁世凯成了举国一致的目标。在举国一致反袁斗争高涨的形势下，云南，特别是滇军内部，也在积极酝酿反袁斗争。

以孙中山为首的资产阶级革命派早在1914年夏天，中华革命党成立（国民党改组）不久，即派老同盟会员、云南思茅人吕志伊

参与策划反袁斗争的滇籍老同盟会会员吕志伊

（天明）回云南，策动反袁工作。吕志伊到达昆明后，积极与滇军中下级军官（许多原是留日学生的老同盟会员，而吕志伊是最早在日本成立的同盟会云南支部长）联系，包括与罗佩金、庾恩旸、邓泰中、杨蓁等人联络，密谋倒袁。为了避免袁世凯的侦探耳目，吕志伊住在邓泰中家中。筹安会活动公开化后，更激起激进的滇军中下级军官的强烈反对。罗佩金、赵又新、黄毓成、叶荃、董鸿勋、邓泰中、杨蓁等人在昆明西山举行秘密会议，决定与袁世凯不共天地，铲除国贼，顺天应人。后来，他们又在吕志伊住处商议，策划反袁。针对云南情况，提出四项办法：第一，于适当时期，要求唐继尧表示态度；第二，如果唐继尧反对帝制，仍然拥护他为领袖；第三，如果他表示中立，则将他送出国外去越南；第四，如果他赞成帝制，则制裁杀之，拥护罗佩金为领袖。[②]

滇军军官们对袁的愤慨已言溢于表，经常三五成群聚会讨论，怎样才能发动反袁武装起义，怎样才能把袁世凯打倒。他们认为，需要先统一思想和行动，为此由董鸿勋、邓泰中、杨蓁等人出面，合资创办《滇声报》，宣传资产阶级民主共和制度，刊登揭露袁世凯卖国和复辟帝制的文章，抨击省内外的丑恶现象，这对于促进反袁斗争起了一定的作用。

这时的唐继尧处在一个比较特殊的地位。唐继尧由于在贵州屠杀革命党人，得到袁世凯的青睐，被任命为贵州都督，因而其政治态度倾向于袁世凯。他在回任云南都督之初，曾继续杀害过革命党人，包括杀害滇西起义领导人张文光，因此，革命党人对他是有所警惕的。在日益高涨的反袁斗争形势下，特别是在滇军中下级军官和云南人民群众强烈要求反袁的压力下，唐继尧不得不考虑自己的处境，加上他不是袁世凯的北洋嫡系，所以经过一番迟疑和犹豫之后，终于逐渐地转到了反对袁世凯复辟帝制的阵营中来了。不过，他顾虑较多，也比较慎重，不轻易表露出反对袁世凯的倾向。唐继尧的转变，客观上为反袁护国战争的爆发提供了可靠的后方基地，增加了护国军的安全感。唐继尧反袁态度的明白表露，直接反映为他出面参加了五次反袁的秘密会议，并为此而进行的反袁军事部署。

1915年9月11日，唐继尧与罗佩金、赵又新、黄毓成、叶荃、邓泰中、董鸿勋等滇军团以上军官在警卫混成团召开秘密会议。会议讨论后，为慎重起见，全体投票表决，结果一致表示反对帝制，愿与国内外一切反袁力量联合行动。这是护国战争前，滇军军官的第一次秘密会议。这次会议仅是酝酿准备，还没有提出行动的日程，但是它说明滇军已开始了反袁的具体行动，也表明唐继尧的思想已发生明显的变化。会后，唐继尧派秘密代表驻上海，探听各方面消息；又秘密上书孙中山，表示与袁世凯不共戴天，决心反袁复辟帝制，希望能够得到孙中山的指示：“总期早除袁世凯之大憝，复我民族之自由，马

护国军军需局

首是瞻，共成义举。”[3]

10月7日，唐继尧与滇军军官在警卫混成团团部召开了第二次秘密会议，讨论了反袁武装斗争的时机问题，考虑了四种情况：第一，中国中部各省中，至少有一省可望响应时。第二，贵州、广西、四川三省中，有一省可望响应时。第三，海外华侨或革命党人接济粮饷、器械时。第四，如以上三项有一项可望实现，即可发动起义；如三项中皆无把握，时机又紧迫时，则本省为争国民人格计，并将孤注一掷，宣布独立，拥护共和，武装讨袁。会议明确提出了联合省内外各种反袁势力，共同发动起义的问题。会后，唐继尧加紧了起义准备的步伐，如加紧枪械、粮食、经费的准备，并派人外出联络，了解全国反袁动态，侦察北洋军内部的信息。

云南武装起义的准备加快了步伐。正在这时，袁世凯派到云南的特务、滇军第一师参谋长路孝忱已有风闻，并向袁世凯告密。袁世凯密令四川加强防御控制，并派人到滇军中进行煽动，破坏起义，形势日趋紧张。为此，11月3日，唐继尧与滇军军官召开第三次秘密会议，重点商议起义计划和军事部署。会议决定，滇军第一、二两师编为第一军，每军分为三个梯团。借剿匪之名，将第一梯团运动至四川叙府（宜宾）附近；将第二梯团运动到四川泸州附近；第三梯团运动至重庆附近，出其不意，一举占领叙府、泸州、重庆。得到这三个地方，四川即在滇军掌握之中，然后宣布独立，反对帝制。同时，再组织第三师，开往贵州，帮助独立；然后再出师湖南西部，争取会师武汉。这个起义计划，经讨论一致同意，决定罗佩金为军长，率部出川，邓泰中、杨蓁为支队长（团长），借剿匪名义将部队开往滇东北镇雄一带，秘密向四州边境移动。会后，邓泰中、杨蓁两支部积极准备，并于12月初，将部队移往川滇边境。此次会议已把起义提到了日程，然而对外仍然表现无所作为的镇静态度。[4]

当滇军积极筹划起义之时，蔡锷正在途中奔波。蔡锷从天津乘船到达日本门司，有革命党人、蔡锷的好友张孝准、石陶钧等从东京赶到门司来迎接。蔡锷下船后，立即换了衣服，与石陶钧改乘小船去横滨。蔡锷到横滨，又让石陶钧携带自己的行李去别府箱根，装着准备在那里治病的模样，这是为了提防有人跟踪而特别做的安排。蔡锷还准备了一些亲笔信件，要石陶钧在别府箱根隔两三天寄一信给袁世凯的亲信唐在礼等人，请他们转告袁世凯，自己在日本治病的情况。后来蔡锷到达昆明时，这些信件尚未寄完。所以，袁世凯最初获悉蔡锷潜赴云南的消息，就大吃一惊，难以相信了。因为从别府箱根寄来的信件，笔迹是真的，邮局销号也不错，谁能料到蔡锷玩了“金蝉脱壳”之计呢！

云南省会警察厅

蔡锷从日本再改乘船经上海，转赴台湾、香港。在香港，蔡锷巧遇原在云南的同事和部下殷承瓛、刘云峰。刘云峰是唐继尧派往北京的使者，名为去京觐见，实为探听北京动态和北洋派要人的态度。蔡锷对刘云峰说：“你的任务我已代你调查清楚，冯国璋、段祺瑞（袁世凯的左、右两员大将）对袁世凯当皇帝，均不赞成。段在团城被软禁，不能见客；冯在南京，也不敢多言。你去不但无益，反而有危险，咱们一道回云南，预备打仗吧。”这样，蔡锷、戴戡与殷承瓛、刘云峰一道就去云南了。⑤

蔡锷一行抵越南海防后，密电唐继尧。这时，昆明已截获了袁世凯致云南蒙自关道周沆、阿迷（今开远）县知事张一鲲的密电。密电要他们防止蔡锷回云南，如若蔡锷已入云南境，务必跟踪捕杀。周、张二人接电后在蒙自关道署开过几次会，决定组织暗杀队，捕杀或狙击蔡锷。当获知蔡锷已到越南老街，次日将乘滇越铁路火车去昆明时，周沆、张一鲲决定途中狙击；万一狙击不能成功，则在碧色寨、阿迷两个火车站，借设宴欢迎为名，暗放毒药于白兰地酒内毒死蔡锷，或者强行劫杀。唐继尧乃派其堂弟、滇军警卫团长唐继虞率警卫两连、宪兵一分队径赴越南老街，迎接蔡锷至河口，然后乘专列来昆明；又命蒙自驻军刘祖武部，在碧色寨、阿迷等地，加强警戒，确保蔡锷专车安全通过。专车到达碧色寨车站时，聚集着由周沆、张一鲲准备的便衣军警数十人，又设宴数十桌，拟请蔡锷下车赴宴时动手。唐继虞派人下车向周沆递上名片，说明蔡锷因病，不便下车。一群不怀好意的大汉涌至专车近旁，声称是乡下代表，要见蔡都督。随军戒备森严，制止冲入，周沆的阴谋才未能得逞。专车开到阿迷车站时，阿迷县知事张一鲲设宴再请蔡锷下车，图谋杀害，又未遂。在军警保护下，专车直往前进，于12月19日中午到达昆明。这时正是云南酝酿武装讨袁的关键时刻（袁世凯已于12月12日，即蔡锷到昆明前7天，宣布接受帝制），蔡锷的来到，犹如火上加油，加速了反袁护国战争的爆发。

周沆、张一鲲谋害蔡锷阴谋未能得逞，知道事情已经暴露，乃畏罪潜逃。不过，张一鲲旋被抓获，被云南军政府判处死刑，于1916年3月18日在昆明枪决；而周沆则侥幸逃脱了。[⑥]

3. 反复辟云南独立 讨袁氏三军组建

蔡锷到达昆明时，起义的风声已经很紧。还在蔡锷到昆前夕。即1915年12月18日、19日，北京海陆军大元帅统率办事处连续给唐继尧发出两个急电。第一个急电说，据探报，有乱党要人入滇煽动暴乱，准唐继尧全权便宜处置。无论何人，只要有谋乱行为，立即处决，不必先行请示，事后报告备查即可。第二个急电说，据查蔡锷、戴戡等人已来云南途中，请严密查防，决不宽恕。这两个电报说明，袁世凯已了解到云南的部分形势，并已获悉蔡锷将到云南。

在这种情况下，云南要继续隐蔽其反袁活动，已有相当困难。

鉴于形势发展很快，蔡锷到达昆明后两天，就与唐继尧一道，于12月21日、22日连续召开两次会议（即护国起义前滇军召开的第四、五次秘密会议），除了滇军团以上军官出席外，还邀请了各地齐集昆明的各派反袁人士参加。会议决定，应立即行动，先致电袁世凯，令其取消帝制，然后宣布云南独立。与会者举行了庄严的宣誓仪式，歃血为盟。誓词为：

> 拥护共和，我辈之责，兴师起义，誓灭国贼；
> 成败利钝，与同休戚，万苦千难，舍命不渝；
> 凡我同人，坚持定力，有渝此盟，神明必殛。

12月23日，唐继尧、任可澄分别以开武将军督理云南军务、云南巡按使的名义，给袁世凯发出措辞强硬的电报，要求取消帝制，诛除帝制祸首。电报说，这里“军民痛恨久积，非得有中央永除帝制之实据，万难镇劝”。这实际上等于最后通牒。电报限12月25日上午10点以前答复。这个先礼后兵的电报，态度是坚决的，在取消帝制这一点上，没有讨价还价的余地。随后，唐继尧、蔡锷等又将电文通报各省，蔡锷也给袁世凯发电，重申

云南陆军宪兵司令部

了取消帝制，诛除祸首的要求。

12 月 25 日上午 10 时没有收到袁世凯的答复，唐继尧、蔡锷、李烈钧等人即联名向全国发出通电，宣布云南独立、反对帝制，武力讨伐袁世凯。讨袁通电一经宣布，昆明各界人民欢声雷动，全市示威游行，高喊“打倒袁世凯，拥护共和”的口号，从早到晚，不曾停息。全国各地亦纷纷响应，轰轰烈烈的反袁护国战争开始了。[7]

云南宣布独立、武装讨袁的同时，即筹组云南军政府和组编讨袁军。在起义前夕的军事会议上决定，率军出征与留守后方，由蔡锷、唐继尧二人分别担任。最初，唐继尧推举蔡锷留守，自己出征，因蔡锷虽只比唐继尧大 1 岁，但是前辈，曾是唐继尧的领导。然而蔡锷坚持自己出征，请唐继尧留守。蔡锷的理由是，自己为反对袁世凯复辟帝制而来，是为武装讨袁而来，不是来夺唐继尧的位子的。经过一番谦让，最后决定蔡锷率滇军精锐出征讨袁，任总司令；唐继尧负责留守，重新改组云南政府，任都督。

关于出师计划，经过讨论确定向四川、湖南、广西三路出发，而以四川战场为重点，并以蔡锷率护国军主力向四川进军。这时，云南的正规军有两个师 1 个混成协，共 8 个步兵团，炮兵、骑兵各 1 团，警卫军 2 团；非正规军有 1 个边防独立营和 10 多个独立连，以及各县所属的警备队 93 个，总兵 2 万余人。

而袁世凯的北洋政府控制的兵力，有直属陆军 12 个师，兵力在 25 万人以上，并拥有海军。这就是说，袁世凯兵力超过云南兵力 10 倍以上，双方兵力悬殊，不过，袁世凯的兵力分散于全国各地，能够较快地集中起来对付护国军的兵力大约有三四万人。

根据三路出师计划，以蔡锷为护国第一军总司令，率部入川；以李烈钧为护国第二军总司令，出兵广西；唐继尧兼护国第三军总司令，坐镇后方，策应前线。另组织以黄毓成为司令的挺进军，相机行动。云南护国军的编组及主要职名如下：

护国第一军司令部

护国军第一军总司令蔡锷

护国军第一军总参谋长罗佩金

第一军总司令	蔡锷
总参谋长	罗佩金
第一梯团长	刘云峰（后为雷飚）
第一支队长	邓泰中（后为田钟谷）
第二支队长	杨蓁（后为金汉鼎）
第二梯团长	赵又新
第三支队长	董鸿勋（后为朱德）
第四支队长	何海清
第三梯团长	顾品珍
第五支队长	禄国藩
第六支队长	朱德（后为王秉钧）
第四梯团长	戴戡（后为右翼军总司令）
第七支队长	熊其勋

护国军第二军总司令李烈钧

护国军云南都督兼
第三军总司令唐继尧

第八支队长　　　　　王文华（后为东路黔军司令）

第一军总部还有参谋处长王兆翔、副官处长何鹏翔、秘书处长李曰垓、军需处长陈之阶、军械处长陈之阶（兼）、军法处长王为五、军医处长李丕章、财务处长李临杨、总部警卫大队长贾子寿、炮兵大队长耿金锡。此外，尚有骑兵一连、宪兵和警察各一中队。

第二军总司令　　　　李烈钧
第一梯团长　　　　张开儒
第一支队长　　钱开甲
第二支队长　　盛荣超
第二梯团长　　　　方声涛
第三支队长　　黄永社
第四支队长　　马为麟
第三梯团长　　　　何国钧（此梯团实际未组成）
第五支队长　　林开武
第六支队长　　王锡吉
第三军总司令　　　　唐继尧（兼）

第一梯团长　赵钟奇
　第一支队长　华封歌
　第二支队长　李植生
第二梯团长　韩凤楼（此部系东路黔军）
　第三支队长　吴传声
　第四支队长　彭文治（未就任）
第三梯团长　黄毓成（后改为挺进军）
　第五支队长　杨杰
　第六支队长　叶成林
第四梯团长　刘祖武
　第七支队长　杨体震
　第八支队长　李友勋
第五梯团长　庾恩旸
　第九支队长　唐继虞

护国挺进军司令黄毓成

　第十支队长　赵世铭
第六梯团长　叶荃
　第十一支队长　马聪
　第十二支队长　邓埙
挺进军总司令　黄毓成
第一纵队司令　杨杰
第二纵队司令　叶成林

挺进军由原第三军第三梯团改编而成。此外，尚有义勇军、游击队的编制。

蔡锷率领的护国第一军，是护国军的主力。所使用的武器，除炮兵大队有德国克虏伯厂造退山炮二三十门外，第一、二两支队尚有退山炮4门、重机枪4挺，配备齐全，较为精锐，其余支队武器较差。第四梯团的两个支队是贵州部队，名义上属护国第一军，而在战争中是单独行动的。因此第一军实际为三个梯团，总兵力约7000人，实力不算雄厚，但士气高昂，各级指挥员身先士卒，加之得到群众的拥护支持，因而战斗力较强。

被编入蔡锷第一军第六支队（后为第三支队）的支队长（团长）朱德，那时正驻扎滇南蒙自。起义前夕，蔡锷派专人带了一封亲笔信给朱德及滇南部队中的爱国将领，向他们介绍了全国及各省反袁斗争的形势，斗争取得胜利的可能性的分析，云南出师讨袁计划等，然后要他们积极作好准备，以便在1915年12月25日蒙自能与昆明以及省内其他几个较大的城市同时宣布起义。起义后，蒙自的部队要立即乘火车前往昆明，准备向四川开拔。

12月25日晨，朱德遵照蔡锷预定的计划，在蒙自率领革命士兵驱逐了帝制派军官，宣布起义，举行了讨袁誓师大会。会后，朱德和他的同事们征用了所有在蒙自的火车皮，率领其部队全体开往昆明。朱德到达昆明后，一下火车就赶往蔡锷的司令部，朱德已有两三年没有见到蔡锷了。蔡锷和参谋们正在开会，朱德回忆说，蔡锷起身向他们走来的时候，“我大吃一惊，说不出话来。他瘦得像鬼，两颊下陷，整个脸上只有两眼还闪闪发光。肺结核正威胁着他的生命。那时他的声音已很微弱，我们必须很留心才能听得清。当他向我走来的时候，我低头流泪，一句话也说不出来。他虽然命在旦夕，思想却一如既往，锋利得像把宝剑。我们坐下来，他说明了全国各地起义的计划，并且云南必须挑起重担，等待其他各省共和派力量组织起来。三天之后，我们就要出兵四川，袁世凯有一些最精锐的部队驻扎在那里。我们的第二军，要立刻出兵贵州，扫荡袁世凯在那里的部队，然后转道广西，直奔临海的广东。第一军和其他附属部队也要出兵四川，增援部队只要训练完成也应跟着调上前线”。

朱德关心地问：“可是你不能带队去啊！你有病，要送命的。”

蔡锷望望他们又把眼光移到别处，说道：“别无办法，反正我的日子也不多了，我要把全部生命献给民国。”

朱德等人听了蔡锷的讲话，深受感动。[8]

1916年元旦，由蔡锷、唐继尧、李烈钧率领，护国军在昆明举行了隆重的誓师大会，发布讨伐袁世凯的檄文，历数袁世凯“背食誓言”“叛国称帝”等19大罪状，表示一定要坚决粉碎袁世凯复辟帝制的阴谋。蔡锷率领的护国第一军，除邓泰中、杨蓁两支队先行以“剿匪”名义出发外，董鸿勋支队则作为第一军主力的先锋于1916年1月10日从昆明出发，开往川边。蔡锷率领的第一军司令部及其主力部队，于1月14日从昆明出发，经宣威、威宁、毕节，向泸州进军。李烈钧率领的护国第二军，于2月20日从昆明出发，向广西进军。

从此，轰轰烈烈的护国战争正式开始！

参考文献

①梁启超：《护国之役回顾谈》，见《饮冰室合集·文集之三十九》第89页。

②李文汉：《护国起义蔡锷与唐继尧关系》，见《云南文史资料选辑》第10辑第38页。

③《唐继尧致孙中山信》，见《云南档案史料》第1期第16~17页。

④三次秘密会议情况，参见庾恩旸《云南首义拥护共和始末记》第14—16页，云南图书馆1971年发行。

⑤刘云峰：《护国军纪要》，见《云南文史资料选辑》第10辑第88页。

⑥《滇声报》1916年3月26日。

⑦由云龙：《护国史稿》，见《近代史资料》1957年第4期。

⑧［美］艾格尼丝·史沫特莱：《伟大的道路——朱德的生平和时代》第131—132页，北京，生活·读书·新知三联书店1979年第1版。

五　胜利进军

(1916 年)

1. 护国军挺进川南 北洋军丢失叙府

还在云南宣布独立前，云南已决定派出素质较好、武器精良、战斗力较强的邓泰中、杨蓁两个团以“剿匪”为名，先期向四川边境移动。邓、杨两团原来的名称是滇军第一、第七步兵团，1915年12月9日，滇军步兵第一团第二营奉命作为两团先锋队，由昆明向川边开拔。12月21、22、24日，步兵七团与步兵一团的其余部队先后从昆明出发。两团出发后，云南才于12月25日宣布独立讨袁。两团在进军途中，行至东川（今会泽）时，奉命编为云南护国第一军第一梯团第一支队和第二支队（支队仍按团的编制），两支队先在昭通集中，即向川南重镇叙府（宜宾）方向推进。1916年1月15日前锋抵达川边的滩头、新场等地，开始和敌军接触。

袁世凯对四川战事已有部署。四川原本不属北洋军阀势力范围，但在二次革命以后，袁世凯逐渐控制了四川，于1915年2月派其亲信、陆军部次长陈宧为四川将军兼巡按使，统率北洋3个旅坐镇四川，威慑云南、贵州。云南宣布起义后，陈宧为表忠心，连电袁世凯，要求坚决镇压，对蔡锷等人要“明正典刑，为乱者戒”；同时召集四川军事会议，决定在叙府、泸州、永宁（今叙永）、重庆、会理等处，拨驻可靠重兵，以为防守；至于川、滇边境，亦拨兵分驻要塞，内外兼顾。

袁世凯在北京，一方面宣布唐继尧、蔡锷等人“拥兵谋乱”“违背国民公意”、“诬蔑国家元首”，成了“国民公敌”，宣布褫夺其一切职务，剥夺其勋章、爵位，克日派兵讨伐；另一方面在“新华宫”（今北京中南海内）丰泽园，设立征滇“临时军务处”，袁世凯亲自主持对护国军的用兵计划，指挥北洋军分兵三路，向云南进逼。第一路由湖南西部经贵州向云南进攻，以北洋第六师师长马继增为司令；第二路由四川方面向云南进攻，以北洋第七师师长张敬尧为司令。而以虎威将军曹锟为川、湘两路征滇军总司令；第三路

挺进川南的护国
第一军支队长邓泰中

挺进川南的护国第一军支队长杨蓁

是任命云南人、时在广东任广惠镇守使的龙觐光（其弟龙济光为广东将军）为“云南查办使”，从广西向滇东南袭击护国军的后方基地云南。

在四川，袁世凯与陈宧的军事部署是：命驻成都的伍祥祯第四混成旅向叙府开进，并任命伍为“川南镇守使”；命驻川北的冯玉祥第十六混成旅集结内江，向泸州一带警戒布防；命川军周骏第一师进驻泸州；命原在川南“清乡”的川军第二师刘存厚加强川黔边境永宁一带的戒备。为了笼络川军将领，袁世凯以“皇帝”身份，按五等爵位办法，特封陈宧为一等侯，周骏、刘存厚为二等男爵。

邓泰中、杨蓁部到达川边时，从云南盐津到四川叙府之间，沿大关河（即横江）一线的川滇边境，已被陈宧所派四川汉军（四川地方部队）统领张振鸿部控制，在滩头、黄坡耳、燕子岩、凤来场、捧印村等地，敌军退到横江下游的横江镇设防，企图以横江据守。

1916年1月18日，护国军逼近黄桷树敌人防线，分两翼向敌人发起进攻。只经过1个小时战斗，即冲破敌人防线。敌人退守横江镇，但立脚未稳，护国军乘胜追来，敌人竟丢下横江镇，抢夺船只，沿横江顺流而下，向金沙江北岸的安边镇逃去。敌军统领张振鸿瘫软在地上，喃喃自语：“抵不住，我就死在这里。”最后被几个随从连拉带拖地扶下了山坡。当晚护国军即占领横江。在18日一天的战斗中，护国军伤亡20余人，击毙敌人官兵100多人，俘虏数十人，缴获大炮2门、机枪4挺以及其他战利品。护国军挺进川境，初战告捷。

安边镇在横江和金沙江汇合口的北岸，东距叙府22公里，控制着金沙江进入叙府的水陆要冲。安边街背山面水，形势险要，易守难攻。伍祥祯旅将主力配置在安边东、西、北三面的山坡和市街上，封锁金沙江渡口附近的江面和陆路交通，强迫沿江的民船集中到敌军控制的江岸，占领了安边的有利地势，准备固守，待机反攻。由于敌人以一个混成团的兵力固守安边，护国军两个支队强渡金沙江，硬攻安边是很困难的。护国军第一梯团长刘云峰、支队长邓泰中、杨蓁商议，决定采用远道迂回战术，以第一支队在安边对岸佯攻，作强渡金沙江的态势；而以第二支队西渡横江，绕道至安边以西金沙江上游，渡过金沙江，从背面奇袭安边。

四川将军陈宧

1月19日晨，杨蓁率领第二支队往西渡过了横江，以工兵营为先导，穿越崎岖险峻的山道前进。官兵们经过一昼夜急行军，于第2天到达金沙江边。从楼东附近强渡金沙江，深入到北岸敌人控制的区域，再沿金沙江而下，当天傍晚抵达安边。杨蓁指挥队伍，趁夜幕的掩护，出敌不意，突然向

护国第一军梯团长刘云峰

安边街发起进攻。杨蓁率领士兵首先冲进街头，用两挺机枪密集的火力，扫射敌人阵地。守卫安边的敌人，腹背受敌，慌了手脚，指挥失灵，伍祥祯的第四混成旅溃不成军，纷纷后撤。被冲散了的敌人，连夜逃往叙府。护国军于1月20日夜，完全占领了安边。这样，敌人失去了固守叙府的屏障，护国军夺取了通往叙府的要冲。

1月21日晨，护国军向叙府方向追击敌军，伍祥祯旅士气低落，丢弃叙府往北逃走。叙府城内空虚，城内官员、绅士、商人、学生界以及部分汉军，派出代表出城欢迎护国军。护国军第一梯团两个支队遂于1月21日晚10时开进叙府。叙府落入护国军手中消息传开，对于全国各地反袁斗争是一个新的推动。

护国军一举夺得川南重镇叙府，是护国军挺进四川的重大胜利。

2. 叙府城得而复失　纳溪县三易其手

护国军占领叙府后，敌人慌乱不堪，北军指挥系统一度陷入混乱。惊慌一阵之后，袁世凯大为震怒，下令撤销了伍祥祯的“川南镇守使”职务，令其“戴罪立功”，策划组织反扑。四川将军陈宧根据袁世凯的命令，指挥冯玉祥、伍祥祯、朱登五等部，分别从东、北、西三个方向围攻叙府，规定三路军队分路合击，同时发起进攻。

伍祥祯在经过一阵颓丧后，在袁世凯的威逼下，搜罗败兵，经过整顿补充，又有了三四千兵员，开始从自流井向叙府出击，于 1916 年 1 月 29 日，在叙府北面的宗场与护国军接触。护国军第一支队长邓泰中指挥全支队迎击敌人；第二支队长杨蓁派出金汉鼎第二营增援。由于敌人卷土重来的兵力处于优势，战斗打得相当艰苦，激战两日，形成僵局。1 月 30 日夜，杨蓁再率第二支队增援部队到前线，次日全线出击，连续毙伤敌军 400 余人。伍祥祯旅支持不住，再次溃退，护国军取得了宗场战斗的胜利。

冯玉祥部赶来为时已晚，但冯部是北洋军中的精锐，武器精良，兵种齐全，战斗力较强。冯部进逼叙府城东白沙场一带。护国军第二支队田钟谷营奉命守白沙场，然而工事尚未筑好，敌人就发起了攻击。英勇的战士们干脆进行肉搏，据守白沙场制高点龙头山的田钟谷营胡岳连的官兵们奋不顾身与敌人拼搏，虽然全连官兵几乎全部战死，但赢得了时间。田营主力得以安全撤退，敌人占据龙头山高地，向田营集中扫射，护国军官兵坚守阵地，不断与敌人拼搏，最后大部分壮烈牺牲。

1 月 31 日下午，护国军第一梯团主力由宗场转移到了白沙场，金汉鼎营在白沙场正西和左翼向敌人发起反击，李文汉营迅速插到敌人的右侧面，第二支队的机关枪连又加入李文汉营，从敌人右侧猛烈射击敌军。由于金汉鼎、李文汉两营的突然出现，以及夹击造成的威力，使冯玉祥旅站不住，遂退守第二线。李文汉营继续追击，占领制高点；第一支队炮兵亦加入战斗，轰击敌人的机枪和步兵阵地，敌人逐渐动摇后退。

1 月 31 日至 2 月 2 日，经过三个昼夜的拼搏，护国军以 3 个营的兵力，打败冯玉祥旅，迫使敌人后退，一直退到 200 公里以外的隆昌县。宗场、白沙场两次恶战，是争夺叙府的两次重要战斗，护国军先后打败了伍祥祯、冯玉祥旅的进攻。

陈宧从成都派出北军一部及四川汉军 8 个营，作为反攻叙府的第三路军，沿岷江而下，经犍为进入叙府城西的牛喜场。护国军第一支队既已击退伍祥祯、冯玉祥旅的进攻，遂从容派出一支小部队与西面敌人周旋，牵制敌军，以大部迂回包抄敌军于岷江两岸。护国军新调来的原昭通独立营刘发良部加入战斗，敌人认为刘发良营武器较差，战斗力较弱，遂集中火力压制刘营。刘营且战且退，敌人以为护国军不支，即全线向叙府城推进，企图夺取城西屏障翠屏山和真武山。2 月 7 日黎明，护国军李文汉、田钟谷两营，出敌不意，全线反击，冲入敌阵，肉搏冲杀，敌人被迫溃退，护国军乘胜追击 30 余里。敌军准备运入叙府的 50 多艘辎重船，均满载枪支、弹药、药品、食品，全部为护国军缴获。敌军的第三路进攻，又以失败告终。

护国军与北军叙府争夺战，从 1 月 29 日到 2 月 8 日，打了 11 天。护国军以 2000 人的兵力，打败北军 1 万多人的多次进攻，取得了巨大胜利。但护国军的伤亡也是惨重的，第一梯团的兵力已损失一半，叙府争夺战为护国战争史写下了悲壮的一页。

恰在这时，蔡锷直接领导的护国第一军第二、三梯团的主力，到达了四川南部另一重镇泸州前线，与数倍于己的泸州北军守敌发生了激战。由于泸州是北军防守的重点，兵力雄厚，武器充分，还有援军不断开来，战事相当吃力。蔡锷从全局考虑，不得已下令从叙府前线抽调第一梯团主力，支援泸州前线。其时，在叙府的护国第一军第一梯团两个支队 4 个营，加上后来支援的昭通独立营，共 5 个营，人员损失约一半。由于泸州方面吃紧，先后抽调了 4 个营到泸州前线，因而在叙府只剩下第二支队第二营，即田钟谷营，且牺牲较大，缺额较多。当叙府的护国军大部抽走后，北军曹锟总司令督促冯玉祥、伍祥祯旅，重整旗鼓，反扑叙府。2 月 29 日，冯、伍两旅再度逼近叙府。

守卫叙府的护国军这时只有田钟谷 1 营，另外新增了刘国威工兵连，然而能出战官兵合计仅有 200 余人。此外还有一个炮兵连，但只能作步兵阵后支援。敌人向叙府发动进攻后，田营不支，被迫后退，而以刘国威连为掩护。刘国威连在掩护田营撤退时，坚守阵地，与敌人死战，结果全连伤亡殆尽，刘国威本人亦壮烈牺牲。敌

蔡锷（中）与李曰垓（左二）等护国将领合影

人得以控制城东制高点。由于兵力悬殊，护国军决定撤出叙府。3月1日夜，护国军第一梯团团部、田钟谷营及熊克武的护国军四川招讨军等部，全部撤出叙府城，退往安边。叙府乃得而复失。

冯玉祥部于3月2日重新占领叙府。冯占领叙府后，受到袁世凯的嘉奖，特封冯玉祥为三等男爵。但是，冯玉祥这时的思想开始发生了变化，因而在占领叙府后，命令部队停止追击护国军。

冯玉祥（1882—1948），字焕章，安徽巢县人，行伍出身，由北洋军哨长、队官升至旅长。因受民主思潮的影响，思想逐渐倾向进步。1916年奉命在川南对抗护国军，所部占领叙府后即不再继续前进。如果冯部继续向南追击，由于云南内部兵力空虚，有可能长驱直入云南，护国军就很危险了。这时，冯玉祥不仅不继续前进，反而与蔡锷暗中有所联系。曹锟、张敬尧催他前进，他却回电说："官兵病者太多，需要休息。"陈宧来电催促，他回电："官兵不但身上有病，心里亦人人有病。"不久，冯部干脆从叙府撤出自己的部队，到成都劝陈宧认清大势，反袁独立。[④]

再说泸州战事。蔡锷率护国军主力第二、三梯团于1916年1月14日从昆明出发，取道永宁，向泸州方向前进，朱德支队则于1月28日最后离开昆明。中路先锋董鸿勋支队在1月26日抵达贵州毕节，贵州则于1月27日宣布独立讨袁，推举刘显世为贵州都督，这对四川前线护国进军是很有利的。2月2日，川军刘存厚师在泸州南的纳溪县宣布起义反袁，这又壮大了护国军的力量。

泸州地处沱江流入长江的汇合口，是川南通往云南、贵州的水陆交通要道，上连叙府，下扼重庆，为川南第一重镇，是控制川南必争之地。泸州城北枕沱江，南临长江，东据两江汇合口，西有险隘龙透关，易守难攻，有“铁打泸州”之称。董鸿勋、刘存厚为攻取泸州，决定由西、南两路分进合击，先夺取泸州南岸的兰田坝，扫清长江以南的敌人，控制南岸作为前进基地。董鸿勋支队由纳溪向东南绕牛背石、南寿山，迂回抄袭兰田坝；刘存厚军由陈礼门率领，从纳溪正西进攻兰田坝。2月5日晨，两路同时发起进攻，敌人大乱，董支队于2月6日占领兰田坝，扫清了泸州南岸的敌人，控制了进攻泸州的前进阵地。

2月7日，护国军方面以一部在兰田坝至碗厂一带佯攻泸州，牵制敌人，以主力迂回到兰田坝下游25华里的太安场渡过长江，从泸州东侧翼攻击泸州。太安场渡口，冬天水面宽约200余米，水流平缓，较易摆渡。2月8日，太安场附近江面大雾弥漫，遮掩着长江水面，董鸿勋派兵向下游合江方面警戒、以炮兵在渡口后方列放炮火掩护，以两营兵力渡江，迅速从两侧包抄敌军固守的大龙山高地，南岸的老鹰岩山的大炮亦怒吼起来，敌人才如梦初醒，仓促抵抗。经过一天战斗，董支队夺取了大龙山高地，并突破敌人在罗汉场的防线，迫使敌人退守小市。董支队逼近小市，隔着江，与泸州城仅距几百米对峙。

泸州形势对北军很不利，在周骏、熊祥生的不断告急下，北军曹锟、张敬尧两师及李炳之一旅各一部，紧急向泸州移动，加强泸州防御。2月9日晚，熊祥生组织敢死队，经过一番装扮，以难民、孕妇的样子，混在难民的队伍中，谎称过江避难。陈礼门派在沙湾渡口的防守队长田伯施受敌欺骗，未予阻止。熊祥生敢死队渡江后，突然向月亮岩阵地冲锋，月亮岩炮兵阵地连同大炮为敌人夺取。敌人从沙湾渡口陆续涌来，攻占营盘山、兰田坝等处。陈礼门组织反攻，遭到敌人居高临下的强力反击，没有进展，陈礼门羞愤开枪自杀，护国军失去了一名团长。

这样，失去了最后进攻泸州的机会。董鸿勋支队孤军深入，处境不利，遂由原路渡江返回太安场，再组织反攻，却未能扭转局面。这时，蔡锷率领护国军主力尚未赶到前线，董支队与刘存厚军汇合后，于2月12日退到纳溪城东南外，暂时稳住了阵局。

蔡锷率护国第一军主力兼程前进，何海清支队于2月13日夜间赶到纳溪，禄国藩、朱德支队随后到达。这时，敌我双方都在泸州、纳溪间集结了重兵，从2月14日至3月6日双方进行了第二阶段紧张、激烈的拉锯战。朱德说，这时的四川南部，几乎全部化为战场。处于战场中心位置的纳溪三易其手。②

纳溪县城，位于永宁河北流入长江的汇合处，北临长江，东北面为通往泸州的大道，西与永宁河口左岸的安富街、冠山相犄角，南面是由南向北流的永宁河，接近纳溪的沿河集镇为双合场。敌军以兰田坝为基地，分三路直攻纳溪，对准纳溪的正面和东北面两路为佯攻，主力则从兰田坝南进，迂回到牛背石，再折转向西，由双合场进攻纳溪县城。2月14日晨，敌军主力田树勋旅，已窜至牛背石，迂回到护国军阵线的侧后，并推进到高洞场，与董鸿勋支队相遇。敌人依仗人多炮精的优势，猛攻董支队，董支队虽顽强阻击，仍难以阻止敌人前进。下午2时，董支队与敌田树勋旅在双合场的小河两岸展开激战，战至天黑，董军终于守住阵地，双方暂时沉寂。

2月15日晨，护国军发起反攻，禄国藩支队由泸纳本道向兰田坝正面推进，何海清支队向棉花坡进发。而敌田树勋旅从双合场上游小河潜渡，越过永宁河，到达纳溪城西南，向纳溪城炮击。正向棉花坡进军的何海清支队，奉命紧急折回，绕道至冠山西面，反击敌人左侧；刘存厚军谢松营驰至永宁河右岸，攻击敌人右侧；炮队对隐匿在冠山南面的敌军猛烈轰击。敌人在三面攻击下，退回双合场，又遭到截击，遂全线混乱，狼狈溃逃。这一仗，敌人士兵伤亡约 1700 余人，其中有营长 10 人，旅团长大部也负伤。双合场激战，是护国军泸纳之战中一场十分险恶的战斗。敌人以两旅两团，加上炮兵的优势，对纳溪发动钳形攻击，护国军紧急应战，终于挡住敌人的进攻，是很不容易的。

在紧张战斗中，蔡锷虽然身体虚弱，仍带病坚持亲自上前线指挥战斗。2 月 23 日，蔡锷把总司令部由永宁搬到了纳溪前线，与士卒同甘共苦。蔡锷到达纳溪后，与参谋长罗佩金同住城内指挥部，日夜筹划，指挥战斗，准备反攻。一次，蔡锷身着士兵服，巡视前线，顾品珍、赵又新两梯团长及卫士数人陪同前往，午后经过朝阳观敌人阵地前，敌我各踞一高地，其间是水田。蔡锷等沿田埂过水田，顾品珍在前，赵又新在后，蔡锷居中，行进间被敌人发现，敌机枪猛烈扫射，弹如雨下。顾品珍身体轻捷，与军士两人急速跑进安全区。赵又新身体肥胖，率军士数人回头退走。蔡锷及其余军士由田埂滚入水田隐蔽。水田中一军士见顾品珍已退入安全区，乃上岸沿顾品珍走过的路线飞跑，不幸中弹，弹穿两颊，打断舌头。蔡锷不得已在水深及腰的水田里躲至天黑，才爬上田埂，回到纳溪指挥部。如此险情，蔡锷不止遇到一次。

3. 棉花坡鏖战匝月　朱支队化险为夷

1916 年 2 月 13 日—15 日，护国军在纳溪城下和双合场，粉碎了敌人的钳形攻势后，控制了泸州城和纳溪城之间以棉花坡为主要阵地的一系列高地，巩固了纳溪防线。敌人则以兰田坝为据点，占领了与棉花坡相对的朝阳观、菱角塘等阵地，用优势兵力，正面强攻纳溪。从 2 月 16 日起，敌我两军在泸纳之间，形成了以棉花坡为中心的另一起艰难的战斗。朱德支队奉命守卫棉花坡，顽强抗敌。

棉花坡是纳溪城东郊一系列山冈中的最高点，距离纳溪约 5 公里，是泸州通往纳溪大道的必经之地，也是军事上的必争之地。朱德支队紧急进入棉花坡阵地时，阵地前方正遭到敌人炮火的强攻，敌人密集的炮火十分猛烈，棉花坡山头的松林几乎全部被炸毁。朱支队一到，立即投入战斗，奋不顾身，勇猛追击，突破敌中央防线，迫使敌人撤退数里。

敌人为强化攻势，重新调整兵力，增援加强。敌军张敬尧师之田树勋旅、吴新田旅，曹锟师之吴佩孚旅，以及李炳之旅，川军熊祥生旅之刘湘团等部，集中于纳溪城东棉花坡、双合场等地。双方兵力对比，敌军颇占优势。顾品珍梯团长率禄国藩、朱德两支队抵达棉花坡前线，但兵力仍不敷；蔡锷又抽调在叙府的第一梯团刘云峰部李文汉营、金汉鼎支队增援纳溪前线，争夺棉花坡。

朱德支队英勇善战、顽强战斗，连续打了三天三夜，毫无间歇，以善打夜战和白刃战而出了名，立下了战功。朱德支队坚守的棉花坡正面陶家瓦房背后的高地，与据守红庙高地之敌，仅隔一片水田，敌日夜大炮轰击，松林被打倒，毁落的松针在地上也有数寸之厚。朱德支队营长曹之骅、雷淦尧先后牺牲，这一仗打得相当艰苦。

第一军参谋长罗佩金、第二梯团长赵又新深入前线，指挥朱德部等从 2 月 19 日到 22 日，连续发动四次强大攻势。经过四天四次攻势，终于顶住了敌人的压力，使棉花坡鏖战取得了初步的胜利，使泸纳之战一度转入“攻势防御”。这时，蔡锷命令朱德接任董鸿勋的第三支队长，而以王秉钧接任第六支队长。朱德支队继续扼守棉花坡阵地，尽管敌人后来又多次发动进攻棉花坡的战斗，但棉花坡却岿然不动。直到 3 月 6 日，护国军实行战略转移，朱德支队才离开棉花坡。朱德在这里战斗了几十个日日夜夜，大显身手，赢得了“勇猛善战、忠贞不渝”的名声，成为护国战争中蔡锷的“四大金刚”之一。据美国记者史沫特莱在朱德传记《伟大的道路》一书的记载，见过朱德在棉花坡作战的人说，他每天只睡三四个小时就足够了，似乎有无穷的精力。

以棉花坡为中心的纳溪保卫战，鏖战月余，敌军死伤三四千人，而护国军死伤及失踪亦不下千人。蔡锷回忆说，在那艰苦战斗的日子里，尽管力量悬殊较大，护国军人数有限，武器弹药供应不足，以劳攻逸，地势不利，但是“幸士气坚定，上下一心，虽伤亡颇重，昼夜不得安息，风餐露宿，不为所阻。”“我军士气百倍，无不以一当十。”因此，尽管护国军几度遭遇危险，却能绝处逢生，化险为夷。⑧

护国军经过几十天的艰苦战斗，虽然取得了不少胜利，但官兵们日夜激战，极度疲劳，伤亡很重，武器弹药供应不足；同时部队在战斗中突击转移频繁，各部队分布错综复杂，建制分割零乱，给指挥带来很大困难。护国军已处于人员疲惫，粮弹匮乏，后继无援的困难境地。为此，护国军领导集团研究后，在 3 月 6 日，由蔡锷下达了战略转移——后撤的命令。从 3 月 6 日深夜到 7 日凌晨，护国军各部遵照命令，有秩序地分别转移到了大洲驿、叙蓬溪（今四川叙永县护国镇）、白节滩一线布防；蔡锷的总司令部暂设于纳溪以南 35 公里永宁河畔的大洲驿；刘存厚部转移到了古宋。

蔡锷退驻大洲驿后，将司令部设于大洲驿旁永宁河的一条大船上。因为蔡锷认为，“蔡”与“菜”同音，把司令部设于纳溪，靠近泸州，而“泸”与“炉”同音，菜纳于炉，自然要煮烂；而将司令部设于永宁河大船上，菜适宜于养在水里，取其吉祥之意。此时蔡锷喉病加剧，也需要一个相对安静、空气清新的环境，以便疗养；但又不能距前线太远，便于指挥，故设司令部于此。后来蔡锷就是从这里发出总反攻命令，从而取得护国战争胜利的。为了纪念这个地方，蔡锷曾勒铭于永宁河畔的岩石上。护国岩铭事实上成了护国战争的一座丰碑，至今仍保存完好。护国岩铭全文如下：

护国之要，惟铁与血。
精诚所至，金石为裂。
嗟彼袁逆，炎隆耀赫。

曾几何时，光沉响绝。
天厌凶残，人诛秽德。
叙泸之役，鬼泣神号。
出奇制胜，士勇兵饶。
鏖战匝月，逆锋大挠。
河山永定，凯歌声高。
勒铭危石，以励同胞。④

护国军撤出纳溪后，北军不敢追击，却大肆宣扬收复纳溪的“战绩”，在纳溪、双合场、牛背石一线构筑工事，不敢再前进一步。这一线与护国军退守的大洲驿、叙蓬溪一线相距 20 余公里。张敬尧部占领纳溪后，袁世凯特晋张敬尧勋三位，加陆军上将衔，所部旅长熊祥生、吴佩孚、吴新田均晋升陆军中将，然而这只是自我陶醉罢了。

4. 龙觐光骚扰滇南　李烈钧率部平乱

袁世凯任命的第三路征滇军，是以龙觐光为“云南查办使”名义，从广东经广西进入云南。龙觐光为广东广惠镇守使，兼广东陆军第一师师长；龙觐光的胞弟龙济光时为广东将军，被袁世凯封为振武上将军、一等公爵加郡王衔。他们兄弟二人出生于云南省蒙自县所属的红河外犒吾卡和那埂的封建土司家庭。

龙觐光受命后，组织黄恩锡、李文富大肆招兵买马，搜罗地主武装、土司武装和土匪武装共七八千人，号称“一万人”，编为两个旅，任李文富为第一旅旅长（又称第一路司令），黄恩锡为第二旅旅长（又称第二路司令）。随后又以朱朝瑛为第三路司令。龙觐光的部署是：以李文富的第一路军，作为正面进攻滇南的主攻部队；而以黄恩锡第二路军作为先遣队，避开滇军防守的关隘，绕道潜入云南，扰乱滇南各县，动摇护国军的后方基地；以朱朝瑛的第三路军驻守广西百色及附近地区，龙觐光的司令部设于百色。

龙觐光的胞弟龙济光，命其子龙体乾，从广东经越南回到蒙自犒吾卡，联合在职土司、龙济光的侄子龙毓乾，利用土司的职权和势力，组织土司兵和地主、土匪武装，在滇南各县发动武装暴动，以策应龙觐光的正面进攻，对护国军进行内外夹击，制造混乱，扰乱护国军的后方基地。

1916 年 2 月下旬，龙觐光军李文富部，向广西进入云南的门户剥隘推进。李文富出生于云南广南县的地主家庭，官兵中广南、富宁人不少，道路比较熟悉。李文富从百色出发后，分南、北两路向云南推进。李命其团长莫礼华率 4 个步兵营，作为北路向广南进攻。莫礼华沿右江上游西洋江直上，经广西边境的西林县，进入云南广南县。这时护国军由于大批出境作战，省内防御薄弱，莫礼华部未遇多大抵抗即占领广南县城。李文富直接指挥的混成旅主力，作为南路，沿西洋江桂滇大道，在罗口村进入云南境，直攻边关剥隘。当时，在剥隘的滇军守军一个连队，连长陈宪廷率全连官兵，据关固守，顽强抗击。但李文富主力 3000 余人对付一个连，有绝对优势的兵力，又在机枪、大炮的掩护下，滇军经激战不支，在坚持了两昼夜后，于 3 月 2 日被迫后撤到皈朝。李文富旅得以大踏步进入云南。

护国第二军张开儒、方声涛两梯团奉命先后紧急赶到桂滇边境。方声涛率领的第二梯团朱培德营、毛光翔营和张怀信警卫大队之一中队，在广南县石硐和敌军莫礼华部相遇，经过三昼夜激战，莫军大败，向广西境内退却。方声涛收复广南后，李烈钧率领护国第二军司令部进驻广南县城。

护国第二军张开儒梯团钱开甲支队两营、盛荣超支队一营和炮兵连，向皈朝集中。方声涛梯团在广南获胜后，也向皈朝转移，加强右翼。敌军李文富旅也集中兵力于皈朝一带，于是皈朝一役就成了护国第二军进军广西途中在云南决定性的一战。为此，李烈钧也直接参加了指挥战斗。

李文富以三千之众不断炮击护国军阵地，并以优势兵力轮番进攻。张开儒梯团士气旺盛，但兵力薄弱，因而在这里形成了拉锯战。护国军在这里经历了八昼九夜的鏖战，已极度疲乏，而敌人也同样疲乏。张开儒一鼓作气，下令反攻，用大炮轰击敌人阵地，趁敌人惊慌之际，发起全线冲击，李文富旅遂全线崩溃。这是 3 月 16 日的事，已是广西宣布独立、起义讨袁的后一日。还在 3 月 14 日，桂军陆裕光和马济旅已包围了龙觐光在百色的司令部。这样李文富旅残部进退失据，遂向护国军投降。

护国军挺进军黄毓成部和第三军赵钟奇梯团，此时亦奉命改道截击龙觐光军。黄毓成率杨杰、叶成林两纵队，赵钟奇率李植生支队于同年 2 月下旬，改道进入贵州兴义，3 月 4 日、5 日分别由兴义出发，在巴结渡过南盘江后，进入广西西南部，先后在八大河、闾里、黄南田等地与龙觐光军交火，经一昼夜战斗，在黄南田击溃朱朝瑛部。3 月 15 日，广西宣布起义，桂军将百色龙觐光部包围，黄毓成挺进军也进入百色打击龙军，龙觐光军遂宣告投降。这次战役，共俘虏龙军约 2500 人。赵钟奇率李植生支队进入广西后，在西林龙潭与敌人相遭，一举击溃敌军数百人，顺利进入百色。

李烈钧率护国第二军司令部及所属部队与桂军在百色会师后，即经南宁、梧州、而入广东。

龙觐光的第二路司令黄恩锡也是云南人，在广西招募大批土匪武装后，将其部众扩大到 3000 多人，于 1916 年 2 月 19 日从百色出发，避开云南护国军主力，绕道袭击丘北县城，然后向西窜扰弥勒县境内的江边、竹园、虹溪等地，再由巡检司越过滇越铁路，进入曲溪、建水一带，准备与龙体乾、龙毓乾部汇合，进扰蒙自个旧。

龙济光派回云南策动叛乱和组织内应的龙体乾，利用与龙济光有特殊关系的蒙自道尹何国钧（曾被任命为护国第二军参谋长、未到任），联合个旧的资本家马用卿、蒙自大地主杨镇南、建水大地主朱小桂、莫朴，以及当地土司普绍堂等人的武装力量，策动个旧的警备队、保商营，发动武装暴乱。3 月 10 日，龙体乾、龙毓乾、马

广东将军龙济光

用卿等人，率领数千土司兵、地主武装，袭击个旧守军一个连队（警卫二团第八连），攻占了个旧。个旧陷入一片混乱，滇南震动。杨镇南还率部袭击了蒙自，被驻蒙自的第二卫戍司令刘祖武部击退。朱小桂、莫朴等率部袭击建水，被建水驻军的旅长李修家指挥击退。

事件发生后，为迅速反击滇南暴乱，保卫滇南，保卫护国军的大后方，唐继尧先命警卫二团团长赵世铭，将所部胡若愚、习自强 2 个营 8 个连，组成“南防第一支队”；又命警卫第三大队何世雄 4 个连和文少修 1 个新兵营，组成“南防第二支队”，由上校团长马为麟指挥，紧急出发平叛。

赵世铭部赶到蒙自，配合刘祖武军，打垮了啸聚在蒙自四周的龙体乾部，乘胜扫荡大屯、陈官屯、新安所等地的龙氏残部，接着向鸡街、个旧进击，于 3 月 22 日收复了个旧。龙体乾带领土司兵残部，渡过红河，逃回犒吾卡土司的老巢逢春岭。

赵世铭部习自强营在滇越铁路上的开远、巡检司等地，配合由昆明南下的段廷佐团，截击了经弥勒竹园、虹溪窜扰而来的黄恩锡部，打乱了黄恩锡部企图和龙体乾、朱小桂等部在个旧、建水汇合的计划。黄恩锡部在竹园、巡检司等地遭到截击之后，退至曲溪、建水，又遭驻建水的李修家部的截击。黄恩锡带领残部向红河南岸逃窜，经官厅渡过红河，流窜到红河江外中越边界上的原始森林地带。这样，护国军肃清了红河以内（北岸）滇南各县龙觐光军和龙体乾的叛乱武装。

为彻底根除隐患，唐继尧命赵世铭、马为麟、段廷佐率部继续南进，追击龙氏残部。赵、马两部由个旧出发，经斗姆阁为一路；段廷佐部出建水之官厅为西路；蒋光亮率部由蒙自南出蛮耗为东路。三路同时进军红河南岸的逢春岭，扫荡犒吾卡和那埂龙氏土司老巢。龙体乾、龙毓乾的土司兵一打即溃，龙氏被迫收拾其历代搜刮的财宝，携带家眷，逃匿到金平县沿边一带的原始森林中。

保卫滇南、保卫护国军大后方的战斗，遂取得了完全的胜利，这对于反袁护国战争的胜利挺进是有意义的。

5. 袁世凯一命呜呼　护国军欢呼胜利

护国战争紧张进行之际，全国反袁浪潮继续高涨。1916 年 3 月 15 日，广西宣布独立反袁，加入护国阵营，这对在前线作战的护国军是一个很大的鼓励。护国第一军在大洲驿、叙蓬溪一带经过短期休整，各部建制和兵员作了调整，蔡锷遂于广西宣布独立的同一天，即 3 月 15 日，连下六道命令，要各部作好反攻的准备。3 月 17 日蔡锷下令总反攻，护国军分三路进军，一鼓作气，连战皆捷，先后拿下江安、南溪等地，重新夺回纳溪，先头部队已抵距泸州仅 10 余里的南寿山附近。北洋军士气低落，已无还手的能力。

但是，护国军各路兵力有限，加上粮弹供应不及，故未能最终攻下泸州。蔡锷见各路战事已处于僵持状态，而增援部队又陆续赶来，遂于 3 月 22 日下令各部撤出战斗，退回原阵地，采取守势。而经过此次战斗，敌人死伤惨重，也难以组织新的进攻。据传，北军张敬尧第七师中，前线官长死亡殆尽，营长只剩下一人。张敬尧后来承认说：“我自当排长起，现在已到师长兼总指挥，未离开第二十五团。护国军那一顿刺刀捅死我七八百人，全师共死两三千人。我的精锐消耗殆尽，你看伤心不伤心，我还打什么？”由于双方都难再组织进攻，川南战事遂成胶着状态。[9]

帝国主义各国改变了对袁世凯称帝的支持态度，北洋军阀内部又分崩离析，在护国军的打击，全国人民的反对下，袁世凯被迫于1916年3月22日下令撤销“承认帝制案”，然而却仍自称“大总统”。护国军主要领导人唐继尧、蔡锷等立即发出通电，不仅不承认袁世凯的总统资格，而且要求审判袁世凯。不久，4月6日广东宣布独立。5月8日，云南、贵州、广西、广东已反袁独立各省联合建立了统一的政权机关，设于广东肇庆，这就是“护国军军务院”，以对抗北京政府，被视为“南方政权”。联合政府推举唐继尧为军务院抚军长，岑春煊为抚军副长。由于唐继尧不驻军务院，由岑春煊驻院代行抚军长职权，而以蔡锷、李烈钧及独立各省领导人为抚军。如果说，军务院相当于“南方政府”，那么抚军长、抚军副长相当于“国务院”总理、副总理；抚军则相当于国务委员。然而，军务院虽然在事实上未能起到领导独立各省的作用，但它的存在本身表明，护国军不承认北京政权，坚持袁世凯必须退位的决心。

反袁斗争还在继续发展，浙江、陕西、四川、湖南等省又相继宣布“独立”，而北洋派内部已继续分化。袁世凯无可奈何，在全国人民的一片唾骂声中一病不起，于1916年6月6日一命呜呼，结束了可耻的一生。

袁世凯一死，以反对袁世凯复辟帝制为宗旨的护国战争也就自然结束了，护国军欢呼战争取得了胜利。

护国战争是近代中国资产阶级单独领导的仅次于辛亥革命的一次伟大的革命运动。护国战争在推翻袁世凯统治，粉碎袁世凯复辟帝制方面，达到了目的，取得了胜利。护国战争的功绩在于：它延缓了中国半殖民地化的过程，避免了历史更大的倒退；它集中地反映了辛亥革命以后，共和观念深入人心，人民群众的进一步觉醒。

云南人民为护国战争所作出的贡献和牺牲，是值得我们永远怀念的。护国战争从云南开始发动，影响全国，这是云南各族人民的骄傲；滇军在发动和推进护国战争中起了重要作用，因而护国战争也是滇军的骄傲。

不过，护国战争未能改变中国半殖民地半封建社会状况，护国战争后换来的却是军阀割据和军阀混战的局面，这是历史的悲剧。

参考文献

①冯玉祥：《我的生活》上册第224—225页，哈尔滨，黑龙江人民出版社1981年版。

②［美］艾格尼丝·史沫特莱：《伟大的道路——朱德的生平和时代》第134页，生活·读书·新知三联书店1979年第1版。

③《蔡松坡家书》，见《近代史资料》1963年第4期。

④《护国岩铭》，见《蔡松坡先生遗集》之八，又根据笔者在实地拍摄的照片校订。

⑤刘云峰：《护国军纪要》，见《云南文史资料选集》第10辑第97页。

六　卷入军阀混战

（1917—1927年）

1. 川滇黔成都巷战　大西南混战开始

护国战争结束以后，中国出现了军阀割据和军阀混战的局面。在这种历史条件下，唐继尧野心膨胀，企图利用护国的声威攫取更大的地盘和权力，对外扩张，逐渐演化为滇系军阀的头子。

当护国战争结束之际，唐继尧将原来的护国三军扩大为八军之多，分任黄毓成、叶荃、张子贞、刘祖武和庾恩旸为第四、五、六、七军和警卫军总司令官，并且计划第四军出四川，第五军由会理、宁远出陕西，第六军出广东，第七军由桂林出湖南长沙，与唐继尧亲率的第三军及警卫军由贵州出湖南，会师武汉，大举北伐。后因袁世凯很快死去，唐继尧的“北伐”失去了意义，才未能有“会师武汉”之举。然而唐继尧却趁机增兵四川，为扩张地盘作准备。

护国战争结束后，黎元洪继任北京政权的总统，北洋皖系军阀首领段祺瑞为国务总理。北京政府任命蔡锷为四川督军，唐继尧为云南督军。但是，蔡锷仅在成都视事十日，即因病请假离川，赴日就医。延至1916年11月8日，蔡锷因病不治，在日本逝世，享年仅34岁。蔡锷离川后，滇军将领罗佩金继任四川督军，黔军将领戴戡担任四川省长兼军务会办。

蔡锷病逝于日本福冈医院

护国战争虽然结束了，但已进入四川的滇军和黔军不仅拒绝撤军，还要继续增兵川境。大批滇人又出任四川省各级各地的官吏，控制军政大权，这就埋下了川军与滇、黔军矛盾的伏笔。其时，段祺瑞政府为了削减异己力量，下令“收束军队”，责成各省军事当局将以前派出省作战的军队撤回原籍，并着手编遣各地民军，以及自护国战争发生以来新扩充的军队。段祺瑞拟就了一套裁兵计划，全国陆军规定为 40 师，每师 1 万人，另编 20 个独立旅，每旅 5000 人，合计 50 万人。此外，各省可保留一些非正规性质的警备队，但全国警备队不得超过 200 营，每营 500 人，合计 10 万人。北京政府的裁兵计划，实际上只裁减南方军队。南方军队自然不会在这个与自己生存攸关的问题上听命于北京政权，然而这个裁兵计划却引发了 1917 年川滇黔之间的两次成都巷战。

当北京政府要求各省裁军之际，滇军将领、四川督军罗佩金奉滇军统帅唐继尧之命，趁机采取了“强滇弱川”的裁兵计划。罗佩金的计划是将在川的滇军改编为 1 师 1 旅，在川的黔军改编为 1 混成旅 1 独立团，编为中央军，取得驻川的合法权利和地位。川军原有 5 师，则编为 3 师 1 旅，改为地方军。这件事引起川军的强烈不满，认为“编遣不公”，罗佩金采取断然措施，强制执行。

1917 年 4 月 18 日，滇军一部由德阳押送整编收缴的川军第四师陈泽霈部枪支 1000 余支、子弹 10 余万发，至成都北门外，川军第二师师长刘存厚下令截夺，开枪射击，人械一并扣留。当场滇军死 10 余人，余均禁闭。滇军另一部从灌县返回成都，经过通惠门，刘存厚又下令开枪射击。这就引起了在成都的川、滇军开炮互击。于是川滇军之间的成都巷战爆发，炮车隆隆，杀声四起，此次巷战又称为“刘罗”战争（刘存厚与罗佩金之战）。双方都指责对方首启衅端。

这次战争双方都以争权夺利为目的，而不惜以人民遭受巨大灾难为代价。4 月 19 日，滇军顾品珍令王秉钧旅纵兵焚烧皇城周围民房，声言“亮城”，防止川军利用民房伏击。皇城上滇军还发射燃烧弹，机枪步枪交织扫射，禁阻警察前往救火。一时黑烟蔽天，红焰照地，人民奔逃，哭声载道，数千家房屋顿成灰烬。刘存厚部为诿匪滇军，亦派数百名士兵伪装成滇军，伙同流氓地痞分头放火，抢劫财物。火势一直烧到4月22日。滇军两旅分路猛扑刘存厚军的防线，以占领北校场刘的军部为目标。川军拼命阻击，白刃肉搏，双方都有严重伤亡。川、滇两省议会亦互相指责，而入川黔军则作壁上观，保持“中立”。

由于成都绅商、外国领事和北京政府出面调停，罗佩金乃于4月24日率滇军由东门撤出成都，次日刘存厚也率川军由西门退出成都，“刘罗”战争逐渐停顿下来。据统计，这次战争，仅百姓伤亡即在3000人以上，财产损失达47万余元，烧毁民房780户，被抢劫的民户达1194户。

“刘罗”战争结束不到3个月，“刘戴”成都巷战（刘存厚与戴戡之战）又爆发了。1917年7月5日晚，黔军将领、四川代督军兼省长、军务会办戴戡命令熊其勋旅向北校场刘存厚的军部等地发动进攻。刘存厚早有准备，立即进行反击。黔军力弱，被迫后退，沿途焚烧民房，以图阻止川军的追击。“刘戴”战争几乎是“刘罗”战争的翻版。在省议会、外国领事的调停下，戴戡将督军、省长、军务会办三颗印信交四川省议会，于7月17日率领黔军从南门退出成都，向华阳、仁寿方向退走。7月21日，戴戡所率黔军行至仁寿县秦皇寺附近，遭到刘存厚部的拦腰阻击，黔军旅长熊其勋被川军所俘，后被斩首，戴戡亦同时为川军所害（一说为自杀）。“刘戴”之战以刘存厚胜利而结束。这次战争，仅红十字会医院收容统计，兵士战死者364人，伤者661人；市民死者110人，伤者310人。

战争虽然以刘存厚取得胜利结束，而北京政府却派长江上游巡阅使、北洋系的吴光新为四川查办使，率北军入川。到了此时，人们才看清楚，原来段祺瑞政府是要利用南方的矛盾，把四川纳入北洋军阀的势力范围。

与成都两次巷战差不多同时，川、滇还有两次战争，这就是“青（神）眉（山）争夺战”和“资（阳）内（江）争夺战”。这两次战争是两次成都巷战的继续，是刘存厚企图乘胜追击，把滇、

黔军全部赶出川境，而滇军统帅唐继尧、黔军统帅刘显世不甘失败，要继续控制四川而引起的。这两次战争，刘存厚军占了上风。自此，滇军在川南一直处于守势。稍后，驻川滇军第一军军长顾品珍率滇军两旅配合黔军王文华部，出其不意地分路奇袭重庆，局势又发生了新的变化，川军不得不从川南撤退。

1917 年的川、滇、黔两次成都巷战及其稍后的几次战争，乃是典型的争权夺利的军阀混战性质的战争，对于战争的各方来说都不具有正义性，因而遭到人民群众的反对。可以认为，这是西南各省军事头目堕落为封建军阀的重要标志，是大西南各派军阀卷入混战的开始。

2. 拉大旗“护法战争”　作虎皮“靖国之役”

护国战争结束以后，段祺瑞为国务总理。段祺瑞是北洋皖系军阀头目，大权在握，投靠日本帝国主义，大借外债，扩张军备，蔑视国会和约法，专横暴虐。民主革命领袖孙中山大失所望，决定发起反对段祺瑞军事独裁，反对假共和、维护真共和为主要内容的护法战争。然而缺少实力的孙中山，把护法希望寄托于南方，尤其寄希望于桂系的陆荣廷和滇系的唐继尧等西南地方实力派身上。

孙中山于 1917 年 7 月中旬率领舰队来到广州宣布护法，并于 8 月 25 日至 9 月 1 日在广州召开国会非常会议，宣布成立中华民国军政府，就任军政府大元帅，同时选举唐继尧、陆荣廷为元帅，从而揭开了护法运动的序幕。陆荣廷为首的桂系，唐继尧为首的滇系，表面上拥护孙中山，宣称支持护法，实际上却另搞一套，以谋自身势力的发展。所以，陆荣廷控制两广，打出的旗号是“自主”；唐继尧控制滇黔，宣称的却是“靖国”。无论是“自主”也好，还是“靖国”也好，其实都是拉大旗，作虎皮，为自己的私利服务的。

1917 年 7 月初，张勋复辟，唐继尧即连发数电，表示誓死拥护共和讨逆，并组织“靖国军”，发动“靖国之役”，“会师武汉，立马幽燕”，藉此图川。稍后滇军在川的扩张战争，就是在“靖国”的名义下进行的。最初组织的“靖国军”有6个军，以唐继尧为总司令，以顾品珍、赵又新、庾恩旸、黄毓成、张开儒、方声涛分任靖国第一、二、三、四、五、六军总司令部，准备大举入川。

广州非常国会推举孙中山为军政府大元帅，推举唐继尧、陆荣廷为元帅后，唐、陆都拒绝就任元帅职。唐继尧公开电辞元帅职说：“元帅一职，愧不敢当”。孙中山多次给唐继尧电报，耐心劝说，唐继尧皆不为所动。孙中山乃决定派军政府秘书长、著名学者、革命家章太炎为“劳军使”，前往云南劝驾，希望唐继尧“即日宣布就职，以救危亡”。1917年10月下旬，章太炎经越南来到昆明。为了引人注目，章太炎请人特制了两面特大的红旗，挑选两位个头高大、身体强壮的青年扛着，作为先导入城，以壮行色，并表示隆重之意，此事一时传为美谈。章太炎到云南的时间不算短，约有3个月之久，代表孙中山和广州军政府，反复做唐继尧的工作，希望他顾全大局，就元帅职。唐继尧虽然收下了元帅证书和证件，却仍事事推诿，不愿宣布就任元帅职。这时，唐继尧因发动“靖国”战争，移师到了贵州、四川前线，章太炎也跟着到了贵州、四川，继续劝说，仍然未收到效果。随后，孙中山又连电唐继尧，苦口婆心，耐心劝说。电文之多，可以看作是民国政坛上的一大奇观，可是唐继尧始终不为所动。直到军政府改组前夕，孙中山始终未放弃对唐继尧的劝说。

孙中山频频给唐继尧电报劝说就元帅职的同时，还对唐继尧作了若干迁就和让步，其中比较重要的就是承认他自称的“靖国军”总司令，并提出设“川滇黔三省靖国军总司令”，也由唐继尧担任。但是，孙中山的苦心迁就和耐心等待，终未能达到目的。

1918年5月，由桂系主使，滇系呼应，政学系表演，居然使广州军政府改组成为事实，取消大元帅一长制，改为总裁合议制，孙中山虽名列七总裁之一，却没有实权，并且军政府成为议和机关，准备与北方军阀妥协。孙中山气愤之余，乃于5月4日发表了《辞大元帅通电》，指出护法之际，“滇、桂之师皆由地方问题而起，而所谓宣告自主者，其态度犹属暧昧，似尚置根本大法于不问”，“顾我国之大弊，莫大于武人之争雄，南与北如一丘之貉，虽号称护法之省，亦莫肯俯首于法律及民意之下”。这个通电，戳着了滇、桂系的痛处，唐继尧气急败坏，竟在孙中山的电文上批道“一片胡说”“无耻之极”。[①]

曾经拒绝就任元帅职的唐继尧、陆荣廷，在军政府改组为总裁制之后，立即改变了态度，宣布就任七总裁之一。唐继尧立即通电表示支持并就职。这种态度，与他拒绝元帅职的消极对抗，形成了鲜明的对比。正如章太炎到云南与唐继尧接触后深有感触地说，唐继尧等人搞的是“西南主义”，“广西不过欲得湖南，云南不过欲得四川，借护法之虚名，收蚕食鹰攫之实效”，而“外人独见其宣布明电，慷慨自矜，而密电私议，实多不可告人之语”[②]。章太炎所说“密电私议”，更能反映唐继尧的真实态度，我们可以举出几个事例。

例一，1917 年 9 月 16 日，唐继尧在致其驻广州之情报联络人徐之琛的密电说，辞元帅职，是因为“中山举动，本嫌唐突，惟既已发表，似毋庸积极反对。有彼在，则对内对外亦有一种助力，将来取消亦得一番交换之利益，故此间虽辞元帅，未言其他，以免内部太分歧，反授人以隙也”[③]。这是唐继尧两面手法的最好说明，也是他频频拒绝孙中山要求的自供状。

例二，1917 年 7 月 14 日，驻粤滇军第三师师长张开儒在广州公开发表拥护护法通电，唐继尧很不满意，在张开儒电报上批道：“应电饬勿再乱谈。”对张开儒的秘书长崔文藻，揭露陆荣廷与北洋直系冯国璋勾结，召开新国会以及军政府会议等事情，致唐继尧两个密电，唐更加反感，批道：“崔极荒唐，不理！”[④]

例三，后任靖国第三军军长的滇军将领张开儒，被孙中山任命为军政府陆军总长，张的秘书长崔文藻为陆军部次长兼交通部次长。张、崔二人拥护孙中山，被桂系视为眼中钉、肉中刺。1918 年 5 月 4 日，桂系军阀假唐继尧之命，强行剥夺了张开儒的兵权。唐继尧得报，欣然同意说：“既行发表，惟有承认而已。”5 月 20 日，桂系莫荣新又强行拘捕张开儒和崔文藻，随即将崔文藻枪杀于广州东郊。唐继尧获悉后，不仅称赞莫荣新“处理甚为适当”，而且要求把张开儒押送回滇，“依法处办”。[5]

唐继尧不买孙中山的账，却要利用孙中山的“护法”旗号，进行他的“靖国”战争，通电说什么“思维北征，宜先靖蜀”。1917年11月，滇军顾品珍部由泸州东下，联合黔军王文华部，突袭并占领了重庆；12月向川南出击，占领了泸州。同月21日，在部分川军的支持下，唐继尧就任川滇黔三省靖国联军总司令。1918年2月，三省联军先头部队进入成都，这样唐继尧以夺取和控制四川为目标的“靖国”战争暂时告一段落。

唐继尧控制了川滇黔三省后，声势显赫，更加气焰嚣张。1918年2月25日，唐继尧避开广州军政府，竟然自行任命四川督军；后又连续任命了靖国援鄂、援陕八路军总司令，安插王文华为重庆镇守使、赵又新为四川军务会办，顾品珍为叙泸镇守使、叶荃为夔万镇守使等，并决定于9月在重庆召开川、滇、黔、鄂、豫五省联军会议，就任“五省联军总司令”职。9月17日，唐继尧戒备森严地由贵州毕节来到重庆。这一天，重庆全城戒严，所有码头的渡船均勒令停靠对岸海棠溪。自太平门到学院衙门行辕，沿途断绝交通，每一铺户站一武装哨兵。沿街商铺及楼上窗户，一律勒令关闭。唐抵海棠溪，鸣炮21响。唐乘坐借来的美军摩托艇渡江，经太平门入城。仪仗隆重，前列为护卫骑兵，次为御用的“佽飞军”（警卫军），头戴钢盔，身背十响枪，手持方天画戟，俨然是帝王巡视的仪仗；再次为掌旗官，乘高头骏马，手掌杏黄滚金丝穗帅旗，上绣斗大的一个“唐”字。后面接着是唐继尧乘坐的八抬绿呢大轿，轿内放着绣龙金黄褥靠垫；轿后为唐的坐骑黄骠马，紫金鞍。殿后是其护卫大队长龙云率领的护卫大队。唐入城后即乘黄骠坐骑，足登金镫，浩浩荡荡，进入行辕。唐继尧俨然以“西南王”“东大陆主人”自居。

在重庆联军会议上，唐继尧抛出了“准备北伐案”为题的所谓

"川滇黔三省同盟条约"（计划书）。这个同盟书的主要内容是：第一，四川兵工厂做北伐军械弹药补充，归联军管辖支配，实则归滇黔军支配；第二，造币厂亦归联军支配；第三，四川全省的厘税，包括盐税、关税、酒税等，做北伐军军饷的补充；第四，川东南财富之区（约占全省面积的2/3），悉作滇黔军防地；第五，上述各项由联帅总部在重庆特设机构主持办理。这个同盟书事实上是要把四川划为云南的势力范围。靖国军四川总司令熊克武表示无权处理，要经过四川省议会，因而拒绝签字。从9月17日到10月8日的20天，翻来覆去对同盟书条款进行谈判，熊克武始终不敢松口，更不敢签字，会议最后不了了之。[6]唐继尧不得已于10月18日离开重庆，返回昆明。重庆会议不欢而散，唐继尧没有达到目的，这就埋下了1920年川滇战争的伏笔。不过，由于陕西、湖南、福建的部分军事首脑加入"靖国军"，唐继尧俨然以川、滇、黔、鄂、豫、陕、湘、闽八省联军总司令自命，这是滇系唐继尧声望达到顶点的时期。

3. "两个洋芋辞旧岁　一棵白菜迎新春"

1920年3月，唐继尧下令免去熊克武四川靖国军总司令，后又任命吕超、刘湘为四川靖国军正、副总司令职，倒熊的姿态已很明显。其时，滇军驻川有顾品珍（第一军）、赵又新（第二军）两军，唐继尧命顾、赵两军联合黔军王文华部攻击熊克武部，于是川滇战争爆发。战争初期，滇黔军占了上风，熊克武被赶出了成都，转往川北，但滇军伤亡达5000人之多。

是年冬，熊克武以驱逐客军相号召，联络川军各部，分别向成都、重庆及川南进攻。滇军骄横，缺乏准备，被赶出了成都。川军乘胜直追，驻川滇军第二军军长赵又新被川军打死于泸州城外的学士山。这样滇军全线溃退，直退到贵州毕节，驻川滇军全部被逐出四川。

驻川滇军第一军军长顾品珍，原来就不满滇军被唐继尧强驱卷

驻川滇军第二军军长赵又新

倒唐后的滇军总司令顾品珍

入混战，这时又得到熊克武的鼓动和资助，故收集残军，以“士兵厌战”为名，准备班师回滇，驱逐唐继尧。唐继尧见势不妙，乃派秘书长周钟岳前往毕节，以慰劳为名，观察动静，刺探情报。周钟岳到毕节后询问顾品珍滇军退出四川缘由以及现在兵力如何。顾品珍回答说，滇军在川原有两军，计有3万人，现在只剩下1万，枪械只有7000多支，辎重行李则荡然无存。顾品珍反问周钟岳，唐继尧为何出兵四川，现在如何收束。周钟岳为唐辩解，顾甚不以为然。周钟岳回昆后，向唐继尧汇报，顾的言行“殊属可疑”。唐继尧为了稳住顾品珍，任命顾为云南东防督办，驻昭通。顾品珍则另有打算，一方面宣誓就东防督办职，一方面又率师向昆明进发，驱逐唐继尧。驻省的叶荃第八军，与顾品珍配合，宣布倒戈反唐，并袭击昆明。

唐继尧紧张了，召集紧急会议，决定由唐亲自率警卫军为中路，田钟谷旅为左路，杨蓁旅为右路，准备反击。但是杨蓁不仅辞去右翼指挥，还要求唐继尧“让贤”；唐继尧的另一大将、旅长邓泰中发出通电，反对唐继尧，说“为大局计，为西南计，为吾滇计，为公自身计，实不能不请我公暂避贤路”；并与顾品珍部团长联名，要唐下野。唐继尧依托邓泰中、杨蓁部反击的幻想破灭，顾军又瞬息即至，只得召集警务处处长秦光第筹划。秦光第也无可奈何地说：“警察人数不多，平日训练不精，恐不足以当敌。”

唐继尧在内部分裂、军心动摇、众叛亲离的情况下，不得已通电辞职，遂于1921年2月8日天未明时，即率亲信卫队百余人离开昆明，乘滇越铁路火车向南出走，流落中国香港。次日，顾品珍进入昆明，以滇军总司令名义控制云南。恰巧这年2月7日是旧历除夕，2月8日是旧历新年。唐继尧是2月8日凌晨（习惯上认为是2月7日深夜）离开昆明，顾品珍随即进入昆明。因此昆明人曾作春联一副云：“两个洋芋辞旧岁，一棵白菜迎新春。”会泽盛产洋芋（马铃薯），量多个大味美，久享盛名，唐继尧及其堂弟唐继虞是云南会泽人，故称“两个洋芋”。昆明盛产白菜，亦闻名于世，顾品珍为昆明人，故称“一棵白菜”。趣语客观地叙述了唐走顾入昆明的事实。又有人说，这副春联应为：“一个洋芋辞旧岁，两棵白菜迎新年”。“一个洋芋”指唐继尧，“两棵白菜”指顾品珍、杨蓁（亦为昆明人）。当时杨蓁地位不高，故有人更倾向于这副春联应是前一副，而不是后一副。

顾品珍进入昆明后，以滇军总司令名义，总揽云南军政，统治云南，曾发布告一纸，中心议题是休兵息民。他还响应孙中山的号召，组织了滇军北伐讨贼军，拟出师北伐；此外，在剿匪、廉政方面做过一些努力，但未采取大的行动。加上他统治云南仅一年的时间，又要准备对付唐继尧回滇复辟，因而也难以有大的作为。

4. 顾品珍中弹身死　唐继尧“二次回滇”

唐继尧被顾品珍驱逐出云南，流落香港之际，两广政局又发生了新的变化。1920年8月，孙中山发动了“驱桂战争”，陆荣廷的势力被逐出广东。11月，孙中山重返广州，宣布将重组军政府，继续完成护法任务，号召国会议员迅速组织正式政府。一方面，孙中山要扩大广州政府的势力，尽可能团结一些人；另一方面，唐继尧流落香港后，又企图利用孙中山寻找新的出路，因而再度表示了对孙中山的拥护。尽管孙中山对唐继尧“首鼠两端”的态度颇为不满，也难以信任他，但对他的处境仍表示一定程度的同情，对流落香港的唐继尧表示欢迎到广州来工作，因此派代表到香港，迎接唐继尧到广州。

当唐继尧从香港到广州时，孙中山亲临车站迎接，并举行了盛大的欢迎会，希望唐继尧有所觉悟。孙中山致辞欢迎说，唐继尧“昔为云南独有之唐公，今后则为中华民国共有之唐公，此中华民国之大成功也”。唐继尧则冠冕堂皇地说，自己毅然离开云南，是因为“一不忍使地方糜烂，二不屑为权利争夺，三地方政治地方人共有之”，并表示愿意与孙中山协调护法大业。鉴于唐继尧如此表示，广州军政府遂于 1921 年 3 月 12 日设宴欢迎。到会数百人，由孙中山主持宴会，并致欢迎辞表示：“今军政府中，乃得唐公来规划一切，此西南之大成功也。”这是孙中山对唐继尧再次不遗余力地争取，表现了宽广的胸怀。[7]

可是，事情很快又发生了变化，1921 年 4 月 7 日在广州召开国会非常会议，参众两院通过了《中华民国组织大纲》，选举孙中山为非常大总统。孙中山于 5 月 5 日宣誓就任了中华民国非常大总统。唐继尧竟又心怀不满，认为孙中山主张“独裁制”，授意亲信议员组织选举会，选举自己为总统。因此，唐继尧暗中支持广东军阀陈炯明等反对孙中山，并通电解除自己的政务总裁及参谋部长的职务，离广州返回香港去“养疴”了。唐继尧再拆孙中山的台。[8]

孙中山第二次建立广州政府后，再度进行北伐，要用武力打倒军阀、统一中国，以便实现民主共和国。孙中山于 1921 年 6 月 27 日命令粤、赣、滇、黔各军出兵讨伐退缩至广西境内的桂系陆荣廷，任命陈炯明为“援桂”总司令，并有任命唐继尧为滇粤桂联军总司令的打算，但唐继尧婉言谢绝。孙中山领导的讨桂军队，在短短三个月内，平定了广西，统一了两广。接着。孙中山于桂林成立北伐大本营，拟率队进行北伐，积极筹备由桂入湘。

然而，唐继尧不仅不支持孙中山的北伐事业，反而认为“所谓北伐，在谋地盘”，因此反对孙中山北伐。唐继尧利用护国战争时期进入广东的滇军官兵在外征战多年、思乡心切的心理状态，煽动他们拒绝接受北伐的命令，打回云南老家去。唐继尧所用的手段，一是封官许愿，二是金钱收买。驻粤滇军师长朱培德为其部下赶走，来到香港，要唐继尧给他一笔钱，他将亲到桂林去抓驻粤滇军，拥护唐氏回滇。其时驻粤滇军已移驻桂林，由总指挥杨益谦指挥。唐继尧给朱培德巨款 20 万元港币，朱到桂林后，会见了滇军各团团长，每位团长给了 3 万元，群起赶走了杨益谦，朱培德遂夺得了驻粤滇军总司令职务。唐继尧乃指挥原准备跟孙中山北伐的滇军，开往柳州，与在柳州的唐继尧亲信部队李友勋、龙云等部汇合集中，唆使他们回滇夺权。破坏孙中山北伐事业的陈炯明，则暗中支持唐继尧率部回滇，并给予金钱资助。

这样，唐继尧亲赴柳州，策动滇军回滇夺权，并发出回滇通电。为此，孙中山任命顾品珍为云南北伐讨贼军总司令，而以金汉鼎代理滇军总司令，勉励顾品珍率师北伐，以表示对唐继尧破坏北伐的谴责。唐继尧完全不顾大局，坚持抗命，要驱滇军，反戈回云南，孙中山于 1922 年 2 月 22 日发布了“制止令”，谴责唐继尧抗命回滇，破坏北伐的行为，并令滇、黔、桂各省当局，“严行制止”。与此同时，朱培德态度变化，接受孙中山任命，通电讨伐唐继尧，宣布与唐继尧脱离一切关系，而杨益谦则反转来投靠了唐继尧。

唐继尧将其在柳州的 4000 余人，编为四个军，分别以李友勋、田钟谷、胡若愚、杨益谦为军长。唐继尧亲自率领胡若愚、田钟谷两军，绕道桂滇边境，由剥隘经广南、文山进攻蒙自；李友勋、杨益谦两军为另一路，由贵州兴义经罗平，直指昆明。同时，唐继尧又收买了滇南大土匪吴学显，从内部配合，向顾品珍部发起进攻。

在回滇途中，李友勋被广西自治军打死，唐继尧遂委任第一军前锋龙云为第一军代理军长。

本来，顾品珍所部兵力超过唐继尧兵力的数倍，而且以逸待劳，因此战争初期，双方激战于宜良大河两岸时，顾品珍部处于优势地位。然而，顾品珍盲目轻敌，把总司令部设于既无天然屏障，又无实力护卫的路南县天生关鹅毛寨，加上内部矛盾丛生、指挥不灵，致遭不幸。大土匪吴学显所属的黄诚伯部，从后面攻击天生关鹅毛寨顾品珍总司令部时，像是进入无人之境似的，突然出现在顾品珍总司令部前。顾品珍措手不及，中弹死去，参谋长也同时遭难。总司令及参谋长突遭意外，司令部失去了指挥能力，唐继尧率部轻取昆明。1922 年 3 月，唐继尧重返昆明，重掌云南大权。这就是所谓的唐继尧“二次回滇”。唐继尧二次回滇，发表了《告滇父老书》，为自己涂脂抹粉，虽气势汹汹，然而毕竟时过境迁，威风大逊于当年。

顾品珍曾是朱德在讲武堂时期的教官、学生队队长，在他统治云南一年的时期里，先后委任朱德为云南陆军宪兵司令部司令官、云南省警务处处长兼省会警察厅厅长、云南省禁烟局会办等职。朱德在自己的职务范围内，尽可能地做了一些好事。3 月 27 日，唐继尧重掌云南大权后，竟对朱德发出通缉令。朱德不得已与代理滇军总司令兼代云南省省长金汉鼎离开昆明，经滇东北，渡金沙江，绕至四川会理，在 5 月中旬回到四川南溪家中。从此，朱德离开了自己生活约 14 年的“第二故乡”云南，寻找新的革命道路去了。朱德离开云南，离开滇军，是他走上革命道路的转折点。后来，朱德回忆说：“借着唐继尧的毒手，将封建关系替我斩断。”⑨朱德就这样无牵无挂地从原来的环境中摆脱出来，踏上了一条新的生活道路。

5. 唐继尧再攻贵州　频用兵采用虎符

二次回滇后，唐继尧的势力明显地走下坡路了，但他仍然不觉悟，继续穷兵黩武，一意蛮干。开始时，唐继尧鼓吹“废督裁兵”“联省自治”，然而没有多久，枪声、炮声又重新响了起来。其时，在贵州各派内讧中，刘显世被赶下了台，流亡昆明，依托于滇系的保护，袁祖铭则以定黔军总司令名义担任了贵州省长的职务。1922年初，唐继尧二次回滇时，曾电告袁祖铭，要其拥护唐恢复川、滇、黔联军总司令职务，贵州归云南统辖，却遭到拒绝。滇军胡若愚所部胡国秀旅回滇时，请求假道贵州，袁祖铭同意假道。但袁祖铭部第1师师长王天培，接到孙中山“制止令”、阻止滇军回滇电后，即截击胡国秀旅，并被其缴械。唐继尧电袁祖铭，要求退还枪支，袁置之不理，唐继尧深为不满，决定报复。

1922年底，唐继尧自以为在滇省内部已经站稳脚跟，遂把流亡昆明的刘显世找出来，组织“滇黔联军”，自任总司令，刘显世为副总司令，并任命刘显世之兄刘显潜为滇黔边务督办，设督署于兴义，积极策划向贵州扩张。唐继尧又任命其堂弟唐继虞为东南巡宣使兼滇黔联军前敌总指挥官，以恢复刘显世政权为词，于1923年2月中旬率部进入贵州。3月9日，“滇黔联军”与袁部黔军在镇宁接触，黔军不支后撤。3月12日，唐继虞率部占领贵阳，袁祖铭经黔东退入四川，滇军再次控制贵州。唐继尧、刘显世联名委任唐继虞为“贵州军事善后督办”，张汝骥（滇军师长）、刘显潜为“会办”。刘显世虽然恢复了省长的名义，而贵州、黔军再度成为滇军的陪衬。

唐继尧用兵贵州的同时，又派兵卷入四川各派军人的战斗中，企图再度控制四川。其时，四川内部各派之间又发生了战乱。熊克武为了壮大自己的力量，又与唐继尧和好，邀请滇军入川。1923年9月，唐继尧配合熊克武部攻下泸州，川军杨森退往重庆。9月底至10月中旬，滇军派胡若愚部入川，与熊克武部联合进攻重庆，并攻克了重庆。然而，熊克武及其盟军内部分赃不均，原来联络在一起的各部又发生战乱，爆发了川军师长邓锡侯、陈国栋、田须尧、刘斌等同熊克武、刘成勋、赖心辉的战争。北洋直系军阀吴佩孚见川军内讧，有机可乘，遂大力援助退往湖北的杨森回川，并命令北洋军赵荣华及投靠自己的黔军袁祖铭部援川，联合进攻熊克武部。刘湘亦东山再起，出任吴佩孚所委任的四川善后督办，领导倒熊战争。

在战争过程中，刘成勋、赖心辉突然倒戈，倒向刘湘，熊克武陷于孤立。1924 年 2 月，川军熊克武部与支持熊部的入川滇军战败，熊克武率部退往广东，滇军再次被逐出川境。唐继尧插手四川战局，实欲趁火打劫，旧梦重温，可惜成了泡影。

这里还要提及的是，唐继尧在穷兵黩武的过程中，还别出心裁地实行了调兵虎符的制度。从战国开始，我国就实行凭印玺、兵符任将发兵作战的制度。兵符一般作虎形，故称虎符，以铜制成左右对称的两半，刻有相关命令的铭文，由国君和出征将领各持一半，作为调遣时的凭证。云南历史上多次战争，却未见有虎符遗存，而唐继尧在 1923 年前后，却实行了调兵虎符制度。这说明唐继尧把自己摆到了“国君”的位置，而且摆出要长期穷兵黩武的架势。云南省博物馆就珍藏有一对唐继尧对滇军调兵的虎符，就是最明显的证据。这对虎符，质地、尺寸及纹饰基本相同，均为铜质，长 14 厘米，宽 3.5 厘米，厚 0.8 厘米，上端分别是两只左右对称的威武的老虎图案，作蹲踞状。正面由上而下篆文为“云南省长唐检点证”和“云南省长唐检点副证”。背面为“民国十二年（1923）七月二号制”字样，并有“唐继尧印”印样。合缝之处则为铭文“军字第二三号”和“令出推行”。从其“二三”号的编码来看，唐继尧的调兵虎符至少不下于 23 对。这对虎符既对研究近代云南军事史有一定价值，更是唐继尧穷兵黩武的佐证。[10]

6. “建国军”花样翻新　攻广西再度受挫

1922 年底和 1923 年初，支持孙中山的滇桂军，打败了背叛孙中山的粤军陈炯明。孙中山又于 1923 年 2 月由上海返回广州，第三次建立广州政权，就任陆海军大元帅，旋设大元帅府为军政执行机关。1924 年 1 月，孙中山在中国共产党人的参与和帮助下改组了中国国民党，颁布联俄、联共、扶助农工三大政策，准备继续出师北伐。此时处于困境的唐继尧察言观色，觉得有利可图，派人到广州向孙中山表示愿意北伐，讨伐北洋直系军阀曹锟、吴佩孚。孙中山还是希望争取唐继尧，促使唐继尧北伐，遂于1924年9月11日，在广州召集的政务军事联席会议上，推举唐继尧为副元帅，并电促唐就职，率师北伐。孙中山同时任命唐继尧为副元帅兼川滇黔联军总司令，令其主持三省北伐军事。

然而没有想到的是，唐继尧竟再次拒绝就任副元帅职，却在联军问题上大做文章。他以“削平祸乱，建设国家”、讨伐曹锟“贿选”为名，在昆明召集川、滇、黔、粤、桂、湘、鄂各军代表会议，宣布成立“建国联军总司令部”于昆明，自称为“七省联军总司令”，宣布编制“建国联军”15个军，云南直辖6个军，另在云南特编警卫4个军，其余6省建国军皆属“总司令”指挥。唐继尧不满意于“空头”的副元帅，也不满足于仅仅川滇黔三省联军总司令的职务。唐继尧似乎又恢复了滇军的“霸业”，随时伺机向外扩张。

1924年夏秋之际，唐继尧即派人去广西游说李宗仁、黄绍竑，协商滇军经桂赴粤，共同出兵广东。李、黄虚与委蛇，密电通报广州。1924年底，孙中山北上，粤军陈炯明部于1925年1月分三路进攻广州。唐继尧以为大好时机已到，与粤军陈炯明、桂军刘震寰部相勾结，决定出兵两广。刘震寰为此还亲赴昆明，邀请唐继尧派滇军入广西，合兵东下推翻广州政府，组织以唐继尧为头子的南方政府。

唐继尧的入桂图粤，以“建国军”为旗号，派出号称10万的大军，分兵两路进军广西。第一路以唐继虞为总指挥，吴学显为副总指挥，率领号称5万的人马（实则约2.5万人），从北部进攻，由黔东、湘西进军柳州。第二路以龙云为总指挥，率领也号称5万的人马（实则约3万人），从南路进攻，取道百色、靖西向南宁进攻。这时，广西李宗仁、黄绍竑全部兵力不过1.5万人，而且主力还在湘桂、黔桂边界地区与沈鸿英部接触，不可能全部抽出。广西的形势十分紧张。

第二路军龙云所部气势汹汹地向南宁进逼时，南宁守兵只有桂军伍廷飏所部2000余人，不敢应战，逐步向宾阳方向后撤。龙云所部不战而占领南宁，意气风发，以为广西指日可下，遂逐节推进，前锋已抵宾阳附近的八塘、思陇一带。这时，桂军俞作柏与伍廷飏已取得联络，原属顾品珍部滇军范石生军因反对唐继尧，与桂军联合，率五六千人已由梧州乘船西上，集结贵县，黄绍竑带领罗浩中所部一千余人也到达贵县。黄绍竑、范石生商议，先集中力量，围歼龙军的前锋，再进攻南宁。黄绍竑部由宾阳之北，范石生军由宾阳之南，分路向龙云部反攻。龙云退守高田险地，伍廷飏率部跟踪到高田，展开激战；俞作柏部 2000 余人则绕道攻古漏，直捣昆仑关。龙军怕后路被截断，仓皇退守南宁。

唐继虞率军进入桂边时，桂军在柳州方面力量薄弱。黄绍竑急调南宁方面桂军支援柳州，可是范石生以先解决龙云军，再提兵北上为好，遂在南宁二塘，向龙军发起进攻，血战一昼夜，龙军不支，退入南宁城内。范石生、黄绍竑两军向南宁进攻，围城十多天，龙军拼命抵抗，未能取得进展。这时，唐继尧又派胡若愚率后队 1 万余人，支援南宁守军。胡若愚与龙云两军会合，开门出击，范石生军伤亡甚重，旅长杨萌被打死，黄绍竑军伤亡亦很大。范、黄乃后撤，避实击虚，与龙军周旋，龙军恐孤军深入，不敢离城追击。于是，南宁之役，双方形成对峙局面。

滇军将领、唐继尧之堂弟唐继虞

以唐继虞为首的第一路军，由唐继虞、吴学显分率两军进入桂境，柳州防守空虚。吴学显以七八千人围攻柳州，形势紧张。黄绍竑急忙赶至柳州，指挥由南宁方向抽调来的伍廷飏等部，以及原守卫柳州的吕焕炎、李石愚等部，出其不意地向吴军反击。吴学显部猝不及防，仓皇应战，不支而溃；桂军马广伍、钟祖培、林竹舫等部乘胜包围伏击，吴部溃不成军，损失惨重，乃转向沙塘、沙浦与唐继虞主力部队会合。

黄绍竑与白崇禧等部会合，与滇军在沙浦地区展开了血战，互有胜负。后来，白崇禧部占领了马头山，黄绍竑又派兵抄袭滇军后路，发炮炸断滇军退路的浮桥，然后发动全线进攻。滇军左右侧均陷入包围之中，正面反攻又未能得逞，军心大乱，死伤3000余人，纷纷溃退；退至河旁，浮桥已断，被迫下水逃生。战后清理，仅堆积在河里的尸体即达2000余具，缴械、被俘的亦有2000余人。此役，唐继虞、吴学显部已折损过半，仅剩残部1万余人，不敢恋战；黄绍竑、白崇禧派兵追击，在庆远、怀远又歼灭滇军数千人。唐、吴仅率残部五六千人，由东兰、凤山、凌云一线退回云南。

战斗尚在进行之中，1925年3月12日孙中山在北京病逝。消息传到昆明，善于玩弄两面手法、早先拒绝副元帅职务的唐继尧，却于3月19日在昆明发出通电，声明已于3月18日在云南就任副元帅职。唐继尧企图以副元帅递补大元帅的缺位，这是明眼人都能看出的。广州政府立即谴责唐继尧的行径，并通电讨伐唐继尧，使唐继尧政治上处于被动地位，这也影响了滇军在广西的士气。

南宁方面，本希望柳州方面滇军取胜后，合力东下。但是，柳州滇军惨败，龙云希望落空，军心动摇，加上又染时疫，病死者上千人。于是，龙部被迫由龙州、靖西方面退往云南。到同年8月，唐继尧入桂滇军遭到完全的失败，全部撤回云南。

1925年滇桂战争以滇军的惨败告终，从此唐继尧一蹶不振，这是唐继尧走向没落的一个重要转折。但是，他还要进行挣扎。1926年，唐继尧担心已经集权力在手的龙云、胡若愚等人难以控制，决定撤销各军番号，加强亲信近卫部队，由其堂弟唐继虞直接指挥。这样就不能不在龙云、胡若愚等滇军将领心里投下阴影，他们对唐继尧排斥异己的怀疑增长了。

7. 反军阀“二六”政变 唐继尧被迫交权

1926年下半年，中国共产党领导的以反帝反封建为旗帜，以反对北洋军阀统治为主要内容的北伐战争开始了。在北伐战争的胜利进程中，北伐军（从广东出发的国民革命军）企图争取唐继尧倒向北伐军一边，但是没有成功。相反，随着北伐战争的进展，唐继尧加紧了与北洋直系军阀吴佩孚、孙传芳的勾结，加紧了反共活动。

1926年11月，中共云南地下组织——特别支部成立，以吴澄为书记。云南地下党面临的迫切任务是配合北伐战争，打开云南的政治局面，掀起国民革命的新高潮。为此，必须推翻唐继尧的统治，以扫除北伐后方最大隐患、云南革命的最大障碍。1926年底，中共云南特支组织了“云南政治斗争委员会”，专门研究“倒唐”的部署，策划倒唐的工作。在发动群众斗争的同时，重点要做好唐继尧手下四个镇守使的工作。这四镇守使是：昆明镇守使龙云（原第五军军长）、蒙自镇守使胡若愚（原第二军军长）、昭通镇守使张汝骥（原第十军军长）及大理镇守使李选廷。地下党发动党内外同志，每人每月以各种形式写信，分别向四镇守使投送，历数唐继尧祸滇的罪行，督促他们和云南人民站在一起，解除人民的痛苦，走孙中山的革命道路，不要使人民再遭受涂炭之苦。同时，利用各种关系，由共产党员出面，直接间接地与四镇守使和其他掌权的滇军军人进行联络和说明工作。1927年1月，云南政治斗争委员会为了发动群众，印发了唐继尧祸滇十大罪状的材料，广为散发。

云南人民反唐斗争高涨，眼看滇系军阀唐继尧的统治即将崩溃之时，龙云、胡若愚、张汝骥、李选廷四镇守使为适应环境起见，向唐继尧联名上书提出改组省政府，靠拢广州国民政府，还政于民等建议。但是，唐继尧认为自己尚能控制军队，因而拒绝了这些要求。

恰巧农历新年来到（1927 年 2 月 2 日，农历新年初一），可是兵饷长期未发，新年来到也只发了半个月伙饷，军中大哗。四镇守使即借此采取行动，2 月 5 日，胡若愚、龙云调兵进省城，并分电张汝骥、李选廷一致行动，进逼昆明。当晚（发电时已是 2 月 6 日晨），四镇守使举行“兵谏”，发出通电，提出清发欠饷，惩办贪污，摒除宵小，驱逐唐三（唐继虞）及与广州方面合作等项条件。事变当日，龙云的军队接管了城市，在所有公共建筑物外面，特别是火车站、各城门及重要街道，站岗放哨，逮捕了通电所指的贪污宵小 20 多人。唐三（唐继虞）则闻风乘滇越铁路火车逃往越南。

昆明圆通山唐继尧坟墓

唐继尧墓碑

事变发生之际，唐继尧召集其亲信 20 余人，举行紧急会议，商量对策。会议决定，只要先将龙云在昆明北校场的部队解决，再用政治、军事手段，分化瓦解胡若愚、张汝骥、李选廷的部队是可能的。于是协议，集中兵力，首先解决龙云在北校场的部队。唐继尧命令，各部队在一个小时内做好一切准备，听候执行命令。然而，会议刚一结束，近卫第一旅旅长孟坤即打电话给唐继尧，表示拒绝执行任务。话尚未说完就将电话挂断，急得唐继尧拍案跺脚。因孟坤与龙云早有联络，而唐继尧又以孟坤旅为解决龙云北校场部队的主力，由于孟坤态度的变化，唐继尧的反击遂成泡影。当龙云的其余部队进入昆明近郊安宁，胡若愚的部队到达宜良，张汝骥的部队进到杨林，李选廷的部队到达禄丰时，对昆明的包围已经完成。唐继尧无可奈何，不得已派出自己的枢要处长周钟岳和滇军老将胡瑛等，向龙云、胡若愚表示可以接受条件，并拿出私蓄发放军饷，但为时已晚，无济于事。唐继尧见大势已去，被迫交出政权、军权，下了台。“二六”政变，结束了唐继尧对云南的14年统治。

唐继尧垮台了，云南下一步怎么办？龙、胡、张、李四镇守使及相关人员，在昆明东南140余公里的宜良县法明寺举行会议，决定采用合议制，组织省务委员会，通过了省务委员会组织大纲，“拥戴”唐继尧为有名无实的省务委员会“总裁”。3月5日，在昆明宣布云南省务委员会成立，龙云、胡若愚、张汝骥等9人为委员，并推举资格较老的胡若愚为省务委员会主席。然而，唐继尧并不甘心，企图反扑或逃走，都未能如愿，遂一病不起，于1927年5月23日以呕血不治而死，年仅44岁。

唐继尧死了，滇军的历史进入了另一个时期。

8. 云南空军先建设　航空人才早培养

云南是中国空军建设的最早地区之一，云南空军也是滇军早期的重要建树。

1921—1922年唐继尧流落香港期间，了解到世界各国纷纷发展空军，就是中国的北京、广东和东北地区也在筹划空军的建设，从中受到启发。1922年3月唐继尧二次回滇后，就把创建云南空军的事业提到了日程，广东罗致一些航空人员来到昆明，并从香港向美国购买飞机，组织航空处，以广东人刘沛泉为处长。航空处下辖两个航空队，分别以广东人王狄仙和华侨张子璇为队长，聘请华侨黄社旺、庄孟仙、司徒鹏为机师。航空处设在云南陆军讲武堂旧址，辟巫家坝陆军操场为飞机场，拨陆军营防一部为修理工厂及飞机队队部办公室。

在建立航空处、航空队的同时，也在 1922 年秋天开始筹办云南航空学校，航空处长刘沛泉兼任校长，飞机第一队队长王狄仙兼任教育长，讲武学校学生监督胡昭功任监督，武备学生陈荣新为总务处长，张子璇、黄社旺、庄孟仙、司徒鹏等为飞行教官。军事课由讲武学校第 17 期各科教官兼任，并任命杨克荣、萧扬勋、赵述完、赵邦翰、柳希权等为工程和理化教官。学校校址附设航空处内，即在讲武堂旧址处。1922 年冬天开始招生，第一批录取从贵州招来的张汝汉、张有谷、晏玉琮、张丕兹、曹文瑄、曾广倜、黎世宣、王锦胤、魏鸿钧、徐蕴石、刘从仁、刘重伦、陈培顺、邓希岳、张实斋等 10 多人，并选送少校军官雷纯兹、上尉军官陈国恩二人同来学习。在昆明方面招生的有杜卿、陈棲霞、周祖承、李发荣、李嘉明、王嘉绶、邱俊、陈广福、陈文华、陈麟书、徐元敏，少尉军官刘尧、中尉军官赵安国、上尉军官禹开奎等 10 多人。12 月 25 日正式开学，编为一个航空入伍生队，与讲武学校第 17 期一同受入伍生训练。唐继尧为鼓励士气，特地选送女生夏文华、尹月娟来校学习。1923 年 4 月又增加朝鲜籍学生李英茂、张志田、李春、权基玉四人来校学习。

由于云南是法国帝国主义势力范围，法国方面向云南施加压力：如云南建立空军不请法国顾问，不买法国飞机，那么法国政府将不予支持；云南进口的飞机器材在越南过境时亦不给予方便。于是，唐继尧不得不接受法国的要求，聘法国空军上尉阿尔彼得为顾问，空军少尉弗朗塞士、空军准尉马尔丹为教官，并请越南籍机械技术员 12 人主持修理。云南空军大权事实上落入法国人手中。

由于刘沛泉是旅美华侨，为法国人所不容，借口他不是军人，没有军事学术，不能担任建军职责。唐继尧只好将刘免职，另任命王肇基（日本陆军士官生、广东人）为处长，高向春（保定军官生，云南人）为会办。两个航空队暂不成立，待学校第 1 期毕业再议。这样改组法国人仍不满意，1923 年冬取消航空处，改为航空队，任命法国留学生柳希权为队长，美国留学生段纬为队副，云南航空队这才维持下去。

原计划第 1 期学员两年毕业，然而由于法国人的延误，差不多拖了 4 年，到 1926 年 7 月才毕业，其中飞行科毕业仅 12 人，其余则为机械科毕业。1926 年底又招收第 2 期学员李怀民等 40 人入校学习，续聘法国顾问，以张有谷、张汝汉兼学生班长；后又任命唐继虞为训练总监、李少川（日本士官生）为训练副监并兼航空队长，李识韩为队副。

不久“二六”政变发生，唐继尧垮台，随后又是几年混战，空军的发展难以兼顾。加上北伐军东路军到了杭州后，组织“东路军航空司令部”，调走张汝汉、张有谷、晏玉琮等人去上海参加北伐空军，第 2 期尚未完成学业，飞行人员即已走光，这样云南航空队只剩下了躯壳。虽然在 1925—1926 年的入桂战役和剿匪战争中，唐继尧曾派飞机作战，但效果并不理想，不过这是云南空军在战争中的首次亮相。

龙云统治云南后，于 1929 年将原来的航空队扩编为“讨逆军第十路航空司令部”，任命刘沛泉为司令，张元养为副司令，下辖两个队，陈楱霞、张汝汉为第一、第二队队长，后又改为“讨逆第十路航空队”，以张汝汉为队长，李嘉明、李发荣为队副，主要任务是为第 2 期学生补课。以后又改为“中央剿匪军第二路总指挥部航空队”“滇黔绥靖公署航空队”，名称改来改去，内容却没有多少变化，只是当官的变来变去。

1928 年，云南成立商业航空委员会，向美国订购莱茵机两架。1929 年 4 月，第一架莱茵机到达香港，刘沛泉、陈楱霞、张汝汉到香港九龙机场接机飞北海，再由北海飞昆明。这次由北海到昆明的飞行，在没有设备的条件下，完全靠地形判断，用了 6 个多小时的时间，航行 900 多公里，完成了全国范围内当时最长的一条航空线，引起全国空军的注意。

1930年冬，航空队招收第3期航空飞行学生50名，机械学生50名，以张汝汉为教育长，李发荣、李嘉明为飞行教官，罗春、刘从仁等为机械教官，1933年毕业，学生成绩比一、二期为好。1933年10月招收第4期学员，于1935年4月毕业。在内战中，龙云曾经使用飞机参与作战，但除了威吓以外，实际作用也不理想。

不过，应该说云南空军的建设是滇军发展过程中的一项重要建树，为后来中国空军的发展提供了人才，奠定了一些基础。例如，后来蒋介石中央空军建立的五个航空队中，第一队队长晏玉琮、第三队队长张有谷，以及一、三两队的大多数飞行员都是云南培养的空军人才。

1937年抗日战争全面爆发以后，国民党中央在全国统一抗战的借口下，并吞了云南航空队，归中央航空委员会接收。同年9月，中央空军军官学校迁来昆明，蒋介石指派空军军官学校副校长蒋坚忍负责接收云南航空队，10月1日接收完毕。云南独立的航空队的历史就结束了。

参考文献

①中国第二历史档案馆、云南省档案馆合编：《护法运动》第509页，档案出版社1993年第1版。

②汤志钧编：《章太炎年谱长编》第588—589页，中华书局1979年第1版。

③《唐继尧解释不就元帅职密电》，见《护法运动》第422页。

④《唐继尧决定辞元帅职密电》，同上。

⑤档案资料，转见谢本书《唐继尧传》第96页，河南教育出版社1985年第1版。

⑥能克武：《四川护法期间内部分裂与滇军入侵》，见《四川军阀史料》第5辑第213页，四川人民出版社1988年版。

⑦《在广州欢宴唐继尧时的演说》，见《孙中山集外集》第96

页，上海人民出版社1990年第1版。

⑧东南编译社编述：《唐继尧》第100页，震亚图书局发行1925年第1版。

⑨中共中央文献研究室编：《朱德传》第48页，人民出版社、中央文献出版社1993年第1版。

⑩王永胜：《唐继尧的调兵虎符》，见《云南日报》2002年4月10日。

七　民国史上的奇观

（1916—1925 年）

1. 孙中山护法政府　张开儒全力支撑

驻粤滇军是云南部队长期驻在省外的一支比较特殊的队伍，是民国历史上的奇观。在粤10年的这支部队，对广东政权、南方革命势力都有重大影响，在近代中国历史上曾发生过相当重要的作用。但在不同时期，有不同的历史作用。

驻粤滇军的起因，可以追溯到反袁护国战争时期。护国战争爆发后，李烈钧任护国第二军总司令，率张开儒、方声涛两梯团东出，其时兵力不足4000人，武器亦不精良。但在全国人民讨袁的革命浪涛中，一举击溃奉袁世凯之命侵扰护国军后方（滇、桂边境地区）的龙觐光军队及滇南土司武装的叛乱，然后进入广西；两广先后独立，又进入广东，目的是要巩固广东基地，出师北伐，推翻袁氏专制统治。师出有名，光明磊落，深得两广人民的拥护。

1916年5月7日，李烈钧到达南宁时，很受欢迎。李烈钧在南宁数千人隆重的欢迎大会上，发表热情洋溢的演说，表明“吾人革命志在强国，若要强国，必先倒袁”，不达目的，决不终止。李烈钧率护国第二军到达广州肇庆时，军务院刚成立四天，被确定为护国军军务院的直属部队。当时广东虽已独立，但局面混乱，北军在各战场亦调动频繁，李烈钧根据军务院的计划，拟经广东，转湖南、江西北伐。

李烈钧部从广东肇庆出发前，反复电商已宣告独立的广东都督龙济光，望其通知所部，北伐军假道粤境进入江西，希望他们不要误会，更不要制造事端，以免造成麻烦，影响北伐。但龙济光对滇桂军歼灭其兄龙觐光所部，仍然怀恨在心，遂纵容、指使其部下故意制造摩擦、挑起事端，阻滞护国军北伐。李烈钧不得已，乃率部改道三水、清远，划线而行，途中为龙济光军所阻挡，直至粤北重镇韶关，韶关镇守使、龙济光所部朱福全不仅闭城不出，还阻止护国军沿粤汉路北进。1916年5月17日夜，龙军拆毁铁路10余丈，

滇军军长、广东军政府陆军部总长　张开儒

驻粤滇军将领，广州卫戍司令　方声涛

企图截断滇军运输。5 月 18 日，龙军又无故杀害滇军数人，并于城楼发炮轰击滇军。滇军张开儒梯团长遂指挥部队，以帆布作桥渡河，发第一炮击毙朱福全部 100 余人，发第二炮击毁镇守署，发第三炮击毁南门。5 月 19 日晨，李烈钧所部攻克韶关。当时即有所谓“张开儒三炮定韶关”之说，朱福全遂求降。不久，袁世凯毙命，护国倒袁目的已达到，无需再出师北伐，护国第二军奉命驻守在韶关为中心的粤北地区。其时，李烈钧为北洋军攻击诋毁，离开军职。护国第二军即由张开儒、方声涛率领，唐继尧任命张开儒为滇军第三师师长，驻粤北地区；方声涛为滇军第四师师长，移驻广州及其附近地区。这就是滇军驻粤的由来。

李烈钧、张开儒、方声涛等人都是民主革命战士，是辛亥革命和护国战争中的激进派，所部驻粤官兵大多经过革命的洗礼，具有民主革命精神。因此早期的驻粤滇军，是一支革命的军队。

1917 年 9 月，孙中山在广州成立中华民国军政府，掀起了反对段祺瑞假共和、维护真共和的护法运动。可是，广州护法军政府成立后，表面上拥护护法的桂系陆荣廷、滇系唐继尧却拒绝就任军政府元帅职务，拆孙中山的台，军政府的许多总长也迁延不就职。被孙中山任命为陆军总长的滇军将领张开儒，首先宣布就任陆军总长，并明确表示支持孙中山的护法主张。驻粤滇军和海军成为孙中山护法军政府的两大支柱。

早在孙中山护法军政府成立前夕，张开儒即于1917年7月14日，以驻粤滇军第三师师长名义，在广州发表拥护护法通电。唐继尧竟然指责张开儒，言辞激烈。护法军政府成立后，孙中山任命张开儒为陆军总长，任命方声涛为广州卫戍司令。这表明孙中山对驻粤滇军的信任。张开儒就任陆军总长以后，全力支持孙中山，宣布："国会及军政府在此，不能不有重兵震慑。开儒即以国会之所在即民国正统之所在，故屯兵于此，以资保护。"并派兵监督广州有关税收机关，督促其向军政府提供财政费用。由于驻粤滇军支持孙中山的护法行动，使桂系势力不敢轻举妄动，只能向滇系首领唐继尧诬告和诋毁张开儒，说什么张"自任军政府陆军总长以来，举动莫测"，对张表示了极端的不满，而张开儒则不为所动。

对于唐继尧拒绝就任军政府元帅职，拆孙中山军政府的台，张开儒非常不满。他致电唐继尧，要他"毅然就职，不为簧言所动"，并说，两元帅就职迁延，各总长意存观望。既曰护法、靖国无权力之争，为何另搞一套？对此，唐继尧非常不高兴，其秘书长竟在张的电文上旁批"胡说"二字。①

为了破坏护法，搞垮孙中山的军政府，桂系使用阴谋手段，通过利诱收买，拉拢海军，使支持孙中山的一部分海军转而依附桂系；在分化海军的同时，桂系又企图收买驻粤滇军，但遭到张开儒等人的拒绝。桂系为夺取驻粤滇军的兵权，竟然使用武力，强行夺取张开儒兵权。先是通过唐继尧下令改组驻粤滇军，免去张开儒的第三师师长兼军长的职务，任命李根源为军长，指挥全部驻粤滇军。但遭到驻粤滇军中革命官兵的反对，要求唐继尧"收回成命"，唐继尧任命的第三师师长郑开文亦不敢前往接任。桂系一不做二不休，用武力强行解除张开儒的兵权。1918 年 5 月 4 日，当张开儒从外地回到广州，桂系广东督军莫荣新竟派兵包围了广州车站，当场逮捕了军政府陆军总长张开儒，并解除了张开儒的兵权，唐继尧得报后表示"承认"，而且要求把张开儒押送回滇，依法惩办。稍后，莫荣新又派兵抓捕了张开儒的秘书长、广东军政府军政部次长兼交通部次长崔文藻，并将崔杀害于广州东郊。唐继尧得报后，竟然认为"处理甚为适当"。[②]

由于张开儒被拘、崔文藻被害，使孙中山失去了不遗余力支撑自己的驻粤滇军，军政府的继续维持也就成了问题。所以，孙中山对张、崔二人表示了深深的惋惜和怀念。这是驻粤滇军在历史上最辉煌的第一个时期。

2. 总司令"二李"相争　李根源带垮滇军

1917 年初，李根源接受北京政府的任命，赴西安就任陕西省长，然而仅任职 3 个月，即因北京"府院之争"（以黎元洪为首的总统府和以段祺瑞为首的国务院之间的争斗）的牵连，被陕西督军陈树藩软禁达半年之久。同年底返回北京，意气消沉。由于此时李根源组织的政学会（又称政学系），政治态度倾向于桂系，因而被岑春煊邀请南下肇庆、广州，被卷进了一场新的斗争中去。

这时，护法战争正在进行，龙济光却在广东与护法军唱对台戏。原来，袁世凯死后，龙济光受到北洋皖系的庇护，被任命为两广矿务督办，率其残部 1000 多人移驻海南岛。龙在海南岛招兵买马，组织"济军"（又称"振武军"），扩充到 2 万余人，企图卷土重来。1917 年底，段祺瑞政府任命龙济光为"两广巡阅使"，以取代陆荣廷，令其进军护法军的后方，企图袭占广州。龙济光受命后，于 1917 年 12 月 10 日宣誓就职，率其济军 2 万人，分三路进攻广东。龙军在战争初期，获得胜利。

当李根源南下到达广州时，正是桂系夺取张开儒兵权之际，唐继尧正好以李根源取代张开儒，任命李为驻粤滇军总司令。由于此时龙济光军连陷恩平、开平，四邑岌岌可危，全省震撼。孙中山、伍廷芳等及国会皆催促李根源就职，以指挥滇军与龙军作战。由于军情紧急，李根源于 1918 年 2 月 25 日就任“驻粤滇军总司令”一职，随即率师奔赴前线。

“二李”之一的李烈钧

广东督军莫荣新手忙脚乱，任命钦廉镇守使沈鸿英为“讨龙军”第一司令，命其率 12 个营在廉江、化州一线阻击龙军；任命原高雷镇守使林虎为第二军司令，命其率警卫军 12 个营开往恩平一带御敌；任命督军署参谋长刘志陆为第三军司令，省警务处处长魏邦平为第四军司令，随后又加上李根源所率驻粤滇军，使讨龙军兵力达 50 个营，声威复振。海军又以“海圻”“永丰”“飞鹰”等舰，沿海岸阻击龙军，配合陆军作战。

1918 年 3 月，护法军政府以程璧光为讨龙陆海联军总司令，参谋长李烈钧出任讨龙军前敌总指挥，指挥全军向龙军发动反攻。3 月 16 日，第三军刘志陆部收复恩平后，即以李根源所率滇军为主力，与第二、三、四军相配合，分四路向龙军进攻。龙军主力被迫后撤；而广州另派一支部队从雷州半岛登陆，与陆路南下的讨龙军相配合，形成南北夹击的形势。与此同时，另一支讨龙军南渡琼州海峡，登陆海南岛，直捣龙济光窠穴。龙军进退失据，大部缴械投降，其余全部溃散。讨龙战争以胜利告终。龙济光后潜往北京，寄寓于段祺瑞门下。

其时，北方势力的江西督军陈光远，以赣南镇守使吴鸿昌为攻粤总司令，旅长丁效兰为副司令，率军 3 万人进攻南雄。粤北战事发生，李根源受命为“粤赣湘边防军务督办”，率滇军急赴韶关。李烈钧亦率部来韶关支援；遂收复南雄，稳定了粤北局势。

李根源在韶关不仅是驻粤滇军总司令，而且是粤赣湘边军务督办兼南诏镇守使，这样江北地区 15 个县，即曲江、英德、乐昌、仁化、翁源、始兴、南雄、阳山、连县、连山、从化、花县、清远、广宁、四会等，皆在李根源的管辖之下。

在韶关期间，李根源仿云南陆军讲武堂，筹办了两期韶州讲武堂，第一期于 1918 年 9 月 22 日开学，第二期于 1918 年 10 月 6 日开学，两期共招收学生 859 人。在两期新生入学时，李根源所作“入学训词”，都特别强调了云南陆军讲武堂确定的校训“坚忍刻苦”四个字。韶州讲武堂培养了不少知名的军事人才。韶州讲武堂兴办后，唐继尧曾电告李根源，要求将韶州讲武堂改名为“云南陆军讲武学校韶关分校”，遭到李根源的拒绝。由于韶州讲武堂的兴办，使李根源统率的驻粤滇军的影响迅速扩大。

1918 年 5 月，广州军政府改组以后，滇、桂两派为维护自己的权势、扩张利益、争夺驻粤滇军的控制权，而发生了滇、桂反目以至战争，直接反映为“二李”（李烈钧、李根源）之争。

1918 年 3 月，李根源南下广州后，被推为“驻粤滇军总司令”。李根源控制驻粤滇军后，却和桂系密切合作，将驻粤滇军司令部设于广州旧将军衙门；在受任为粤赣湘边军务督办后，再设督办公署于韶关，控制粤北地区。这样，李根源的驻粤滇军，分驻于韶州、广州和粤汉路沿线，以韶州为主要基地练军和扩军。到 1919 年 6 月，驻粤滇军已扩至 1.4 万余人（还不包括方声涛率领的援闽伍毓瑞旅），人数居当时驻粤各军人数之首位。而这时李根源倾向于桂系，有脱离滇系的趋势。唐继尧当然不甘心，运用各种手段加强对驻粤滇军的争夺和控制。

李根源升李天保、朱培德为靖国第六军（即驻粤滇军）第三、四两师师长，杨益谦为第二十旅旅长，培植亲信；唐继尧则派其堂弟唐继虞去广东联络滇系军官，李天保与唐继虞有所接触，李根源即罢免其师长职务，唐继尧则趁机任命郑开文为第三师师长，以牵制李根源。李根源则将郑开文调任岭南道尹，而将岭南道尹杨晋调任第三师师长，强化自己的力量。唐继尧进行反击，通电解除李根源职务，改派为滇军代表，要他去出席军政府建设会议，宣布驻粤滇军收归云南管辖，就近由军政府参谋长李烈钧指挥。

李根源表面上遵命解职，暗中却与亲信将校密谋反抗，并得到桂系支持。杨晋邀约滇军军官40余人通电挽留李根源继续指挥滇军，广东督军莫荣新也通电挽留，还声明："滇军军饷、军械都是由广东供给的，因此一切由本督军管辖节制，今后仍然如此。"双方矛盾尖锐，乃至动武。

岑春煊主持军政府以调和为名，向李烈钧提出七项条件，主要内容是：归李根源统率的滇军，由李根源编制；归云南管辖的滇军，由莫荣新会商李烈钧编制；这两部分军队名义上统属军政府，由莫荣新节制饷项。李烈钧拒绝接受这些旨在允许桂系瓜分、吞并驻粤滇军的调和条件。

为了胁迫驻粤滇军将士听从自己的指挥，唐继尧宣布将该军在云南的家属作为人质，将服从李根源的家属处以极刑。莫荣新则干脆通电取消驻粤滇军两师的师部，以团为单位将两师改编为边防军。这样，驻粤滇军分化，服从李烈钧者约占十分之六七，服从李根源者约占十分之三四。

驻粤滇军的分裂，最后导致了武装冲突。1920年2月24日，李烈钧以巡视为名，率驻广州的滇军警卫团等1000多名官兵，秘密向粤北方向前进，准备会合驻防粤北的滇军杨益谦、鲁子材、盛荣超三旅，对抗桂系与李根源。莫荣新闻讯紧急动员，调桂系军队50余营，以沈鸿英为前敌总指挥、邱渭南为前敌总司令，联合李根源的部分滇军，扼守要道，拦阻李烈钧。于是，双方在粤北江口、南雄、阳山、连县等地发生武装冲突，互有胜负。云南、广西两地互相通电指责，唐继尧扬言要派唐继虞率兵三师，自滇出发，支援李烈钧滇军攻桂。陆荣廷不甘示弱，调兵屯集广西龙州，声言要援粤攻滇。事情闹大了，对南方颇为不利，岑春煊再度出面调和，提出李烈钧部移师援湘，李根源部移驻海南岛。经过一番交涉，双方终于接受调解。

李烈钧部滇军移师湘境，而李烈钧本人则返回广州军政府。但李烈钧回广州后，处境艰难，李根源部属赵德裕，以搜捕逃兵为名，大肆搜查李烈钧主持的参谋部。李烈钧遂于 4 月 28 日微服去香港，后转往上海。

李根源部移防之日，桂系表示愿意资助其经费 100 万元、子弹 200 万发，并派沈鸿英、黄培桂、贲克昭等部护送，回滇驱唐，李根源未能接受。1920 年 3 月李根源部滇军移驻海南岛后，改称为“海疆军”。

李根源以海南岛为基地，招兵买马，不断扩军，很快扩大到 1.3 万人。同年 8 月，孙中山发动的“驱桂战争”爆发，陈炯明率粤军由福建回师广东，驱逐盘踞广东的桂系。李根源部奉命驰赴东江河源县一带，充当桂系炮灰，抗拒粤军回粤。李根源的海疆军拒战一个月，全线溃退。李根源被迫逃亡香港，将滇军残部交张鉴桂接管，命张以参谋长名义收拾残局。张鉴桂、梁说等人将海疆军改名为“护法滇军”，迎请刚从莫荣新囚牢中出来的张开儒任司令。张开儒为挽救这支滇军，于 1920 年 11 月宣布就任“护法滇军总司令”一职。然而，粤军方面既恨这支驻粤滇军（“海疆军”）助桂为虐，又惧滇军日后坐大为患。陈炯明以迅雷不及掩耳之势，一举将滇军包围缴械，全部编遣。从此结束了第一次驻粤滇军在广东的历史。

3. 第二次驻粤滇军　杨希闵是非难分

1922 年 3 月，唐继尧二次回滇，顾品珍死后所余滇军五个旅，由副总司令张开儒率领向广西转移。时值陈炯明叛变，孙中山号召讨伐陈炯明，张开儒立即响应，率师至广西桂平。滇军内部进行改组，杨希闵、杨池生、杨如轩等人夺得了主要兵权，推举杨希闵为代理总司令。“三杨”继续响应孙中山的号召，向广东进发。12 月 6 日，在广西大湟江白马庙，杨希闵和范石生、张开儒、朱培德、刘震寰、沈鸿英等召开军事会议，决定于 12 月 10 日发动讨陈之战，并推杨希闵为滇桂联军总司令。联军顺利攻克梧州、肇庆、三水等地，驱逐陈炯明叛军，于 1923 年 1 月 14 日进克广州。

滇军将领范石生

由于支持孙中山的滇桂联军打败了陈炯明，孙中山又于 1923 年 2 月由上海返回广州，第三次建立广州政权，准备继续出师北伐。孙中山大元帅府这时统辖的军队有：讨贼滇军 1.5 万人，驻在广州及粤汉路、广三路沿线；讨贼桂军 1 万人，驻广州及广九路沿线；中央直辖滇桂军约 5000 人；此外还有桂军及粤军梁鸿楷部各约万人，分驻肇庆及江门等地。东路讨贼粤军许崇智部约 2 万人，尚在福建。可见，大元帅能就近指挥的，主要是杨希闵所部滇军。孙中山对这支滇军希望很大，先后委任杨希闵为滇桂讨贼联军总司令、中央直辖滇军总司令、滇军第一军军长、广州卫戍司令等职，准备以杨希闵滇军为主，辅以粤、桂等军，统一广东，再行北伐。

杨希闵（1886—1967），字绍基，云南宾川人，曾参加云南辛亥、护国起义。杨希闵滇军在广东时期，为捍卫孙中山大元帅府，曾先后平定沈鸿英、陈炯明叛军，立下了功勋。先是桂军沈鸿英已暗中投靠了北洋军阀，接受北洋政府密令，拟乘机进入广州，抢占广州衙署和财政机关，控制财源；后又在滇军江防会议上，伏兵袭击了广东讨贼联军总司令兼广州卫戍司令魏邦平，以及孙中山的代表邹鲁、胡汉民等人，企图挑起滇、粤两军冲突，胁迫滇军投靠北洋军阀。袭击事件没有成功，沈鸿英部于1923年4月中旬公开发动叛乱，在吴佩孚北军的配合下，率军从韶关沿粤汉铁路南下，攻占白云山，逼近广州城。孙中山亲自督师，偕杨希闵指挥滇军，在粤军的配合下，终于击败了沈军，打破了北军吴佩孚企图利用沈鸿英和陈炯明叛军颠覆孙中山大元帅府的企图，保障了广州的安全。

在粉碎沈鸿英部后，孙中山决定继续平定已退至东江的陈炯明叛军。孙中山以杨希闵滇军为讨贼军主力，以许崇智等部讨贼粤军相配合，从1923年5月至11月初之间对陈炯明军林虎、洪兆麟部开展攻击。战争形势艰险多变，敌军一度攻占石龙，迫近广州，最后在中国共产党人帮助下，发动广州的工农群众配合讨贼军，奋起打击敌人，后又在湘军谭延闿和豫军樊钟秀等部的增援下，打败了陈炯明叛军，解除了对广州的威胁。

1924年初，国民党改组，国共合作，杨希闵被推为仅由24人组成的国民党第一届中央执行委员会委员之一。1925年2月，广州政府为集中力量，发动彻底消灭陈炯明叛军的第一次东征时，杨希闵被任命为东征联军总司令，统辖广州政府下的许崇智粤军、谭延闿湘军、刘震寰桂军、杨部滇军以及中央直属建国军朱培德部等，兵力超过10万人。当时的杨希闵成为滇军驻粤时期最显赫的人物，下属各省驻粤军有13个总司令之多。

但是，杨希闵实力增大以后，态度也发生了变化，不仅不积极作战，反而为保存自己的实力，抢占地盘，拒绝执行孙中山的命令。1923年11月10日，孙中山发布反攻令后，遵照命令开拔的部队还不到十分之一。从而使讨陈战争旷日持久，形成胶着。11月间，滇军在石龙溃败后，杨希闵竟要求孙中山拨给10万元作奖赏，以求滇军组织反攻。滇军第三军军长蒋光亮屡次抗命，并有通敌之嫌，孙中山要求“军法从事”，蒋光亮却不辞而别，杨希闵也置若罔闻。

杨希闵驻粤滇军，控制广州富庶之区，实行割据一方的独霸政策，尽量搜刮，聚敛资财。各军竞相强占税收机关，攫取税源，在筹集军饷的名义下，把大部分收入装进自己的腰包。孙中山要求统一财政，即遭到滇军将领的反抗，终未能实现统一财政的计划。滇桂各军还在广州把持赌场，开设烟馆，包收国税和地方税，勾结不法商人走私逃税，甚至拦路抢劫，无法无天。滇军第三军军长蒋光亮所部驻广州及广三路沿线，大肆搜刮，意犹未足，还克扣军饷，引起官兵愤慨；蒋竟擅自离队，腰缠万贯，逃往上海，托庇于外国租界势力，过起奢华的寓公生活来了。

孙中山对滇军始终采取教育争取的态度，设立"滇军干部学校"，对各级军官进行政治思想教育，提高学术水平。孙中山还亲自为滇军讲课，讲解三民主义，以及中国革命必须走俄国人的道路的道理。然而，孙中山的苦口婆心却未能扭转杨希闵等高级军官堕落的趋势。杨希闵暗中加紧了与滇系唐继尧，北洋皖系的勾结，甚至与段祺瑞密使共谋推翻广州革命政府。杨希闵及桂军刘震寰还在香港英国当局代表的参与下，与段祺瑞、唐继尧、陈炯明等代表共同议定，由港英当局负责供给军火，合谋进攻广州。

杨希闵、刘震寰推翻广州政府的阴谋暴露后，广州政府不得已对滇军杨希闵、桂军刘震寰部采取军事行动。1925年5月13日，廖仲恺到粤军总司令行营，召集许崇智、朱培德、蒋介石及苏联顾问加伦将军等参加的军事会议，研究了讨伐杨（希闵）、刘（震寰）的计划和策略，推举蒋介石为总指挥。在诸事有了准备之后，6月5日，代行大元帅胡汉民（此时孙中山已在北京病逝）下令免去在广东的建国滇军总司令杨希闵、建国桂军总司令刘震寰本兼各职。杨希闵立即调动滇军进占广东省长公署、粤军总司令部等军政机关及全城要冲，并发出通电，诬陷广州政府勾结俄人，实行共产，悍然对革命政府和人民宣战。胡汉民遂于6月7日发出讨伐杨、刘叛军的通电，公布了杨、刘阴谋颠覆革命政府、通敌谋叛的种种事实，宣布以武力对付叛军。

当时驻粤滇、桂军约有五六万人之多，战事开始时，滇军为对

付从东江胜利讨伐陈炯明部而归的广州“东征”军，集中主力于广州东郊。6月7日，两军在樟木头一带开始激战，广大人民群众尽力帮助“东征军”打击滇军；滇军被东征军分割包围，各个击破。到6月12日，东征军攻破据守白云山、瘦狗岭、观音山等处的滇军据点，击毙滇军第一师师长赵成梁。滇军退入广州城内，受到东征军、湘军、粤军等部的围攻，不得不全部缴械被俘，杨希闵、刘震寰潜逃沙面租界。从惠州、河源回救广州之滇军第三军胡思舜所部，受铁路工人罢工阻滞，迟至6月14日才到达广州，立即遭到迎头痛击，亦被全部缴械。第二次入粤滇军就此结束了自己的生命，称霸广州的杨希闵滇军最后覆灭了。

从1916年到1925年间，先后在广东有两批滇军驻粤，长约10年之久。在粤滇军曾威风一时，也曾为中国革命、为广州革命政府作出过重要贡献，对近代中国革命进程产生过重要影响，是滇军历史上值得记录的一页。然而，两次驻粤滇军的最终结局，却又是非难分，都以令人失望的悲剧收场。

参考文献

①《张开儒请唐继尧就任元帅职电》，见《护法战争》第493—494页，档案出版社1993年第1版。

②档案资料，见谢本书著《唐继尧评传》第89、96页，河南教育出版社1985年第1版。

八　从战乱到治理

（1927—1935 年）

1.“六一四”突发政变　靠实力龙云脱险

“二六”政变后，四镇守使名义上都拥有一个“军”的队伍，实际上各人拥有的兵力有较大的悬殊，只有龙云、胡若愚的兵力较多，实力较强。当时，龙云、胡若愚各有兵力两个旅，辖四个团，另有警卫一营；张汝骥号称亦有两个旅，兵力却只有三个团；李选廷则只有一个团的兵力。唐继尧原有近卫四个旅，计八个团，在“二六”政变后，为龙云、胡若愚所并编。这样，龙、胡两军旗鼓相当；张汝骥力量稍弱，又未并编唐部，心中不快；李选廷自知力弱，虽想投机却力不从心，只好退让，不过其态度倾向于胡若愚。结果龙、胡相争，张汝骥与胡若愚联合，形成三军对垒的局面。

三军兵力及原唐继尧部兵力情况如下。

“二六”倒唐时，龙、胡、张兵力编配如下：

第二军军长	胡若愚
旅长	欧阳永昌
团长	王相国
团长	杨时源
旅长	杨瑞昌
团长	郑玉源
团长	陈茂槐
旅长	徐为珖（编余任普洱道）
第五军军长	龙云
第七旅旅长	卢汉
十三团团长	刘正富
十四团团长	高荫槐（兼）
第八旅旅长	周人文
十五团团长	张凤春
十六团团长	薛子标

第九旅旅长　陈铎（在南宁被龙云枪决）

第十军军长　张汝骥

旅长　林秀升

团长　马崟（编余）

团长　谢崇文

旅长　田钟毅

团长　龙秀华

团长　孟保初

唐继尧近卫部队兵力概况如下：

翊卫军约一团，王洁修统率，初独立，后倾向胡若愚。

第一旅旅长　孟坤（孟友闻）

一团团长　杨琨（倾向龙云）

二团团长　袁昌荣（后并入一团）

第二旅旅长　李和生

三团团长　唐继麟（后降龙云）

四团团长　朱旭（倾向龙云）

第三旅旅长　杨占元

五团团长　欧阳好谦（倾向唐继虞）

六团团长　张培金（初属胡若愚，后倾向于龙云）

第四旅旅长　何世雄

七团团长　田现龙（后属胡若愚）

八团团长　李和生（后为旅长）

蒋介石建立南京政权以后，龙、胡、张各派人向蒋介石政权疏通关系。蒋介石对远在云南的各派并不十分了解，加上南京政权矛盾重重，无力顾及云南，因此对云南各派都加以应付笼络，让他们各自去表演，然后“择优录用”，以为己用。因此，蒋介石表面上没有偏袒任何一方，只让他们自己行动，自己则暗中挑动、观察、利用。

1927 年 6 月 13 日深夜、14 日凌晨，胡若愚、张汝骥联合，派出一队人马，突然包围了龙云在翠湖边的私人住宅，同时向龙云部在北校场的营盘发起进攻。龙云尚在梦中，仓皇惊醒，组织反抗，已无济于事。龙云住宅的卫队被解除武装。龙云见形势急转直下，企图越墙逃走，但是原来唐继尧的亲信，现已投靠胡若愚的王洁修，指挥炮兵，向龙云住宅开炮，连续发射两颗炮弹。炮弹打得很准，一颗落在龙云住宅的客厅，但未爆炸；一颗落在龙云住宅的花园中，开了花，弹片四飞，溅向周围的墙头和房屋。一个弹片恰巧打在一扇玻璃窗上，玻璃片又溅向四方，龙云的眼睛被四散飞舞的玻璃打伤，眼睛为流血所模糊，一片潮湿。这样，龙云难以逃走，被迫束手就擒，当了阶下囚。

此时，法国驻昆领事卢锡比匆匆赶来，充当调解人，在与胡若愚等人协商后，向龙云提出四项条件：

1. 龙云自动下野，交出军权，部队交省府善后；

2. 龙云暂移居法国领事馆，6月16日携家属经越南转赴日本考察；

3. 同去日本的翻译人员，省府任命；

4. 在日本考察期间，省府酌予补助经费。

龙云对此四项条件，拒绝接受，表示决不进外国领事馆，也不当政治难民。调停无效，龙云只能被囚。这就是“二六”政变以后四个月，在云南发生的又一次政变，史称“六一四”政变。

6月14日，胡若愚以云南省务委员会主席名义，向全省各地发出通电，说什么解除龙云的职务，是奉“国民政府密令”（这一点，南京政府并未证实，而且恰巧在这一天，南京来电，任命龙云为“国民革命军”第三十八军军长，胡若愚为第三十九军军长，张汝骥为独立第八师师长）采取的行动，所有各级机关照常办公。被囚的龙云，也被迫发表了辞去本兼各职的通电，说什么“所属各部队概交由政府管辖的指挥”。这个言不由衷的电报，显然不是龙云的本意，而是胡若愚等人的代笔。胡若愚以为抓住了龙云，就大事已定，而对龙云的部队却掉以轻心，以致酿成大祸。

其时，龙云所属部队驻昆明北校场的主要有原第五军第十旅周人文部、卢汉旅的第三团、薛之标的第十三团两个营，此外尚有支持龙云的原警卫军第三军近卫新一旅孟坤的两个团。但是，事变发生之时，周人文、卢汉、孟坤都没有在北校场，而是回家抽大烟、睡大觉去了。胡若愚、张汝骥派兵包围龙云住宅的同时，又派兵包围了北校场龙云部队驻扎地区。高荫槐自知事起突然，毫无准备，只得带领周人文、卢汉、孟坤的部队冲出包围圈，向富民方向撤退。胡若愚、张汝骥以为万事大吉，未派兵追击。

6 月 14 日凌晨，卢汉听到枪声，又窥见住宅已被包围，知道事情不妙，遂从石墙爬出，藏在朋友家中，两天后化装去禄丰找部队，与驻禄丰的刘正富团相会合。孟坤则于当晚缒城而出，在富民找到部队后，与卢汉、高荫槐等先后到达元谋。驻扎宜良的近卫第四团团长朱旭，闻昆明发生事变，龙云被囚，乃率部到元谋与卢汉、孟坤等会合。这样，“六一四”政变中龙云虽然被囚，但龙云的实力基本上没有损失，支持龙云的力量仍然是不可忽视的。

代理第三十八军军长胡瑛

龙云被囚后，因实力尚存，胡若愚、张汝骥不敢杀害他。但又怕龙云武艺高强，越狱逃走，所以为他特制了一个大铁笼子锁在里面。壁间悬挂唐继尧遗像一幅，对其进行精神折磨。铁笼放置在五华山上的军械局内。龙云在这里被整整关了一个多月，眼睛受伤，未能及时治疗，最后使一只眼睛完全失明，造成终身残疾。在这一个多月里，龙云全身生满了虱子，甚至眉毛内部也长了虱子，眼睛红肿流血，痛苦不堪。后来龙云掌权后，对其家属常常提起此事说："你们以为我这个省主席是容易得来的？关在铁笼子里一个多月的日子好过？"并且经常为这一段历史的苦难伤心、流泪。

卢汉、孟坤、朱旭等部原来互不相属，实力差不多，地位亦相近，无一人有统一指挥的威望。几经商议，决定派朱旭部营长鲁道源潜入昆明，请滇军老将胡瑛来统一指挥。胡瑛受到邀请，毅然从命，遂以游览昆明西山为名，带领随从数名，在鲁道源的掩护下，经禄丰到达下关，与卢汉等人商议反攻事宜，决定以胡瑛暂代第三十八军军长，孟坤为副军长兼第一师师长，卢汉为前敌总指挥兼第二师师长，朱旭为第三师师长等。序列如下（人事中途有变化）：

第三十八军代军长　　胡瑛、副军长孟坤
　　第一师师长　　孟坤（兼）
　　　　第一旅旅长　　杨琨
　　　　　　一团团长　　钟朝纲
　　　　　　二团团长　　李开洪
　　　　　　三团团长　　赵绪人
　　第二师师长　　卢汉（兼）
　　　　第二旅旅长　　刘正富
　　　　　　四团团长　　陈钟书
　　　　　　五团团长　　龙雨苍（原十三团）
　　　　　　六团团长　　安恩溥
　　　　第三旅旅长　　高荫槐
　　　　　　七团团长　　杨立德
　　　　　　八团团长　　李世德（原十四团）
　　　　　　九团团长　　李毓萱

并辖侯镇邦教导一团、杨世芳教导二团（此二团原系十六团改编）

第三师师长朱旭，下辖三个团
　　团长　　鲁道源

团长　　　　　　　曾恕怀（原第四团）

团长　　　　　　　梁星楼

第四师师长张凤春，下辖三个团

团长　　　　　　　龚顺璧

团长　　　　　　　段焕章

团长　　　　　　　陶桢祥

张凤春原在第十五团，“六一四”政变时在宜良，以后归胡若愚部，编师后归龙云部。

胡若愚派欧阳永昌为总指挥，率五个团到达楚雄，准备袭击三十八军。胡瑛则命卢汉率第二师为前锋，东下迎战，其余部队随后跟上。两军相遇于祥云县清华洞附近，从上午8时至下午3时战斗激烈，胡若愚部林丽山旅被击溃，向昆明方向撤退。卢汉率刘正富旅穷追不舍，将胡部围困在禄丰县城内。张汝骥率李和生旅赶来支援，双方又在禄丰城外激战一个多小时，卢部生俘旅长李和生，残部退入禄丰城内死守。卢汉攻战，旬日不下。胡瑛决定以一部继续佯攻禄丰县城，而将主力指向昆明。

当三十八军临近昆明时，云南省议会及昆明士绅吁请胡若愚撤离昆明。胡若愚为形势所迫，挟持龙云撤离昆明，向昆明以东杨林方向撤走，而留下参谋长负责城市的安全。在胡若愚离昆前，将省政府信印，送交省务委员周钟岳，并嘱周钟岳以下三事：第一，为尊重省务委员会及地方公意，移师滇东，以免扩大战祸；请三十八军尊重和平，勿事追击。第二，张汝骥被困禄丰，杨瑞昌（胡若愚部旅长）驻扎蒙自，请勿与为难，我们亦当保志舟（龙云）的安全。第三，俟张、杨两部集中后，略事整顿即行北伐，请后方补充饷械。①胡若愚率部于7月24日离开昆明，胡瑛则于7月25日率部进入昆明，以第三十八军军长名义代行省主席职务，暂时维持秩序。

胡若愚挟持龙云到昆明东郊大板桥后，恐三十八军继续追击，乃决定放走龙云。胡若愚与龙云协商后，达成一个君子协议（口头协议），即“板桥协议”。根据协议，龙云回到昆明后，接替胡若愚的省务委员会主席职务，并保证省城的居民和财产安全；胡若愚则在稍事整顿后，即离开云南，参加北伐，但龙云要接济胡部外出的饷弹和兵源补充，并保证胡若愚等在省城的财产安全。

龙云获释后，先住大观楼庾园，胡瑛即派人迎接到省城，主持省务。龙云到省城后，胡瑛将省府印信及三十八军关防一并交给了龙云。龙云于 1927 年 8 月 13 日正式宣布就任云南省务委员会主席及三十八军军长职务。从此，龙云开始了对云南的长达 18 年的统治。

龙云掌权后，立即派兵包围了逗留于昆明近郊的王洁修部队。经过几小时的战斗，王洁修在重兵围困下缴械投降，几天后即被龙云枪决。王洁修就是“六一四”政变时，指挥炮兵发炮，炸伤龙云眼睛的军官；“六一四”龙云被囚后，把龙云关进铁笼子，也是王洁修的主意；而且龙云被囚期间，多次受到王洁修所部的虐待。这个仇不报，龙云怎能甘心？

2. 龙胡张三军混战　龙取胜统一云南

胡若愚率部离开昆明，暂时走了，龙云成为云南头号人物、新的滇军统帅。但是，龙云不放心胡、张，怕他们回来重新争夺宝座；胡、张亦不甘心失利，试图利用时机，卷土重来。可见，龙、胡、张三支军队的矛盾并未结束。为了争夺权利，龙云的被释放只是三军三年大规模军事混战的序幕。

张汝骥由禄丰脱围绕至滇东，与胡若愚部会合。胡若愚、张汝骥会合后，将部队开到贵州毕节和四川叙永一带暂驻，向贵州周西成、四川刘文辉求援。被蒋介石委为第二十五军军长兼贵州省政府主席的周西成，想借此机会向云南方向扩张；川军军长兼四川省政府主席的刘文辉则有统一四川、控制西南、问鼎中原的意图，也希望向云南发展。四川、贵州企图浑水摸鱼，支持和利用胡若愚、张汝骥，向龙云再度发起进攻。

周西成直接派兵五个团支援胡、张。黔军于8月18日占领了滇东北的重要县城宣威，自委县长；随后又于9月占领了平彝和师宗两个县城。刘文辉也派了一支部队进入云南，并且带来1000箱鸦片，以支援胡、张的经费，这支川军还一度占领了距昆明仅100公里的寻甸县城。到1927年底，胡、张和客军基本上控制了滇东北地区，并在那里委任地方官吏。这样，龙、胡、张三军混战，变成了四川、贵州与云南三省军队在云南境内的角逐。

龙云只得迎战，派卢汉、朱旭等部开往滇东北，包围了张汝骥部于曲靖城、双方对峙，长达40天之久。然而，胡、张失算了，他们联合贵州、四川的军队，虽然增强了自己的实力，却因此失去了云南士绅的支持，认为他们是“引狼入室”，“出卖云南利益的将军”。而龙云则把自己扮演成反对外省军队入侵云南的“英雄”，这有利于龙云组织力量，争取本省群众的支持，进行“反侵略”的战争。

正当昆明城防空虚之际，驻滇西的唐继尧残部，在唐继虞的率领下，唐继麟、欧阳好谦、俞沛三个师，在大理招兵买马、扩编后，向龙云兴师问罪，进逼昆明。唐部前锋已达昆明南顺城街头的烧猪桥，昆明危在旦夕。其时龙云所部已编成五个师，番号是第九十七、九十八、九十九、一〇〇、一〇一师，师长分别是孟坤、卢汉、朱旭、张凤春、张冲。几个师长商议，首先要固守阵地，急派省务委员、滇军元老胡瑛前往曲靖，解决张汝骥曲靖之围的问题。其时张汝骥在曲靖被围月余，眼见弹尽粮绝，城池难守，于是顺水推舟，派代表与胡瑛谈判，达成两项协议，基本精神还是按“板桥协议”办，胡、张两部北伐，龙云给予后勤支援。龙云表示可以拨给经费30万元、子弹10万发，解围后，胡、张即率部离开曲靖东行。但事后龙云只接济8万元，子弹则借口库存没有了。这样，卢汉、孟坤、朱旭在曲靖部队，立即抽调返昆，以对付唐军。其次，龙云又请省务委员马骢为代表，向唐继虞求和，作为缓兵之计，暂时使唐军的进攻缓解下来。

龙部从曲靖撤军回昆后，立即向唐军发起反攻，唐军措手不及，被迫撤退，昆明解围。这就是所谓“唐三攻城”事件。

1927 年底，胡若愚、张汝骥再度求援于贵州周西成，拟借黔军之助反击龙云。周西成试图扶植毛光翔攫取云南政权，乃再次派兵入滇。周西成任命毛光翔为“援滇”总司令，阮德炳为前敌总指挥，杨寰澄旅进驻宣威为右路，犹国材师进驻泸西为左路，黄道彬师随阮德炳进驻盘县为中路，三路大军共有兵力 26 个团。周西成扬言要“驻节西山，饮马滇池”。黔军前锋已抵马龙等地，云南全省为之震动。四川刘文辉也派出两个团，滇东北再度危急。

龙云任命胡瑛为三十八军前敌总司令，马轸为参谋长。胡瑛命张冲师进击犹国材部于罗平；自己亲率孟坤、卢汉、朱旭、张凤春四个师赴曲靖前线，与黔军主力作战。胡瑛采用后退反包围的战术，主动弃守沾益等地，诱敌深入，断其后路，分割围歼。最后，将黔军及胡若愚、张汝骥部包围在曲靖城西寥廓山一带。经过几天的激战，三十八军攻上了寥廓山，黔军阮德炳及胡若愚、张汝骥等部退入曲靖城内。三十八军紧紧包围曲靖城，但久攻不下。胡瑛动用了云南航空队的几架飞机，以 50 磅重炸弹轰炸曲靖城垣，同时工兵及一部分矿工在北门城下开凿坑道。城内守兵粮尽弹绝，加上城垣将破，乃由城东门突围逃走。黔军旅长顾万午突围不及，缴械投降。事后，周西成对顾万午投降云南甚为愤怒，将其全家杀害。

黔军曲靖失利，突围退却。犹国材部在罗平又被张冲部袭击而溃散。黔军“援滇”又告失败。战后，胡瑛亲书“胜峰”二字，刻石于寥廓山，并题跋云：“民十六年冬，黔周西成兴师寇滇，迤东数十县皆陷。余亲统六师大破于此，山固名胜峰，殆古人有先见欤?”石碑今存曲靖城西胜峰公园内。这是云南内战史上的“寥廓山之战”。

1928 年初，蒋介石正式任命龙云为云南省政府主席、第十三路军总指挥；任命周西成为第九路军总指挥；任命胡若愚为四川和西康的裁军委员（名义上与四川陆军总司令有同等权力）。显然蒋介石在搞“平衡”政策，是要这些“鞭长莫及”的地方实力派互相牵制，互相火并，以便加以控制。

1928年秋以后，贵州局势发生新的变化，导致在云南境内的内战转化为进入贵州境内的滇黔战争。北伐时被蒋介石委任为暂编第七军军长的李桑（后改为四十三军），率师返回贵州，与周西成发生矛盾，从而爆发了李燊、周西成之战。1928年10月，李燊率部2000余人由黔东北进入贵州，向贵阳急进，但在贵定石门坎地区受挫，遂转入云南，求救于龙云，作复仇之计。

这时，胡若愚部退守昭通，受到刘文辉的支持；张汝骥部退守镇雄，受到周西成的支持，为此，胡、张军与四川、贵州签订了一个《三军密约》，共同组成滇、川、黔讨龙军。川、黔方面给胡、张以军费、粮弹支持，并派兵入滇；事成之后，滇省将输送部分军官与士兵给川、黔军，并以东川铜矿酬答谢客。

1929年春，蒋桂战争爆发，周西成倒向桂系。蒋介石遂任命龙云为讨逆军第十路总指挥，李燊为第十路前敌总指挥，向贵州进军。这也正合龙云报复周西成“援滇”之仇的心理状态，遂出兵贵州。龙云破釜沉舟，以胡瑛代理云南省主席，亲自挂帅出征，派朱旭、张凤春、高荫槐、刘正富及李燊所部，向贵州进发。滇军到达平彝（今富源），分兵三路，以李燊两个团、朱旭师、张逢春旅为中路，向盘县、兴义进攻，直指贵阳。张凤春师为左路，向黄草坝进攻。龙云则坐镇平彝指挥。

周西成也决定亲自出征反击，以贵州省警务处处长邓汉祥代行省主席职权，委张銮为贵阳城防司令，刘其贤为行营参谋长，派毛光翔为左翼总指挥，黄道彬师为中路，周西成亲率一师一团为右路。

两军接触后，黔军毛光翔部被张逢春旅牵制在兴仁，未能与黄道彬协同作战，以致中路被朱旭师突破，盘县、普安失守，李燊、朱旭部逼近花江河。1929年4月12日，周西成亲赴前线，到达花江河附近鸡公背（关岭），由于右侧空虚，被李燊部包围抄袭，周西成中了两弹负伤，由他的马弁驮起下八楞桥，过打邦河，准备撤走。

但李燊部已迫近河岸，开枪射击，马弁仓皇背负周西成涉水逃走，在急流中两人落水身殁。黔军遂溃不成军，死伤达2000余人，枪械损失殆尽。周西成既死，李燊、朱旭率部于5月28日打进贵阳，蒋介石来电任命李燊为贵州省政府主席。但同年7月，因云南形势突变，滇军撤离贵阳，周西成老部下毛光翔遂率部趁机攻打贵阳，李燊不支，只身走香港，不久病死。毛光翔进入贵阳后，蒋介石又任命毛光翔为贵州省政府主席、第二十五军军长。

正当贵州境内争斗频繁之际，在1929年3月，驻守昭通的龙云所部第三十八军副军长兼九十七师师长孟坤，突然投奔胡若愚、张汝骥，胡、张、孟三军组成“靖滇军”，推举胡若愚为司令。“靖滇军”共有2万人，声威甚壮，移师南下，直指昆明。胡瑛甚为不安，急电龙云求救。龙云在贵州安顺召集滇军各师旅长会议，决定不讲条件，立即返昆，令朱旭师昼夜兼程赶回昆明。朱旭师官兵以每天100多里的速度急行军，赶回昆明，在城西北一带加紧修筑工事。胡若愚、张汝骥、孟坤所部已开始集结于昆明西北郊大、小虫山一带，准备攻城。

胡瑛分析形势，恐朱旭远归之师，疲劳太甚，难摧强敌，乃用参谋长孙渡的计策，效法曹操写信给韩遂，而有意派人送往马超大营的故计，亲笔写了一信给孟坤，却叫人投往胡若愚、张汝骥处。胡、张二人见信：“愚兄与吾弟所商之事已奏效，现时机已至，望吾弟即按原议执行，以竟全功。”[②]胡、张大疑，认为孟坤是假投降，与龙云、胡瑛合谋；又闻，朱旭部已返回昆明，恐遭内外夹击，遂先行撤退；同时传令孟坤断后，占领昆明西山碧鸡关一带阵地，相机反攻。孟坤不明究竟，将兵移至碧鸡关一带。

恰在此时，卢汉师亦返回昆明，获悉胡、张撤退，仅孟坤部守碧鸡关，乃全师出动，追至山下。孟坤凭险据守，战斗甚烈，伤亡数千人。幸朱旭师赶到支援，从车家壁侧翼发动进攻，将孟坤的旅长赵人绪击毙。孟坤支撑不住，弃关西撤。胡、张得知孟坤在碧鸡关据守，凭险坚持，卢汉、朱旭部伤亡亦有千人时，方悟中了胡瑛反间计，但为时已晚。

还在碧鸡关战役前10天，即1929年7月11日，当胡、张、孟军进逼昆明时，昆明守军参谋长孙渡恐北郊商山寺的火药库为对方抢占，遂用牛车将存于该寺的大批火药搬运入城，暂存放在北门街临时火药库。因运输、保管不善，引起火药爆炸，造成严重后果。这就是昆明“七一一”火药大爆炸事件。最后清查结果，受灾达3200户、12200余人，其中死亡320余人，重伤残废579人。昆明城市遭到严重破坏，人民死亡惨重，这是军阀混战给人民群众带来巨大损失的一个事例。

碧鸡关战役之后，卢汉率部穷追胡、张、孟军，迫其渡过金沙江，在华坪、永北一带暂住。龙云、卢汉因渡江准备需要时间，乃停止追击。四川刘文辉收容了胡、张、孟军，让他们驻扎于川属盐源、盐边两县。

就任云南省政府主席的龙云

龙云为了解决胡、张、孟的势力，一方面笼络凉山彝族土司，并通过凉山彝族土司与盐津土司联络。盐源木里土司迫于龙云的势力，不敢开罪，又怕胡若愚等部久驻不走，于己不利，因而答应帮助龙云。在木里土司的鼓动下，出动当地僧俗武装力量进攻胡军，歼灭1000多人，使胡若愚很难在盐源呆下去。另一方面，龙云又派高蕴华指挥两个师，分头绕道，于永仁、丽江两地渡过金沙江，直入川境追击。胡、张、孟军驻在川境盐源、盐边，地瘠民贫，交通梗阻，全军给养异常缺乏，濒于绝境，他们互相埋怨，士气不振。1929年冬，龙军渡江进逼，胡、张、孟无力招架，又往盐源，盐边西北方向撤退，到九所土司地方，前有打冲河挡路，后有龙云追兵，进退失据，走投无路，张汝骥终于被俘（后押至大理被龙云枪决）；孟坤乘筏渡河，筏随急流而下，触滩溺死；胡若愚只身过溜索，幸而逃脱，后去了上海。

龙、胡、张三军三年混战，角逐云南，最终以龙云的胜利而结束，从而统一了云南。龙云派代表龚自知到南京会见蒋介石，报功请赏。蒋介石政府根据龙云的要求，任命龙云为云南省政府主席，省政府委员13人中，军人占8人。这是清一色的龙云政府，龙云在云南省内的地位确立了。

3. 枪杆子整理财政　六个月初见成效

三年混战以后，龙云统一了云南。为了巩固自己的统治，龙云投靠蒋介石后，在省内进行了清共，实行大逮捕大屠杀，到1930年使中共云南省委机关遭到严重破坏，使云南地下党组织中断了五年之久，直到1935年底红军长征过云南时，才得以重建和恢复。与此同时，龙云提出了建议“新云南”的口号，而要建设云南，经济是基础，没有一定的财力，就只能是一句空话。

云南财政在历史上基本上是入不敷出的。清末有中央补助，四川、湖南、湖北等省协饷，使云南财政勉强维持。进入民国以后，在民国初年的几年，虽然中央补助、邻省协饷都已停止，但省内比较安定，一切从简，量入为出，收支大体上是平衡的。护国战争以后，战乱频繁，军用浩繁，支出骤增，以致通货膨胀，物价高昂，货币贬值。到1927年“二六”政变为止，唐继尧滥发了不兑现的富滇老票5000余万元，币值跌落到每10元只抵国币1元。唐继尧倒台后又是三年混战，以致工商萧条，经济衰退，土匪蜂起，财政系统紊乱，税收锐减，军费艰窘，人民负担奇重，军政费用积欠在半

云南“清共”时被害的中共云南地下省委书记王德三

年以上。龙云上台后，又滥发富滇老票，到1929年8月，省政府积欠富滇银行达4162万元。经济形势十分严峻。

龙云虽然在内战中取得了胜利，夺得了云南统治权，但在财政上却感到非常困难，一筹莫展。他向蒋介石乞援，但南京政府自顾不暇，哪来资助？只好允许云南自辟财路。为此，龙云先后成立了云南省经济委员会、云南省整理财政金融委员会，发展经济，整理财政，并进行相应的改革。

1928年底，龙云派其亲信、原第五军军法处长陆崇仁为代理财政厅长，但因税收机关多为军人把持，贪污盗窃泛滥，收入不多，省库空虚，以致连一般行政费用都无法应付。陆崇仁没有办法，只好辞职。龙云另派其机要秘书朱景暄接任财政厅长，应付两月，仍然没有进展，也垮了台。朱景暄不甘失败，向龙云的心腹大将、表弟、同乡、九十八师师长卢汉建议：云南税收既用以调剂军人经费，征收机关又大半掌握在军人手中，财政毫无办法，军饷也无着落，政府势必垮台。我们出生入死打的“天下”，不能轻易放弃。为了维持军队，你必须亲自出马兼任财政厅长。以你的声威，方能把征收权收得回来，军政各费才有办法。卢汉是军人出身，从未搞过经济，心中无数，遂以军人不懂财政为名，不愿兼任。朱景暄多次游说，自称不要名义，愿意实际上在内部代卢汉办事，只要卢汉副厅长的名义就行了。经卢汉再三考虑，觉得此事既关系到自身军队的存亡，又关系到已经取得的“天下”的安危，遂同意兼职。

1929年底，龙云即派卢汉以九十八师师长身份，兼任财政厅长。卢汉到任后，以枪杆子为后盾，从革新财政内部机构入手，更换科长、主任和秘书，成立“设计委员会”作为咨询机构，并决定收回征收权，将烟酒、厘金等税一律招商投标承办，即所谓“财政商业化”，这是一个很大胆的措施。卢汉上台的第一炮就是接收烟酒事务局，派副师长袁昌荣、李嵩兼任局长、副局长，然后通电全省征收机关，烟酒、厘金等税收改为招商投标包办，应一律交给中标人承办，如敢故违，即以军法从事！命令一出，许多军人慑于卢汉的威势，只敢怒而不敢言地移交了，没有人敢于公开违抗。所谓招商投标，即把全省的征收机关，委给商人办理，由商人投标，标额最高的即为中标，对中标者限期交保证金，迟则取消中标资格。如，当时卢汉的妻弟龙天如中了一个标，却迟迟不缴保证金，卢汉亲自下了条子，立即取消其承办资格，其他人就更不在话下了。卢汉执行这一办法比较严格，半年之内税收大增，不仅还清积欠，收入还有剩余，财政趋于稳定。为此，卢汉提议为公务员加薪一倍半，省务委员会很快通过，从1930年7月起正式实行，各级公务员皆大欢喜。

与此同时，在龙云主持下，召集全省整理财政、金融会议，搜集各方建议，成立审查委员会。审查结果，以为前此金融混乱之主要原因，乃在政府财用不足，全恃银行发行纸币以资挹住，因财政而影响金融；又因纸币低落，财用愈感不足；复由金融影响财政，而蒙受其害。为此，研究决定了整理方案，确定了纸币与银币的比例，充实银行准备金，维持发行费用，使之不再影响财政，从而制订具体办法10条，从1929年11月开始实行。经过此次改革，云南财政大为改观。

1930年夏，卢汉因带兵入广西，势难再兼财政厅长，加上此时财政状况已大体理顺，没有必要再以枪杆子为后盾整理财政了，遂辞去财政厅长职。以后，陈维庚继任财政厅长3个月后辞职，陆崇仁于1930年9月第二次出任财政厅长。时过境迁，时来运转，由于税收已从军人手中收回，卢汉以枪杆子为后盾，突破了这一难关；加上已制订了一套整改方案，陆崇仁欣逢时会，一跃而成为云南的“理财能手”，从1930年9月到1944年，先后任财政厅长达14年之久，未曾间断，成为龙云时期任职最久的厅长。

卢汉虽然只任财政厅长半年，却以枪杆子为后盾，对云南财政的整顿和改革、对云南经济的发展都起了重要的作用，也为后来龙云与蒋介石的争斗提供了实力基础。

4. 又一次滇桂战争　再一次滇军惨败

在民国史上，曾有过两次滇桂战争，而且都是云南方面主动，结果都是云南方面失败。而滇军与邻省军队的战斗中，与西藏、贵州方面作战，全是胜仗；与四川方面作战，有胜有负。唐继尧统治时期的1925年是第一次滇桂战争，滇军以失败告终。龙云统治时期的1930年是第二次滇桂战争，云南仍以失败告终。两次滇桂战争对云南政局都有较大影响，在第一次滇桂战争中滇军的失败，成了唐继尧垮台的起点；第二次滇桂战争中滇军的失败，却成了龙云削弱手下将领的权力、加强自己军事统治的一种转折点。

第二次滇桂战争的爆发是与全国性的军阀混战相关。1929年的蒋、桂战争中，以桂系失败而结束。战后蒋介石为了“根本铲除”桂系势力，抛出了《讨逆军第二期作战计划》，规定以湖南何健部为第四路军，广东陈济棠部为第八路军，云南龙云部为第十路军，三路合击广西。然而，桂系李宗仁却组织“护党救国军”，进行反击，继续反蒋。

到了1930年4月，蒋介石、冯玉祥、阎锡山中原大战开始，李宗仁加入冯玉祥、阎锡山的反蒋联盟，形成蒋、冯、阎、桂大战。反蒋联合战线共集中70万大军，作战目标指向南京。而蒋介石方面投入的兵力也达五六十万人。双方战斗集中于河南、山东一带，武汉空虚。李宗仁决定集中兵力，出兵湖南，直捣武汉。

蒋介石在指挥大战的同时，洞悉桂系的行动，一方面命令陈济棠的军队占领南宁、柳州公路线，进军宾阳，截堵南宁方面的桂军北进。另方面派龙云为讨逆军第十路总指挥，命令龙云出兵广西，抄袭桂军的后路。蒋介石决定拨给龙云开拔费港币 100 万元，调出部队军饷每月发给法币 30 万元，广东省政府主席陈铭枢每月补助广东货币（广毫）10 万元。蒋介石许愿龙云，在攻占南宁之后，委派卢汉为广西省政府主席。这是一个很大的诱惑。

当时云南，连年内战，民不聊生，财政困难，滇币贬值，只有大开烟禁，公开种烟贩毒，抽鸦片税美其名曰“寓禁于征”。由禁烟局抽取烟亩罚金及贩运出省的出口罚金，龙云以烟税充军饷，尚难维持。卢汉兼任财政厅长，情形才开始有所好转。因此，龙云在得到蒋介石出兵广西的命令以后，可谓求之不得，一则可以解决财政困难；再则在内战中扩编的军队，可藉此进行裁并；三则攻占广西之后，可以扩展地盘；四则可以积蓄烟税，向法国购买武器，扩充自己实力；五则以为广西主力军队已进入湖南，广西境内空虚，可以唾手可得。

1930 年 5 月，龙云任命卢汉为讨逆军第十路军前敌总指挥，朱旭为副总指挥，统率三个步兵师、辖 15 个团，约 2 万人。部队序列是：

前敌总指挥　卢汉
副总指挥　朱旭
　第九十八师师长　卢汉（兼）
　　第二旅旅长　刘正富
　　　第四团团长　侯镇邦
　　　第五团团长　龙雨苍
　　　第十二团团长　龚顺璧
　　第三旅旅长　孙渡
　　　第六团团长　陈钟书
　　　第七团团长　张继良

第十八团团长　马继武
第九十九师师长　朱旭
第四旅旅长　曾恕怀
第八团团长　梁得奎
第九团团长　冯云
第五旅旅长　鲁道源
第十团团长　郭建臣
第十一团团长　苏缙
第一〇一师师长　张冲
第十五团团长　龙霖
第十六团团长　龙翔
第十九团团长　张华清

总指挥部以贵州军队李晓炎部编为直属独立混成团，以龙玉成为团长；另又以新七师第十七团团长杨维忠部为总预备队。

滇军从昆明开拔之时，抓兵封马，秩序很乱，学生被拉走者有数百人，沿途保护广东烟帮，抽收烟税，送至广东之钦州。先后在龙州及钦州两地收保护费越南货币 30 余万元，以充军饷。各师亦自行收购鸦片，运广西贩卖。在南宁围城时，军饷不济，亦曾以鸦片折价发给各师，抵充伙食费用。当时滇军官兵吸烟土者甚多，有“三杆枪”之称，即步枪、烟枪、云南水烟筒，成为滇军的一大特色。

两路滇军于 1930 年 7 月 19 日抵达南宁近郊，8 月 7 日开始攻城。而桂军在南宁仅有守城司令韦云淞所指挥的不同系统的营团约 3000 人，担任守备。闻滇军到，加紧修筑城防工事。尽管蒋介石派空军助战，而滇军攻势不强，进展缓慢。实际上只是围城而已，围了十天后，却又撤围退往邕江上游二三十里的村落防守。一方面滇军无攻城的特殊设备，虽有山炮数门，因远道出征，带来弹药不多，所以轰击甚少。另方面，滇军围城，每师派部队，平均分担，好像合伙做生意。由于各存保全实力私心，你攻我停，围攻南宁三月余，却终未能占领南宁。

9月中旬，桂军黄旭初一小部队入城支援，但恐不能冲破滇军包围，遂派人在城外一带宣传，黄旭初即日内由柳州率领大队人马回来，扫荡滇军，解围南宁。滇军闻讯，信以为真，自动把东南北三面的围攻部队，向西集中，使黄旭初带百余人枪的队伍，竟能在包围圈中安全进入南宁城内。南宁城被滇军围困三个多月，攻击不多，损失也不大，但城内粮食成了问题，只好拿黑豆充饥。当9月20日滇军再攻南宁时，黄旭初连电告急，城中粮食最多只能维持20天左右，请求桂军支援。

9月28日，白崇禧统率张发奎、杨腾辉、李品仙三个纵队从柳州出发。白崇禧先派李品仙纵队在宾阳一带牵制粤军，使其不敢越过昆仑关和南宁滇军会合，又以一部兵力监视武鸣和高峰隘的滇军，亲率其余部队，在几个得力向导的协助下，通过昆仑关和高峰隘之间的单人小径，轻装偷渡丛山，一出重重险峰，就冲到邕宾公路上的四塘附近。10月10日，白崇禧部开始向南宁方向进攻。事前白崇禧与黄旭初用无线电约好，白要黄12日晚率部突围出城，13日对滇军内外夹攻。

而这时，南宁守军连黑豆也吃完了。到12日晚，守城军吃完最后一袋黑豆，即宣誓出击，誓词很简单，就是冲出去，找东西吃。誓词大意说，现在城内，凡是可吃的东西都没有了，今晚的粮食是在浪边村筹集，大家冲得出去就生；若冲不出去，即不战死亦必饿死。这个简单的誓词，很有针对性，因而有很大的鼓动性。

南宁守军冲了出来，白崇禧又向南宁夹击。援军几乎是“从天而降”。滇军腹背受敌，乃撤围退却，先撤至右江，再撤至平马。滇军在途中遭到白崇禧部的追击，到平马又遇张发奎、杨腾辉部的堵击，在平马激战5天，滇军团长苏缙阵亡。滇军最后退至罗里集中，然后回滇。

此次滇军入桂，败北回滇，损失兵力在一半以上。滇军出去时有15个团，回来只剩下6个团了（其中一部分是在罗里整编时压缩的）。此次军事行动的失利，对龙云是一个很大的刺激，曾经“精锐冠于全国”的滇军，不整编是不行了。

5. “倒龙”政变两流产　军队整编更忠心

滇军失败回到云南，内部矛盾增加，怨气冲天。龙云为了稳定军心，于1930年11月7日发表声明，入桂战争是中央政府的命令，并不是为了任何个人的目的。然而，一纸空文，压抑不了冲天的怒气。各师要求补充损失的兵士和给养，龙云则借兵员减少而要进行“废师改旅”。整军方案的要点是，旅为承上转下机关，龙云对旅、团分令，团对龙、旅分呈。这就是说，龙云要直接指挥到团的行动。于是，部队中，特别是几个师长忍不住了，由怨转而怒，进而爆发了“倒龙”政变，一场“闹剧式的滑稽政变”。

1931年3月10日，卢汉、朱旭、张凤春、张冲四师长集中宜良，举行“倒龙”会议。四师长会议后，给龙云送交了一份语气和缓、态度强硬的信件，事实上是一封“最后通牒书”。信件要求“清君侧”：驱逐龙云的谋士、参谋长孙渡，民政厅长张邦翰，禁烟局长马为麟等。为此，四师长将孙渡、马为麟绑往宜良，决定将孙渡放逐上海，把马为麟交法院审讯。张邦翰则先溜到南京投靠蒋介石去了。

事变来得如此突然，龙云一时不知所措，决定离开昆明，暂时躲一下。此时昆明谣言蜂起，物价飞涨，省城约有80名官员和知名人士集会，决定派出代表会见龙云，商量善后。但是，龙云拒绝接见他们。会议又派出代表8人去宜良，与四师长会晤，共同劝阻龙云不要离开昆明。然而，龙云不予理睬，于3月12日乘飞机离开了昆明。他登机前发表了一个简单的通告说，他是回昭通去扫墓。这次事件与1927年四镇守使发动倒唐的“二六”政变有某些相似之处。龙云意识到，如果他留在昆明，很可能会像唐继尧那样，成为手下将军们的傀儡。实际上龙云并未回昭通，而只是飞到了距昆明

100多公里的寻甸县羊街机场，以观察事态的发展。龙云所恃的是，他依然控制着军权，掌握着实力。

龙云离开昆明，反而使四师长不安起来。他们在第二天，即3月13日，发表了一个开玩笑式的电报，把攻击的矛头从龙云转向了唐继尧，指责唐继尧的势力和代理人唐继麟、张邦翰、孙渡、马为麟、郭玉銮（负责军事事务办事处）、袁昌荣（负责军备局）、屠开宗（最高法院审判长）、张祖荫（昆明市长）等人，在重要职位上进行复辟活动。

龙云在离昆前，给蒋介石发了一个电报报告情况，请求离昆。蒋介石通过龙云在南京的代表李培天，命令龙云返昆；同时命令四师长接受龙云的改革方案。龙云的行动得到南京方面的支持，四师长无可奈何地返回昆明，并派卢汉、张冲、高荫槐三人飞往羊街，请龙云返昆。卢汉一见龙云，立即下跪痛哭，其余人员只得跟着下跪。卢汉等人把倒龙的责任，推给了张凤春。卢汉自认错误，龙云心理得到满足，同意稍事休息后返回昆明。

3月17日，龙云回到昆明受到了隆重的欢迎。“三一〇”未遂政变以龙云获胜而告终。不久，龙云宣布四师长以下犯上，是图谋不轨的不法行为。扣押卢汉、朱旭、张凤春、张冲，撤销了他们的职务，按原计划实行废师改旅。以九十八师改为第三旅，委龙雨苍为旅长；九十九师改为第五旅，委鲁道源为旅长；一〇〇师改为第七旅，委龚顺璧为旅长；一〇一师改为第九旅，张冲降为旅长；新编第七师（唐继麟师）被撤销。卢汉、朱旭、张冲很快被释放，恢复了政府中的职务，卢汉被委以云南全省督练处长，朱旭委为民政厅长（不久去世），张冲任云南盐运使兼旅长。张凤春仍然反对改编，被送入军人监狱关押，直到1937年抗日战争全面爆发后才释放，未几即病死。

“三一〇”未遂政变仅仅过了两个月，又发生了一次“倒龙”未遂政变。1931年5月，第三旅旅长龙雨苍、第六团团长张继良同第九团团长冯云、第七旅旅长龚顺璧，准备发表通电，驱逐龙云，拥护卢汉为云南省政府主席。给龚顺璧的信由副官主任包倏卿送交，龚亦复信同意，约期举事；给冯云的信则由军械主任苏品铨送交。冯云接信后未复信，即将原信送给旅长鲁道源，鲁道源将信转送龙云。政变尚未发动，消息即已走漏，龙云大怒，撤去张继良第六团团长职务，派卢汉会同参谋长杨益谦往通海第三旅安定军心。委卫士大队长严家训为第六团团长，第六团中校团附卢浚泉为卫士大队长。事息之后，龙雨苍给张继良滇币 5 万元，叫他逃往上海。而张继良到开远后，存侥幸心理，认为暂避一时风头，即时过境迁，不久，又乘滇越铁路货车返回昆明，匿居小街子，为宪兵司令曾恕怀捕交龙云，以谋叛罪枪杀。

在两次倒龙政变中，龙云都幸运地获得了胜利。龙云巧妙地利用了这两次事变，对滇军进行了改编和整顿，使滇军更忠实于自己，从而为龙云统治云南奠定了基础。此后，龙云在云南的统治再未受到挑战，直到 1945 年 10 月蒋介石指使杜聿明在昆明发动政变为止。

从 1931 年到 1936 年，龙云对滇军的整顿，使滇军素质得到提高，战斗力增强，武器装备也比较先进，从而进一步巩固了自己的统治。

在军队的编制和人事调整上，龙云汲取了四师长联合兵变的教训，坚决执行“废师改旅”，剥夺了四师长的兵权。各师所属中下级带兵军官，经过一番整顿淘汰，团、营长任免都由龙云直接裁定。各级军事干部，都要在组织上对龙云表示绝对服从，在行动上表现忠勇可靠。为此，他很注意培养和训练军事人才。所谓培养军事人才，一方面是提高军事技术，另方面则是培养对龙云的忠诚。

还在 1928 年，龙云就成立了军官团，收容编余军官，以那博夫为军官团团长，训练干部。1929 年，成立军官候补生队，后改为军事队，以卢浚泉任队长，招收各中等学校学生，兼收部分女生，仿黄埔军官学校规范，训练新型干部。还成立军士大队，以布秉武为大队长，龙绳武为大队副，收容军官候补生队学生。1930 年，为各部队补充新的基干人员，成立教导团，龙云兼任团长，先后由唐继麟、高荫槐任副团长，收集合格人员，施以学、术两科教练，并进行以统一意志、统一行动为内容的精神教育，训练合格，再分配使用。教导团设有经理班，训练军需人员，实行军需独立，使带兵官不能管钱。此类教导团办过三期，训练下级军官约4000余人。1935年，成立中央陆军军官学校第五分校，龙云任校长，唐继麟任主任，培养滇军骨干。还有云南陆军讲武学校第十九期，原为唐继尧时期招生，龙云接管后，由龙云控制，举办至该期学生毕业。同时，抽调滇军各级军官到中央军事专科学校、陆军大学和各种短期训练班受训，毕业后回云南工作。此外，龙云还办过四期补充大队，每期4个大队，共整编16个步兵团。

到1936年，滇军共编成6个步兵旅，每旅辖两个团，还有4个直属大队、6个直属团、4个独立营、1个航空处，约3.6万人。各县常备队统编为21个保安营，又约近万人。部队序列如下。

六个步兵旅是：

第一旅旅长	刘正富
第一团团长	袁存恩
第二团团长	邱秉常
第二旅旅长	安恩溥
第三团团长	郭建臣
第四团团长	万保邦
第三旅旅长	龙云（兼）
副旅长	杨宏光
第五团团长	肖本元
第六团团长	严家训
第五旅旅长	鲁道源
第九团团长	冯云
第十团团长	陈钟书
第七旅旅长	龚顺壁

第十三团团长	龙翔
第十四团团长	马继武
第九旅旅长	张冲
第十七团团长	王开宇
第十八团团长	王炳璋

此外还有：

近卫第一团团长	卢浚泉
近卫第二团团长	石松龄
炮兵团团长	杨文宗
机关枪团团长	张邦藩
工兵团团长	陶汝汉
交通大队大队长	龙秉灵
护卫大队大队长	龙绳祖
航空处处长	张汝汉

河口、个旧、腾龙、华永设有4个独立营。

部队士兵来源实行征兵制，凡农民及龄壮丁，都受到比较严格的挑选，合格的强迫入伍，次等的编入各县常备队。龙云的二儿子龙绳祖负责的护卫大队（又称“护卫混成独立营”），专门挑选身高体壮的丽江兵和少数民族的圭山兵，施以机动训练和优先装备，直接拱卫龙云的人身安全和省政府所在地五华山。

滇军在军事上，无论人事、编制、教育训练、征调补充，都由龙云完全自主。所有武器装备和军需饷项，也由云南方面自给。滇军名义上受南京中央的认可，实际上是一支纯地方的带有独立性的部队。经过整顿和改编以后，滇军的风气有所改变，“三杆枪”的特点已不多见了。

有了相当数量的军队，还须有充实的先进的武器装备。龙云整顿财政，紧缩开支，统制外汇，大烟抽税，增加财政收入，为购置大批军火提供了财源。龙云曾先后向马湘洋行和龙东公司购办大批军火，主要是法国、比利时、捷克制造的步兵用轻武器，如七九步枪、轻重机关枪、八二迫击炮、六〇小炮、高射机枪等，可满足40个团的装备。经过精良训练，又有较好武器的滇军，为迎接抗日战争的战斗作了相当的准备。

6. 诸将领平定匪患　众齐心稳定云南

民国时期，由于军事战乱频繁，溃兵与匪患结合，甚为猖獗。龙云为巩固自己的统治，在消除敌对力量的同时，需要平定匪患，稳定云南，保障社会治安。虽然在那个时代，匪患终未断绝，然而在龙云统治时期，张冲在滇西、万保邦在滇东、龙雨苍在滇南，取了三次有一定成效的剿匪行动。

首先说张冲在滇西剿匪的成效。

龙云在战胜胡若愚、张汝骥后，即派师长张冲前往滇西大理，解决唐继虞盘踞迤西的所谓“国民革命军北伐后援军”问题，并剿办迤西的土匪。那时迤西的土匪以张结巴（张占彪）最为强大。

张结巴虽以“劫富济贫”相号召，却到处奸淫掠掳，为滇西一大患。张冲到下关后，与张结巴结为兄弟，取得其信任，然后采取了军事镇压与政治瓦解相结合的方针，特别注意运用政治攻势。张冲根据龙云的指示，先将张结巴所部一千余人，编为永北江防大队，以张结巴为大队长，后又改为三姚（姚安、大姚、姚州）守备大队。但张结巴心存怀疑，不服调遣，又重操旧业，上山为王。龙云命令张冲坚决剿办。

张冲在大军压境的同时，加强了政治攻势，发布了三个文告：《告滇西官绅父老书》《告匪众家属书》《告匪众书》。主要劝告匪众，不要执迷不悟，回头是岸。凡改恶从善者，一律既往不咎。布告规定，凡单身脱离匪部回来的奖银元半开30元，带枪回来的奖60元，一人带两枪回来的奖90元，有子弹的每袋加10元，人到就发。而且告诫各地官绅父老，体谅匪众，只要他们回来就欢迎；如果对脱离匪众归来的人，苛索歧视，将重惩不贷。还希望家属多做工作，劝告他们的亲人回来，不会连累他们。三个文告，广为印发，分头宣传，影响深远。不到半年，张结巴匪众千余人纷纷逃散，返回家园。张结巴部有团长 4 人，就有 3 人投诚，只剩下张结巴及 1 团长带领少数人，东躲西藏。

这中间还发生了一件事。有一个土匪回家后，邓川县一位乡长鉴于他过去作恶多端，乡里人很气愤，于是乡长把这名土匪打死了。张冲得报，十分震怒，下令邓川县长把这个乡长抓了起来，以“违抗命令”的名义把他枪毙了。这件事对匪众、对群众、对官绅震动都很大。

张结巴最后逃到洱源县牛街乡打铜村杨葆元家躲藏。杨葆元是张结巴的干亲家，又是结拜弟兄，但慑于张冲的威力，向张冲部密告了张结巴的行踪。1929 年 12 月 19 日中午，张冲派兵包围了杨葆元家，准备活捉张结巴，然而张结巴持枪拒捕，遂被当场击毙；同时被击毙的还有何裕泰（即张占彪的二哥张占鹏）。这样，横行滇西数年的匪患被抑止，张结巴部被消灭。滇西人民为纪念这一行动，曾在大理城内立了一个“德政纪念碑”，以纪念龙云、张冲剿匪的功绩。此碑在今大理一中校园内。

其次说龙雨苍在滇南剿匪的情况。

旅长龙雨苍率部驻文山、临安（建水）等地，龙云即命所部剿灭滇南地区土匪。滇南匪众甚多，建水有吴学显、杨友堂、禹发启、周兴国，开远有杨松林，个旧有李绍宗，石屏有李自洪，江川有蒋世英等，各自盘踞地盘，设卡收税。在这些土匪中，因吴学显曾被唐继尧招抚，为唐立过“功”，势力最大，有匪众千余人，各种步枪数百枝。为此，龙雨苍决定“擒贼先擒王”，以七分政治三分军事的方法，先解决吴学显部。龙雨苍决定先招抚吴学显的拜把兄弟蒋世英，要蒋改过自新，立功赎罪，设法诱杀吴学显。蒋世英接受招抚，乃于 1932 年初在石屏县的三家寨设宴招待吴学显前来共商大计。吴学显因与蒋世英常有来往，不疑有诈，吴带少数随从前来。蒋与龙雨苍部数十人暗中隐蔽，当蒋与吴饮酒欢谈中，蒋以打翻酒杯为号，隐蔽人员立即冲出，拔出十响枪，对吴一阵扫射，吴学显当场死亡。吴部亦被缴械瓦解。龙云据报，认为蒋士英确有悔改，乃委蒋为江宁地区游击大队长，归龙雨苍指挥，协助龙旅继续在迤南剿灭其他匪部。

龙雨苍宣布，准许土匪缴械投降，领取良民证做良民，并以建水为中心，进行清查保甲户口，实行来往人要报、连保连坐的办法等，从而促使匪部就范、投诚。周兴国首先遣散匪众，以黄金1500两向龙雨苍报效，缴械投诚。随后，李绍宗等匪部也相继报效投诚。到1933年，滇南土匪要么投诚，要么逃匿不知所踪，匪患基本平定。为纪念龙雨苍第三旅剿匪功绩，地方乡绅集资在建水县城西北角，建盖烈士祠一座，凡在剿匪中阵亡的官兵（约200人），均立烈士牌位供于祠堂内；又为旅长龙雨苍铸造半身铜像一座，留为纪念。

再次说万保邦在滇东剿匪情况。

龙云在1931年解决了两次“倒龙”政变，逮捕了张凤春师长。张凤春与滇东土匪有联系，他被逮捕，大小官员引以为戒，与土匪断绝往来。土匪失去支持和保护，正是剿办土匪的一个重要条件。旅长万保邦奉龙云之命剿办滇东土匪，万即利用这个有利时机，率部开赴滇东剿匪，迤东匪众闻讯躲入匪穴。万保邦采用攻破匪巢、跟踪追击的办法进行剿办，救出被捆入匪巢的民众100多人，击毙匪众多人。各县土匪，四散逃匿，滇东交通干线的匪患基本平定。

龙云与诸将领花大力气平定省内匪患，从而获得了一个相对安定的社会环境，这对于他建设“新云南”、巩固自己的统治、与蒋介石中央政权抗衡，都是必要的条件。

参考文献

①周钟岳：《惺庵回顾录三编》，见《云南文史资料选辑》第6辑第195—196页。

②肖本元等：《唐继尧被推翻后滇军内部的三年混战》，见《云南文史丛刊》1986年第2期第18页。

九　红军长征过云南

（1935—1936年）

1. 红军长征将过滇　龙云诸将谋对策

1934年10月到1936年10月，中国工农红军举行了闻名于世的二万五千里长征。红军的两大主力——中央红军和红军二、六军团，先后两次路过云南。龙云奉蒋介石之命，调集滇军，“追剿”红军。然而蒋介石有蒋介石的鬼胎，龙云有龙云的算盘，两个人明合暗斗。结果龙云对红军是让滇军多追少堵，尽快让红军走出云南，这就在事实上帮了北上红军的忙。

当中央红军于1934年12月，突破湘江防线向贵州前进时，蒋介石担心中央红军会与湘鄂川黔革命根据地的贺龙部会师，乃命其“追剿”总司令薛岳主力经武冈、芷江入黔，同时命令川、滇、湘、黔、桂各地派兵，或堵截，或尾追，以防堵红军的会合。

蒋介石派“中央军”嫡系部队入黔，是心怀叵测的，企图乘追堵红军的机会，掌握西南政局。1934年底，薛岳率部尾追红军进入黔东时，贵州省政府主席、第二十五军军长王家烈特意从贵阳赶到重安江欢迎。可是薛岳竟避而不见，混在他的部队里，暗暗通过“欢迎”行列，故意不打招呼，以示冷落。王等薛久无消息，始向部队询问，乃知薛早已过去了。王知薛有意冷落他、捉弄他，心中很不高兴。及见薛部一直开往贵阳，并不向黔北跟踪尾追红军，更感出乎意料。当黔北的红军已经向云南西进，王家烈本人也进驻遵义县城以后，仍不见薛部有离开贵阳的迹象，他才恍然大悟，原来薛部的径入贵阳，并非偶然。薛部因长途行军，拖得太久，士兵落伍、逃跑者甚多，一到贵阳就大补缺额。

1935年3月24日蒋介石突飞贵阳，得知薛岳已经控制贵阳，遂于30日免去王家烈贵州省政府主席职务，派吴忠信接替，不过又任命王为“二路军追剿总指挥”。但蒋介石却大耍阴谋，用内外夹攻的手法，一面进一步遏制军饷，分文不给王家烈；一面又收买王的部下，逼其下台。王家烈无可奈何，于4月底辞去军职，要求出国游历，蒋欣然同意辞职，随即任命王为毫无权力的军事参议院中将参议。这样，黔系地方势力就被蒋介石的中央势力所“吃掉”。王家烈被迫于5月30日乘飞机离开贵阳，飞往汉口。

贵州被蒋介石“吃掉”了，云南怎么办？这是云南当权者不能不考虑的问题。还在1934年底，蒋介石电令龙云派滇军出兵防堵时，龙云为研究对策，曾召开了好几次会议商议，出席会议的有云南省政府部分委员，“讨逆”军第十路总部的部分将领、处长及相关人员。

会议中有人认为红军不会到云南，其理由是云南地处边隅，无回旋余地，容易被消灭，并举出石达开当年为什么不到云南，广西红军为什么不在广西而远赴江西，以为例证。因此主张一动不如一静，以保境安民为好。这种主张，以省政府委员马骢及总部军务处长陶汝滨为代表。

1935年5月，蒋介石视察云南时与龙云等合影

总部经理处长孔繁耀说，万一红军进入云南，则地方“秩序必大遭破坏”，“公私必大受损失”，为策万全计，与其制之于境内，不如拒之于境外，并且也合“中央”派兵出省，帮助“追剿”的意图。

昆明军分校主任唐继麟说，红军善于化整为零，若分成多股纵队正面向云南前进，殊不易防堵。应分令各县迅速构筑碉堡，早作坚壁清野之计，将一切重要物资运存于附近坚固的城市或碉堡中，由各县常备队守备。这样，红军到达，必无所获，自易退散。

另一些人对红军情况毫无所知，异想天开地认为，红军只有少数力量，在大军跟踪紧追、各省军队到处堵截的情况下，“实无幸存之理”。

省政府委员兼第十路军总指挥部参谋长孙渡认为，蒋介石这次追堵红军，实有一箭双雕之野心，不仅想消灭共军，而且还想乘便消灭地方武装。因此，我们只好遵照蒋的命令出兵，使他以后无所借口。如果共军进入云南，则中央军必跟踪而来，那就会使云南政局有发生变化的可能。因此，我们防堵共军，还是以出兵贵州为上策。在共军未进入云南以前，应尽最大努力去防堵，总以不使共军进入云南为最好。但我们兵力不敷分配，处处设防则处处薄弱，集中一点则两侧空虚，防堵任务诸不易完成。因此，不能不有共军入境的打算。若共军已进入云南，为免除以后一切麻烦起见，只有追而不堵，将共军尽快赶走出境为好。

龙云对孙渡的意见很为欣赏，决定出兵贵州；万一共军进入云南，则“追而不堵”或“多追少堵”，尽快将红军赶走出境。为此，龙云任命孙渡为第十路指挥行营主任，负指挥全责。[①]

2. 中央红军过云南　滇军奔波追赶忙

中央红军在遵义会议以后，分左、中、右三路北上，拟往川南一带。但蒋介石为了围歼红军，在云南、四川、贵州三省交界地区，集中 40 万余兵力，从四面八方向红军合围。1935 年 1 月底，红军一渡赤水，进入川南。四川军阀在长江沿线部署了 12 个旅的兵力，封锁长江。于是，中共中央决定暂缓渡江，折向云南东北的扎西（今威信）和镇雄。1935 年 2 月 5 日至 9 日，中央政治局在威信县水田寨、大河滩、扎西镇等地连续召开会议，作出了一系列重大决策，

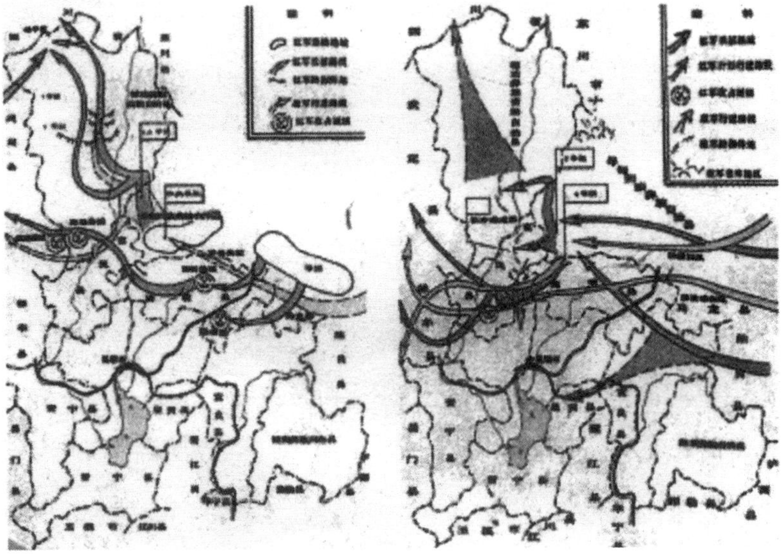

中央红军与红二、六军团过云南路线图

统称“扎西会议”。中央红军在扎西驻了三天，纪律严明，买卖公平，态度和蔼，深得各族群众的拥护。在红军的教育和动员下，几天之内，扎西地区各族群众加入红军的达3000余人。

其时，龙云已派孙渡率领滇军集中于滇黔边境的宣威，随即向贵州的威宁、毕节前进。蒋介石为了鼓励滇军为其卖命，任命龙云为第二路军总司令，薛岳为前敌总指挥兼贵阳绥靖主任，负责对付中央红军（红一方面军）；同时任命何健为第一路军总司令，刘建绪为前敌总指挥，负责对付贺龙、肖克的红二、六军团（即后来的红二方面军）；以朱绍良为第三路军总司令，杨虎城为副总司令兼前敌总指挥，负责对付徐向前的红四方面军及徐海东的红二十五军。

龙云的第二路军，下辖七个纵队，包括中央军、滇军、黔军、湘军、川军的各一部分，而实际上龙云能够指挥的仅是滇军孙渡的第三纵队。孙渡的第三纵队共辖六个旅、两个新兵团和两个独立营，共有官兵2.4万人左右。

红军在扎西整编后，出敌不意，回师东进，攻破黔军王家烈在习水的前线部队，进逼娄山关。娄山关是娄山山脉的最高峰，黔北的门户，兵家必争之地。王家烈以四个团的兵力，凭险据守娄山关。红军以一部兵力正面牵制敌人，另一部兵力迂回板桥，直捣敌军板桥指挥部，然后一举攻占娄山关，全歼守敌四个团。2月27日，再次攻克遵义，全歼城内守敌。

第二路军第一纵队蒋介石中央军系统的吴奇伟，急调两个师兵力增援遵义。红军与敌军在遵义城外的黄花岗、老鸦山一线展开激战。经过一天战斗，吴奇伟几乎全军覆没，他本人只带少数人渡过乌江而逃。这次遵义战役，红军运用了机动灵活的战略战术，三天之内攻克娄山关，再夺遵义城，激战红花岗，共歼敌20个团，取得了红军长征以来的第一个大胜利。蒋介石连声哀叹，认为遵义战役是“国军追击以来的奇耻大辱”！

遵义战败后，蒋介石坐卧不安。几天以后，于3月2日飞重庆，就近指挥“追剿”的军事行动。蒋介石调兵再度向遵义地区进逼，红军又突然北进，三渡赤水，再入川南。蒋介石下令实行碉堡政策，在乌江南岸各渡口，乌江北大定、黔西、金沙、仁怀、遵义、桐梓沿线完成一条碉堡线。3月24日，蒋介石率一大批顾问飞抵贵阳前线“督师”，以为碉堡政策，将使红军无回枪之力。

然而，红军又毅然掉头南下，四渡赤水，除留红九军团在乌江北岸牵制敌人以外，主力迅速南下乌江，佯攻贵阳。4月5日夜，贵阳城外风闻有红军游击队活动，蒋介石坐卧不宁，甚至打算乘轿从贵阳逃走。

滇军孙渡纵队自开入滇黔边境一带驻防后，由于红军的行动变化迅速、飘忽无常，蒋介石对滇军的直接指挥和调动也日益频繁。他曾令滇军向打鼓新场急进：中途又令仍返回原防，继则一直在川黔边境的古蔺、大定之间穿梭般来往。滇军时而由贵州北渡赤水河开往四川，时而又由四川南渡赤水河返回贵州，时而又在赤水河南北跨川黔两省地区布防。滇军在滇川黔三省往返跋涉、拖去拖来，将近两个月之久，疲于奔命，却始终未见到红军。

红军长征过云南时留下的标语

4月7日，孙渡部队的先头部队急行军三四天，走了400多华里，赶到贵阳，守卫了贵阳清镇机场。蒋介石闻孙渡赶到贵阳，这才放心，立即召见，喜笑颜开，嘉奖滇军动作迅速，作战勇敢；随后又召见先后抵达贵阳的滇军第二旅旅长安恩溥、第七旅旅长龚顺璧、第五旅旅长鲁道源等，并发给滇军第三纵队2万元，到贵阳的各旅1万元，以示犒赏。滇军获得了“勤王之师”“救驾部队”的“雅号”。贵阳安定后，滇军又奉蒋介石之命，向龙里方向追击，途中曾遇红军，双方发生小的战斗。蒋介石为此打电报给龙云，说什么滇军忠勇善战，乃平日训练之功也。

但是，当滇军主力调出疲于奔命之际，却为红军西进云南敞开了一条大道。4月中旬，红军向云南急进，突破黔军犹国材在盘江八属的防地，渡过北盘江。蒋介石下令，云南境内其余部队布置于滇黔边黄泥河以东防堵，下令薛岳等部从后面追击。

薛岳部进入云南前，曾派代表去昆明与龙云打通关节。龙云对薛岳本人表示欢迎，希望薛岳于部队到达昆明附近时，由其本人先到昆明商讨一切。当薛岳先头部队接近昆明时，龙云即派人向薛岳提出不许部队进入昆明。薛岳知道，龙云不是王家烈，只好带少数随从进入昆明与龙云洽商，龙云对薛岳表面上欢迎甚为热烈。薛岳在昆明住了两天，备受丰盛的招待，并与龙云结为拜把兄弟，龙为大哥，两人从此称兄道弟。尽管称兄道弟，龙云仍有自己的打算，仍然不允许“中央军”进入昆明。

红军突然进入云南，使敌人措手不及，因此红军进入云南后，虽然前有“堵截”，后有“追剿”，但基本上没有接触，只在平彝（含富源）白龙山与滇军李崧独立团有过遭遇，而李团一触即溃，未形成明显威胁。

中央红军一军团进到昆明近郊大板桥附近时，佯作进攻昆明的态势。龙云急令省内各地驻军和民团回守昆明。然而他们没有想到，各地民军和驻军集中昆明时，又为红军夺取金沙江渡口减少了阻力。红军向昆明虚晃一枪之后，即转向西北，兵分三路直插金沙江，一军团向元谋县龙街渡口前进。由于龙街渡口江面宽阔，敌机低飞骚扰，渡江难度较大。三军团急进禄劝洪门渡，因水流太急，摆渡困难。军委纵队目标是抢占禄劝皎平渡口。

4月30日，红军中央军委总部进驻云南寻甸县柯渡丹桂村，对抢渡金沙江作了具体部署，然后大军直奔禄劝县皎平渡。5月1日晚，红军先头部队干部团五连到达皎平渡。他们在群众帮助下，找到6只小船，30多名船工，经过九天九夜的艰苦奋战，终于使中央红军（除红九军团外）3万多人，都从这里渡过了金沙江。这样，中央红军跳出了几十万敌人的围追堵击，取得了战略转移的决定性胜利。红九军团则在5月5日从会泽县树洁渡顺利渡过金沙江。

红军过云南境时，龙云部队亦曾有过抵抗和追击，并处分过抵抗不力的县长。当薛岳部队进入云南境时，旅长张冲向龙云建议，要借鉴贵州事变，谨防变成王家烈第二。龙云接受了张冲的建议，让他率领近卫第一、二两团兵力，尾在红军之后，保持一定距离，追而不堵也不打，或者按兵不动，做做样子。红军主力渡金沙江用了九天九夜，张冲也按兵不动九天九夜，红军得以安全渡江。

当红军将领路过云南时，还曾给云南地方实力派龙云及孙渡、安恩溥、鲁道源等将军写信，晓以抗日救国大义，揭露蒋介石消极抗战，积极反共、排斥异己的伎俩，从国家民族以至地方利益分析利弊，积极建议他们不要与红军为敌。这对争取他们支持中国共产党和工农红军进行抗日救国的斗争，是有一定的积极作用的。

3. 张永年派人联络　巧安排龙云献图

1935年4月27日，云南曲靖地区风和日暖，万里晴空。中央红军三、五军团和中央纵队等部沿着公路前进，突然从昆明方向飞来了三架侦察机，盘旋一阵后又飞走了。红军估计会出现新的情况，为此作了必要的准备。一会儿，从昆明方向开来两部汽车，速度很快，当汽车发现有埋伏而想往回逃走时，红军开枪截住了两辆汽车。

一个军官模样的人从车上跳下来，强作镇静地质问："你们是哪部分的？我们有紧急任务，别开玩笑了！"红军战士回答："谁和你开玩笑，你被俘虏了，缴枪不杀！"这个军官顿时脸色苍白，瘫在地上。经过审讯，这个军官是薛岳的副官，是薛岳派往龙云处索取云南军用地图的。龙云除了给薛岳十万分之一和五万分之一的云南军用地图外，还送了大量的云南特产宣威火腿、普洱茶、云南白药以及其他一些贵重药品，这些东西全成了红军的战利品。红军战士们说，三国时刘备入川，有张崧献图，这次红军由滇入川，又有"龙云献图"，真是无巧不成书了。军用地图当然是红军很需要的，就是云南白药等贵重药材，也是红军所急需的。这些白药，直到后来红军过草地、爬雪山时，还继续发挥作用，挽救过一些红军战士的生命。

为什么龙云送给薛岳的地图和物资，能够顺利地落入红军之手，至今仍然留下了一个谜。龙云本人曾对部将张冲讲过，1935年红军在曲靖截获地图、白药等物资，是因为我（龙云）通过关系，预先告诉他们（红军）这个消息的。然而，龙云到底通过什么具体渠道，与红军联系上的，龙云没有讲，其他人仍不得而知。因此，有人对这件事的真实性表示怀疑。1999年8月12日，笔者在一次会议上，偶然碰到水电十四冶离休干部、原滇桂黔边纵队二支队营教导员张渔村，交谈起来，他主动告诉说，龙云是通过曾任云南省查缉大队大队长、泸西县西屏乡小矣帛人张永年，派人去曲靖与红军联络，并向红军通报了这个信息的。据张渔村说，这件事是可靠的，是张永年的侄儿张德昌告诉张渔村的，而张德昌又是张永年对他讲的。张永年是张渔村的叔祖。这个谜底，大概是可以解开了吧！[②]

马子华的《一个幕僚眼中的云南王龙云》一书，记载了龙云亲口对马子华讲述的又一个故事，也可从一个侧面印证这件事的可靠程度。马子华是著名作家，曾任过卢汉的秘书，与龙云交往密切。他转述龙云的话说：

"有一天黄昏时候（晚上9点以后就要关城），突然有一个人来到公馆门口，向守门人说：我要见龙主席，有紧急军情报告。副官看他来得蹊跷，军情又不敢不报告。我听后就问：‘是怎么一个人？什么打扮？’副官说：‘戴着篾斗笠，穿着蓝布对襟衣裳，穿着一条青衣短裤，脚上穿着双麻耳草鞋。看上去好像乡下人的样子，说云南迤东的口音。’我想一下，就叫副官喊这人进来，但是先摸摸身上有没有武器。隔了一阵，副官把这人带进来了。我一看，是个年约30来岁的小个子青年，清瘦短小，虽然脸色不好，但眼光有神。一见面，他向我鞠躬行礼。我问：‘你从哪里来？’他答：‘从威宁。’‘哪个派你来的？’他不答应，向左右看看。”

“我知道其意，叫旁边的人走开，这小伙子使劲把棉衣的夹里子撕开，取出一封牛皮纸封着的信。我拆信一看，原来是老朋友、红军的指挥官罗炳辉的信。信上说：这次红军长征，目的是北上抗日，并不想攻城夺寨，占据城池，骚扰地方人民。现在路过云南，也无意来到昆明，叫我尽管放心，希望我的军队不要截堵打仗，让红军经过一些州县渡过江去，希望我拖住蒋军的后腿，不要让他们尾追红军……信还写了诸如‘甚为感谢’、‘后会有期’等字句。我看了此信，非常放心和高兴，就对来人说：‘你回去报告你们的罗司令官，我一定照办，不回信了，免得查出来不好。’然后我问他：‘你吃饭没有？’他说：‘吃过了。’我叫太太拿出500块钱给他，他接着就走了。随即，我又把他喊回来说：‘万一碰着盘查的，你说就是昭通来的，见龙主席，你不信去问好了，他们就会放你走的。’那个人鞠个躬就走了。”

“这人走后，我又写了一封密信派人骑马送给孙渡，再次嘱咐他不准与红军交锋，尾追送客就行了，不必截堵。同时，我准备一卡车药品交给他，叫他相机送给红军。”③

50年后，当时“献图”的驾运人员赵汝成有一个详细的回忆，可以作为“献图”亲历人员的见证。他在《关于“龙云献地图”的回忆》一文中是这样说的：

“我是身经此次‘献图’的驾运人员之一，因非国民党人，对于决策此事一无所知；惟汽车被红军截获前后却是身经目睹，截获后备受红军优待，当年情景至今犹难以忘怀。”“我现年77岁，昆明人，铁路退休职工。1935年红军长征过云南时，我18岁，刚考入云南省汽车管理处任学习押运员。出车前的头天即4月26日，接到单位出乘通知：次日早开车到昆明巡津街当时号称洋酒店的都兰酒店找中央军薛岳部队的李副官报到，接受运输任务，运一批物资到沾益，一切要听他指挥。”

长征时滇籍红军将领罗炳辉

“4月27日天气晴朗。早上7点30分，我们带两辆车由护国路汽车管理营业部（现护国小学）出发。一辆是处长杨大义平常专用的小包车，驾驶员杨鹏章，准备给李副官乘坐；一辆是雪佛兰牌卡车，驾驶员钱载、助手李福、押运员是我，准备拉这批物资用。由我带队把车开到了都兰酒店，找李副官报到。”

“李副官是个外省口音，穿着一套当时国民党‘中央军’的灰色军服，据说薛岳部队都不带领章、胸章，他也如是。我们不知道他是什么官阶。此时早晨尚有寒意，他披着一件狐皮军大衣，看来气派得很。首先，他叫我们从他住的房间里把早已领来的几捆用玻璃纸密封的圆筒搬上卡车，当时我们不知道是地图。之后，他坐上小车，领着卡车开到金碧路曲焕章大药房（现锡安圣堂斜对面），由早已等在那里的搬运人员往卡车上装上了几十箱‘白宝丹’（云南白药）。约9时许，小车在前，卡车在后，由昆明市往滇东公路上驶去。李副官告诉我们此行的目的地是沾益。”

“12时许，车到小新街停车吃午饭，在饭馆中遇到我的亲戚、昆明某运输行的驾驶员高宝寿。他刚从宣威放空返昆明，经问明我们的去向后，他说：‘前边发大水，路上不好走嘞！要小心点。’(引者注：此时云南正是旱季，哪来的什么大水？此话显然是别有所指。) 他看了看李副官，欲言又止住，后竟自走开了。我们在李副官的催促下，匆匆吃了饭，准备开车。临行前李副官叫我由卡车上换到小车上，坐在杨鹏章旁边。同时，李副官叫卡车上前，他的小车随后，我们便继续前行。车行中，我们还看到田间有农民在耕作。我由反光镜中看到后座上的李副官把随身携带的左轮枪掏出来擦拭摆弄了一阵，装进枪套内。我心中有些发怵了。”

“快爬缅甸坡了，我和杨鹏章看到右边远远的山梁上隐约的有一些人影移动，我们问李副官是什么人？他大咧咧地回答：‘是民团！’公路旁和田间不时也有老百姓走动，我又有些安下心来。”

“汽车爬缅甸坡了。快爬到坡头处，前面的卡车突然熄火抛锚，李副官从容地从小车上下来，问明情况后催促赶快发动，最后由李福下车用手柄摇，摇得满头大汗才算发动起来。在停车发动期间，我们还遇到一个背着柴的农民从坡上悠悠地走过汽车旁边，彼此也没有扯谈。总之，一切都显得十分安静，丝毫没有一点异常的征兆。爬上坡顶不久就是下坡道了，下坡车速度比较快，很快就到坡底，汽车便驶入一条狭长的地段，两辆车的距离较近。突然，在驶出弯道口处，我们发现前面岔路道心横挡着两根较大的被砍倒的树木挡住去路。我们这些跑公路的汽车驾驶人员看到这种情况都知道是不祥的征兆，赶快停下车来，不顾李副官在小车内大声喊，开门跳了下来。一瞬间，响起了一声清脆的枪声，我们 4 人迅速窜到卡车下面，用轮胎做掩护。这时枪声大作，小车是惟一的攻击目标，但片刻之后就停止了。渐渐地汽车两旁传来了很多的脚步声，继而，我们被叫出来。这时，在我们面前出现的是很多头戴五星帽的持枪的红军。当红军看到我们身着普通衣服，又问明我们是汽车工人后，叫我们站在公路旁边，并和蔼地说：‘我们是工农红军，不要害怕，我们不会伤害你们的！’我们知道是遇上了红军，紧张的心情缓和下来。这时我看到小汽车的挡风玻璃被打碎了，小车身上已是弹痕累累，李副官双手被捆着，被几位执枪的红军战士从公路的一端押走了。”

赵汝成回忆说：我们受到红军的优待，红军还每人给我们发了 5 块大洋作路费，让我们自己回家。李副官后来也被作为俘虏教育后释放了，而他到昆明见到我们，却说是“飞机来轰炸时逃跑的”。[④]

赵汝成的回忆是真实而具体的。

在红军长征过程中，中共云南地下组织——中共云南临时工作委员会于 1935 年 11 月重建和恢复，这应该说是红军长征对云南影响的一个重大事件和重要成果。

4. 红二、红六军团过滇　滇军尾追至丽江

1935 年 11 月，战斗在湘鄂川黔边的红二、六军团退出根据地，实行战略转移。红二、红六军团后来改编为红二方面军。1936 年 1 月，红二、六军团转移到乌江以西的黔西、大定、毕节地区，建立根据地，组织抗日人民武装，并建立了临时政权机构——川滇黔省革命委员会，号召各界人士与红军携手，共同打倒日本帝国主义！蒋介石又急忙调集各路大军进行防堵追击，命顾祝同以军事委员会委员长行营主任名义，来贵阳坐镇指挥；又任命龙云为“滇黔绥靖公署”主任，派孙渡第三纵队配合“中央军”追堵歼击红军。

这时的龙云左右为难，一方面对“中央军”不放心，惟恐其借机吃掉云南；另一方面对红军亦不放心，所以又追随蒋介石，派兵防堵追击红军，以此取得蒋介石的欢喜。龙云的目的，是企图借此表明自己能独立对付红军，“中央军”似没有必要进入云南。

红二、六军团在毕节地区活动时，蒋介石调集了川滇黔军及“中央军”共 6 个纵队，向红军合围。不过，各派地方军各有心计。龙云既怕中央军，又怕红军，所以把孙渡纵队的兵力全部放在云南昭通、贵州威宁地区防堵红军，企图逼迫红军北走四川。四川军人

则害怕红军北渡金沙江，与红四方面军会合，共图四川，慌忙调集10个团的兵力赶到川南和沿江地区活动、布防。中央军在蒋介石亲信顾祝同的直接指挥下企图利用川、滇严密防堵的形势，以重兵从东、南两个方面将红二、六军团压迫在金沙江以南、以东地区，加以歼灭。

红二、六军团鉴于形势严重：向西行进，有孙渡纵队在昭通、威宁地区防堵；向西北走，有川军重兵沿金沙江设防；向东南走，有中央军追击；停留下来，又有可能让敌军合围。为此，红二、六军团决定采取回旋打圈的战术，来对付前堵后追的敌人，遂向西北云南彝良县奎香地区转进，利用乌蒙山与敌人周旋，尽力将围追的敌军向北调动，以敞开南面或东西的通路，再乘虚摆脱敌人，南进滇东地区。从此，红二、六军团开始了长征途中艰难曲折的乌蒙山回旋战。

1936年2月19日，红军进抵野马川，转入滇东。3月5日，进入乌蒙山区，在乌蒙山区来往回旋，机动灵活，把敌人拖得疲乏不堪。红军急速地从昭通、威宁间，穿过孙渡纵队的防线，于3月22日，进抵宣威来宾铺地区，中央军被甩在乌蒙山区，无法追上红军。龙云急令在东川方向追堵红军的滇军刘正富旅，迅速折回宣威。3月23日，红军与刘正富旅在宣威来宾铺、虎头山一带发生战斗，双方激战竟日。红军多次击溃滇军的进攻，歼敌近千名，缴获轻、重机枪和步枪400余支。接着，滇军孙渡纵队及中央军郭汝栋纵队赶到宣威，在敌人不断增兵的情况下，红军主动撤出了战斗，结束了历时20余天、转战千里的乌蒙山回旋战。

宣威虎头山战斗结束后，红二、六军团转移到贵州盘县，决定北渡金沙江，与红四方面军共同北上，会合中央红军，迎接全国抗日民族解放运动的新高潮。3月底，红军离开盘县，进入云南，开始了以抢渡金沙江为目标的战略转移。红军经富源、寻甸等地，向昆明附近的富民县方向前进，途经寻甸六甲地区时，与孙渡纵队发生遭遇战，粉碎敌人10多次的冲锋，歼敌700余人，为深入云南腹地创造了条件。

4 月 5 日，蒋介石任命龙云为“滇黔剿共军总司令”，电令入滇各军统一归龙云指挥。4 月 11 日，红军前卫攻占了距昆明 40 余里的富民后，乘敌回守昆明之际，横渡普渡河，分两批向滇西挺进，先后经过牟定、姚安、盐丰、宾川及楚雄、南华、祥云等地，于 4 月 24 日进入滇西重镇丽江城。第二天红军赶到石鼓，石鼓是金沙江上游的重要渡口。这一带水深流急，江面宽阔，地势险要。红军在石鼓至巨甸 100 多里的江面上，分别在 5 个渡口抢渡过江。渡江后，红军翻越大雪山，于 4 月 30 日到达中甸，稍作休息后于 5 月 5 日离开中甸北上。同年 7 月 2 日，到达甘孜，与红四方面军会合。在甘孜，红二、六军团改编为红二方面军。于是，红二、四方面军，共同北上，于同年 10 月在会宁地区与红一方面军胜利会师。

滇军孙渡纵队尾追红军至丽江，红军已由石鼓等渡口渡过金沙江，孙渡纵队遂自动停止尾追。加上全国形势的变化，蒋介石遂将中央军调出云南。红军过云南，为云南人民革命斗争写下了新的篇章，也对云南后来的历史发展产生了重要影响。

参考文献

①孙渡：《滇军入黔防堵中央红军长征亲历记》，见《红军滇黔驰骋史料总汇》中集，第二分册第 1903—1904 页，军事科学出版社 1990 年第 1 版。

②《访张渔村记录稿》（1999 年 8 月 12 日），未刊稿。

③马子华：《一个幕僚眼中的云南王——龙云》第 47—48 页，云南美术出版社 1994 年版。

④赵汝成口述、赵汝能整理：《关于“龙云献地图”的回忆》，见《风雨忆当年》上册，第 56—64 页，云南美术出版社 1997 年版。又据王清波：《被隐没的中共高级特工卢志英事迹考略》说，这个薛岳的李副官，很可能是中共高级特工卢志英。“龙云献图”，就是卢志英与龙云敲定的。见《中华读书报》2011 年 7 月 13 日第 5—7 页。

十　出师抗战

(1937—1938 年)

1. 六十军云南组建 为抗日奔赴前线

1937 年“七七”事变后，日本大举向我华北、华东地区进攻，中国人民全面抗日战争开始。7 月 8 日，中共中央发出《中国共产党为日军进攻卢沟桥通电》，号召全国各族人民和革命军队团结起来，进行全民抗战。7 月 15 日，中共中央将《中国共产党为日军进攻卢沟桥通电》交给国民党中央，提出国共两党团结抗日，实现民主政治。蒋介石在中国共产党的督促和全国抗日救亡运动高涨的形势下，于 7 月 17 日在江西庐山发表谈话，宣布对日抗战，并决定召开“国防会议”，要求各省军政长官及有关方面人士参加，商议出兵抗日大计。

8 月 9 日，龙云乘坐欧亚航空公司包机在西安停留，经陕西省政府主席、西安行营主任蒋鼎文的介绍，龙云与中共负责人周恩来、朱德、叶剑英同机飞往南京出席国防会议。在南京期间，朱德、叶剑英曾与龙云交谈。

朱说：“云南可以出兵二三十万人吗？”

龙答：“要看军事发展而定。”并问朱：“这次抗日，政府给了你们些什么武器？”

朱答：“我们只要轻武器。”

龙问：“有没有大炮？”

朱答：“大炮运动不方便，我们打游击，不要大炮。”

龙说：“我想派一些干部到你们那里学打游击，好吗？”

朱答：“打游击要长时间才学得到经验，时间短是不行的。”

龙又问：“以后我们如何联系？”

朱答：“用无线电联系。”

龙云给了朱德一册密码。朱德的秘书看后说：“这密码不好，容易泄密。”朱请龙云的秘书和他自己的秘书另编。龙云答复说：“不必研究了，我的秘书没有这方面的经验，完全由你的秘书编好，给

持長期抗戰爭……後勝利
本省動員廿萬雄兵
凡現職軍人在此期間一律準備調用
咨請省黨部組織第二期女子服務團
製定抗日陣亡表忠牌優待直系親屬
增設撫邮部專辦戰後撫邮

抗战初云南报刊之报道

我一份就行了。”密码编好后，朱德给龙云送了一份。后来龙云回昆明，与延安方面的电台联系，就是用的这本密码。①

关于这次见面、谈话，龙云曾对其亲信马铃（曾任龙云第五军参谋长，后任云南全省团务督练处长）说：“我到南京开会，路过陕西，陕西省主席蒋鼎文招待早餐，并介绍中共领导人周恩来、朱德、叶剑英搭我的专机到南京开会。还同朱德、叶剑英在汤山休息，同窗旧友，促膝谈心。朱和我谈到中共中央坚持抗日民族统一战线、团结御侮的决心，还要我转告在滇讲武堂同学，共赴国难，自有出路。我们还编了密码，以后可用无线电联系。这使我对中共抗战决心，深为感动。以往中央宣传说，‘中共借抗日之名，行割据之实’，纯系诬蔑，不可相信。真是‘与君一席话，胜读十年书’。”这表明龙云思想已有了重要变化。②

龙云在国防会议上表示，即派一个军出滇抗战，以后视情况将再派军出滇。龙云对记者谈话说，要尽地方所有人力财力贡献国家，以救危亡；同时提出建议，修筑滇缅公路和滇缅铁路，以作预备。

龙云回昆后，拨款新滇币 1 万元，仅用 28 天，将云南现有的 6 个旅及有关部队组成一个军，作为第一支出征部队，开赴前线杀敌。这支部队的番号为陆军第六十军，以卢汉为军长、编制及团以上任职名单如下：

军长	卢汉
参谋长	赵锦雯
第 182 师师长	安恩溥
第 539 旅旅长	高振鸿
第 1077 团团长	余建勋
第 1078 团团长	董文英
第 540 旅旅长	郭建臣
第 1079 团团长	杨炳麟
第 1080 团团长	龙云阶
第 183 师师长	高荫槐
第 541 旅旅长	杨宏光
第 1081 团团长	潘朔端
第 1082 团团长	严家训
第 542 旅旅长	陈钟书

龙云（前排左四）与滇军将领合影

第 1083 团团长　莫肇衡
第 1084 团团长　常子华
第 184 师师长　张冲（兼副军长）
第 543 旅旅长　万保邦
第 1085 团团长　曾泽生
第 1086 团团长　杨洪元
第 544 旅旅长　王秉璋
第 1087 团团长　王开宇
第 1088 团团长　邱秉常

此外，军部尚有直属机关、一个直属炮兵团和一个战地服务团。全军官兵约 4 万人。

卢汉（1895—1974），原名邦汉，字永衡，彝族，云南昭通人，是龙云的表弟。云南陆军讲武堂第 4 期毕业后即在滇军任职，一直追随龙云，先后任排长、营长、团长、师长、旅长、全省督练处长等职，抗战开始任六十军军长，是滇军中著名的战将。

10 月 5 日，六十军在昆明巫家坝举行隆重的誓师出征大会，各族

抗战时期的滇军

人民献旗欢送，异常热烈。在誓师出征大会上，群众高呼："卢军长，打！三师长，杀！杀！杀！誓灭倭寇，保卫祖国！"卢汉军长郑重宣誓："以牺牲的决心，作破釜沉舟的抗战！"誓师会后，部队即向贵州进发，官兵们长途跋涉 2000 公里，步行 40 余日，奉命抵达长沙。

蒋介石对这支滇军颇为重视，即命调往前线，保卫南京。11 月中旬，六十军由长江登车，经粤汉路、浙赣路开往浙江，先头部队已接近金华、衢州，而杭州、南京先后沦陷。部队乃奉命返回武汉待命，于 1938 年元旦抵达武昌，旋又奉命赴孝感、花园、武胜关一带整训。

云南部队武器精良，军容整齐，军纪也较好，在当时国民党系统的部队中是比较突出的，较引人注目。为此，蒋介石特命滇军在武汉去孝感、花园、武胜关一带整训前，将整齐的队伍，从江汉码头过渡后，顺江口繁盛市区绕行一周，以显示军威和力量，表示我国尚有如此训练有素的军队可投入战斗，以安定民心。蒋介石嫡系亲信杜聿明就说："'中央军'同这支'云南军'比起来，军容上似有逊色。"[③]又据云南著名人士缪云台回忆，龙云主政云南以后，"经过十年努力，到抗战时期，滇军素质已成为全国之冠"[④]。而德国军事顾问在参观了滇军在汉口的游行后，也对蒋介石说："卢汉率领的滇军是中国最精锐、最有力的部队！"这些评价，反映了这一时期滇军的基本面貌。所以，蒋介石对这支部队寄予很大的希望，特调六十军团以上军官到武昌珞珈山军官训练团训练，并同意将六十军编为特种军编制，扩大军部及直属队，增编 3 个补充团，拨给 20 辆运输车；又以撤退到武汉的苏州博爱医院全体医护人员编为军政部第 166 后方医院，专门配给六十军；拨给补充手枪 500 支，子弹 10 万发，发给军部特别费 10 万元（后又追加 3 万元）。所有三个师的人事、经理，概由军部统筹办理。蒋介石如此重视这支非嫡系部队，即使是形势所逼，也是罕见的，当然他也有自己的算盘。

卢汉六十军部分将领，在驻孝感期间，与中国共产党及其领导的抗日救亡团体、进步民主人士有所接触。第 184 师师长张冲，在部队行经武汉时，便与八路军驻武汉办事处建立了关系，并在叶剑英、罗炳辉的关心下，吸收了一批共产党员和进步青年到184师工作。这些共产党员在184师建立了党的支部，掌握了184师政治部，在滇军中广泛开展抗日宣传工作。张冲本人甚至还曾提出加入中国共产党的要求，鉴于当时的形势，周恩来、叶剑英的意见是："暂时留在党外，可以更好地多做工作。"张冲加入共产党的要求才暂时没有提到日程。[5]

张冲（1901—1980），原名绍禹，字云鹏，彝族，云南泸西（今属弥勒）人。早年不堪忍受残酷的压迫，遂揭竿而起，富有正义感，后为唐继尧招安，先后任支队长、团长，1927年后支持龙云，任旅长、师长等职。

1938年初，昆明组织一个第六十军战地服务团到武汉进行慰问，对六十军官兵是一个很大的鼓舞。服务团通过卢汉，特别邀请作曲家冼星海、任光及女诗人安娥等人，教唱革命歌曲，冼星海还谱写了一首军歌——《六十军军歌》，很受官兵们的欢迎。不论在驻地或行军时，或战场上，常常听见"云南是六十军的故乡，六十军是保卫中华的武装"的歌声，雄壮有力，撼人肺腑。歌词如下：

我们来自云南起义的伟大的地方，
走过崇山峻岭，
开到了抗敌的战场。
兄弟们用血肉争取民族的解放，
发扬我们护国、靖国的荣光！
不能任敌人横行在我们的国土，
不能任敌机在我们的领空翱翔。
云南是六十军的故乡，
六十军是保卫中华的武装！
云南是六十军的故乡，
六十军是保卫中华的武装！[6]

2. 赴徐州滇军奉命　战日寇初试锋芒

到 1938 年春，全面抗战开始仅半年左右，整个华北沦于敌手，华东地区的国民党军队也节节败退。日寇占领南京后气焰更加嚣张，进逼徐州。徐州是津浦铁路和陇海铁路的枢纽，扼江苏、山东、安徽、河南四省要冲，是中原和武汉的重要屏障，地势重要。日军于 1938 年 3 月下旬对徐州地区发动了新的进攻，台儿庄是进攻的重点。于是抗战初期著名的徐州会战（又称台儿庄战役或鲁南战役）爆发了。

徐州会战分为两个阶段，第一阶段进行了一个月左右，双方共投入兵力 20 余万人。这次战役，中国方面取得了重大胜利，共歼敌 11984 人，中国军队损失 19500 人。这就是著名的“台儿庄大捷”，日军全面侵华以来首次遭到最为严重的损失。这一阶段滇军尚未投入战斗。

4 月 8 日以后，徐州会战转入第二阶段。日军为迅速消灭中国主力，乃调集 13 个师团共 30 余万人兵力，分六路向徐州进行大包围，企图歼灭以李宗仁为首的五战区野战军。日军这次抽调的都是在中国的精锐部队，配备有各种重型武器。蒋介石方面也调来了大批精锐部队，计 64 个师又 3 个旅，共 60 余万人。卢汉所率六十军在这种情况下，奉命向鲁南集中，归第五战区司令长官李宗仁指挥，准备投入战斗。李宗仁又命六十军归第二十六集团军总司令孙连仲指挥。

1938 年 4 月 21 日，卢汉率六十军抵达徐州。李宗仁要求六十军于 4 月 24 前集结完毕，然而当六十军正通过运河，向指定地点集中，尚未站住脚跟，工事亦尚未挖好，日军板垣、矶谷两个师团中的两个联队 5000 人，于 4 月 22 日即乘虚而入，携带炮 30 余门、坦克 20 辆，向缺口处猛冲，用大炮、焰霰弹、机关枪等向六十军阵地密集轰炸和扫射。六十军虽然仓促应战，但士气顽强。

1937 年 10 月 6 日，六十军出征军将领合影

日军首先与 183 师杨宏光旅发生接触。杨宏光旅潘朔端团尹国华营与南下之日军先遭遇于陈瓦房、五圣堂、邢家楼等地区。当敌人先头部队一个大队的搜索小队进入陈瓦房，向尹国华营尖兵射击，尹国华立即率尖兵连奋勇地以火力消灭了陈瓦房的小股敌军，抢占了陈瓦房。敌军后续部队蜂拥而至，坦克七八辆伴随步兵将陈瓦房包围，以坦克火力掩护反扑。尹营进入陈瓦房后，拒敌前进，使后续部队得以展开。敌军则以坦克火力掩护，由四面向陈瓦房逼近，尹营官兵与敌激战，反复肉搏。团长潘朔端率一营前往增援。敌军一面以炮火拦阻我增援部队前进，一面派部队绕过陈瓦房，直犯小庄。潘朔端团与敌在小庄附近激战。敌军攻势甚猛，进占陈瓦房后强化了对小庄的攻击，团长潘朔端负伤，副团长黄云龙阵亡。当敌人冲进陈瓦房后，尹国华营官兵与四面冲入之敌白刃争夺，奋不顾身，营长亦阵亡。战至最后，只剩十余人，由班长带领向西南突围，

在村边又遭敌军追击，最后仅一人生还。军长卢汉也大为感叹地说：“全营五百余人壮烈殉国。在这一遭遇战中，由于尹营坚决果敢地阻止敌军，赢得了全军备战的时间，在整个战斗中，起了很大的作用。”⑦

陈瓦房遭遇的同时，邢家楼、五圣堂地区相继展开战斗，我183师陈钟书旅奋勇前进，抢占了邢家楼、五圣堂，经过反复肉搏，稳住了阵地。陈钟书亲临前线，指挥部队猛烈冲杀，进入敌阵，与敌短兵相接，敌人纷纷向后溃退。此时忽有敌军骑兵一部，绕至我军左翼，向我袭击，击中陈钟书头部，陈伤重牺牲。

敌占领小庄后，又向我集结于蒲汪、辛庄、戴庄、后堡地区之郭建臣旅猛烈轰击。杨炳麟团、龙云阶团与敌人激战，敌以坦克掩护步兵猛扑，被我击退，团长杨炳麟负伤。

经过两天战斗后，卢汉深深感到，敌人主动进攻，我军是固守阻击，但地形开阔，有利于敌人机械化部队活动；而我军只有步兵轻重武器，且阵地平坦，不易防守。这样，一方面通令各师要加强工事，坚守阵地；另一方面又请第五战区长官部配备重型武器，长官部调拨炮十六团来前线，配合作战。

183师在4月22日、23日战斗中，损失严重，师长高荫槐向军部呼救，要求增援。六十军军部乃令184师增援，张冲即命王秉章旅长率1087团火速增援，张冲本人带领特务连一个排赶到183师师部，与高荫槐协商作战。

4月23日晚，战局转入相持。我军与敌形成了左起台儿庄东北之陶桥沟、马家窑、李庄、五圣堂、邢家楼、五窑路，右至辛庄、蒲汪、西黄石山之线的第一线阵地，与敌犬牙交错的状态中对峙。相持中仍有激烈的战斗。

4月24日晨，敌军向我第一线进犯，先以飞机轰炸，继以大炮向五圣堂、邢家楼、五窑路、辛庄、蒲汪我阵地猛烈轰击，再以坦克30多辆掩护步兵冲锋。我军隐蔽在村前工事内不动声色，待敌坦克、步兵临近我军阵地时，即一跃而起，发动冲锋，使敌陷于被动，毁敌坦克9辆，有5辆坦克起火。在激烈战斗中，1084团团长常子华负伤，1080团团长龙云阶牺牲。

4月25日晨，敌出动飞机10余架，对我军工事逐点轰炸，继以坦克掩护步兵，与我军逐村争夺，第一线不守，乃撤至第二线，继续进行抵抗。26日，我军主动出击，为敌火力所阻。敌继续派出步兵、坦克、炮兵联合向我进攻，由于我军火力改善，向敌猛冲，敌之9辆坦克，5辆被我炮火击退，4辆慌忙后退。傍晚，敌发炮5000多发，持续一个小时轰炸我东庄、火石埠阵地，守军1082团团长严家训为炮弹击中，伤重牺牲。在肉搏中，1083团团长莫肇衡中弹倒地，后送回医院途中，以衣溅血书“壮志未酬身先死”7个大字于道旁石头上，旋即牺牲。当夜，敌人伪军化装成滇军后冲入湖山，守军1078团团长董文英在与敌力战中死亡，代理团长陈浩如率部救援，又阵亡。

4月27日，敌军调集兵力向台儿庄正面之东庄、火石埠继续进攻，企图中央突破，直取台儿庄，但遭我军反击，双方展开肉搏战，敌人约一个大队几乎全部被消灭。敌人正面突破台儿庄之计不得逞，于是又改变进攻方向，集中全力，重点指向禹王山，企图一举攻占禹王山，切断陇海铁路，直取徐州。

从4月22日到4月27日的六天中，滇军在台儿庄地区，英勇顽强，打击了敌寇的嚣张气焰。虽然损失惨重，却为祖国争了光。滇军在前线英勇作战，令日军胆寒，被日军称为“南蛮兵”“猴子军”。所谓“猴子军”，是指滇军战士像猴子一样机灵，成串地爬上敌人坦克，揭开手榴弹，往坦克孔里塞；瞭望孔封闭严密，手榴弹塞不进去，不断有人从坦克上滚下来，不断又有人爬上去；最后有几个战士，拿集束榴弹爬滚到坦克面前，与坦克同归于尽。滇军战士不怕死的战斗精神，足以威慑敌胆，敌人乃称滇军为“猴子军”。台儿庄战役，滇军初试了锋芒，大显了身手。

3. 滇军战史一丰碑　艰苦奋战禹王山

禹王山是台儿庄地区的制高点，是座肘形的石头山，大运河距禹王山约400米。它在运河东岸、台儿庄东南端，东北是湖山、锅山，北面是邢家楼、五圣堂阵地，俯瞰我军全部阵地，是这一地区我军惟一可以凭据固守的战略要地。一旦禹王山失守，六十军阵地的各个地方就完全暴露在敌军炮火之下，徐州也将受到严重威胁。能否守住禹王山，就成了能否在台儿庄地区坚持下去的重要一环。六十军曾要求把禹王山划给自己作为阵地，但蒋介石未同意。4月26日夜，卢汉再次向孙连仲提出，禹王山得失，关系重大，请另派部队接替六十军184师在台儿庄的防守任务，由184师进驻禹王山。孙连仲报李宗仁，李宗仁同意由184师一个团留守台儿庄，主力则转移到禹王山阵地。26日深夜，卢汉发出了将184师主力转移到禹王山的命令，鉴于禹王山地质系碎石岩，挖掘战壕不易，乃向战区长官部索要麻袋二万条，堆砌胸墙，加强防御工事。

恰在此时，日军把主要进攻矛头指向182师阵地，182师被压缩到禹王山下。184师师长张冲接到命令，增援182师，并进占禹王山。张冲命令1088团团长邱秉常部作预备队，留守台儿庄；命1086团团长杨洪元、1087团团长王开宇、1085团团长曾泽生部先后驰往禹王山，布置一、二、三道防线，支援182师，张冲自己带领一个特务排直奔禹王山阵地。日军先到一步，已控制禹王山，张冲下达命令，不惜任何牺牲，一定要夺回禹王山。山头上的敌人用机枪、大炮、步枪扫射和轰击，阻止我进攻部队，还发射一串烟幕弹，阵地上浓烟滚滚，迷雾满天，日军枪上刺刀正准备冲杀下来，利用有利地形，优势兵力，企图歼灭我进攻部队。忽然刮起了一阵猛烈的东南风，把烟雾刮向敌方阵地。张冲抓住这个奇迹般的瞬间，命令吹响了向敌拼搏的冲锋号，一鼓作气，攻上了禹王山。

张冲向卢汉报告，184师收复了禹王山。卢汉用望远镜观察，禹王山高点上还插着一面膏药旗，上边还驻着一个小分队，遂警告张冲。张冲二话不说，立即回答："那是残余部分，我马上就加以消灭。"张冲来到王开宇团指挥所，命令从各营连挑选敢死队，冲上制高点，歼敌夺旗。他对敢死队宣布三条：第一，歼灭敌人，夺下敌旗，官升三级，赏银500元。第二，"敢死"志在必胜，不惜牺牲报国，但勇敢还要机智，利用军事技术，接近敌人，发起冲锋。第三，为掩护敢死队，用迫击炮开路。王开宇开路，他的警卫员冲在最前面，一阵串手榴弹甩了出去，敢死队乘机冲上了制高点，全歼了敌人。卢汉从望远镜中看到敌旗被炸倒后，电话里响起了他的声音："传令嘉奖！"张冲兑现了诺言：晋级、荣誉、奖金。

从4月27日以后，六十军全军阵地形成以禹王山为中心，由东庄、火石埠、李家圩、禹王山、枣庄营及其以东的第一道防线，和赵村、赵家渡口、古梁王城、房庄、胜阳山、亘珈河西岸三线的第二道防线，两线之间尚有一部分中间阵地，左、右两翼又有台儿庄、西黄石山两个有力据点为依据的全军阵地带。

张冲登上禹王山顶，四处观察，隐约看到敌军汽车正向禹王山侧丛林来回奔驰，有若穿梭，片刻不停。他细心观察发现，来时汽车速度较慢，去时汽车速度较快。分析敌情认为，敌人正在运送兵员、弹药，所以来时车辆满载速度慢，去时系空车速度快，禹王山已成双方必争的焦点，恶战即将发生。张冲根据这一判断，一面报告军部，一面作了相应的准备。

184师抓紧在禹王山挖战壕，堆掩体，修交通壕，排连长和士兵战斗在第一线，营长的位置紧挨着第一线，团长和旅长的指挥所连接连、营和师部。张冲的师部设在一个被雨水冲刷出的小夹沟里，离前线只有一箭之地。事实上，师、旅、团、营、连长和士兵都共同地战斗在第一线，生死相依，患难与共。

狡猾的敌人利用敌我犬牙交错的阵势，派出一个敢死小分队，于4月27日夜间摸进了二营阵地，用刺刀捅死了我副营长，杀死了三个官兵，筑起了工事，准备从阵地后方打击我前方阵地。可是，师指挥部还不知道这个复杂的情况，给这个副营长打电话，摇了半天得不到回音，当时估计，一可能是他查哨督战去了，二可能是电话被炮火或敌军破坏。于是，决定派传令兵，到掩护部传达命令，同时派查线兵查找线路，但传令兵去后杳无消息，查线兵也没有下落。再派第二个传令兵，但也去而不返。团长杨洪元估计事情不妙，遂派了一个班，匍匐搜索前进，敌人发现开了火。该班一面开火还击，一面派人回来报告："阵地后方潜入了敌人，副营长、传令兵，查线兵都被敌人刺刀捅死。"

张冲接到报告后，通知前线各部队加强警卫，防备敌人腹背进击，同时加固工事，四面包围，等待命令出击。张冲思考了几种方案，一用沙包从山上、下、左、右向敌工事慢慢推进，沙包上架机枪，用强烈火力袭击敌人。但沙包向下好滚，向上困难，左右滚也很吃力，敌人军事技术好，我方很难避免伤亡。再一个办法，最好兵不血刃，用迫击炮歼敌。他叫来神炮手连长，询问有无把握，因为如炮弹有偏差，就要落到自家的阵地上，自己人就会遭殃。双方的阵地犬牙交错，靠得太近了。连长虽无绝对把握，却仍点头答应了。

连长回到连队，进入发射阵地，在四面旗语指挥下，用望远镜精确测量了距离和方位角，再三作了仔细校正，才下达了放的口令，轰然一响，弹落敌阵，准确无误，敌人尸体抛到空中又落了下来。张冲唯恐杀敌不尽，叫四门炮再向周围扩大一点。炮火轰击后，士兵们向敌工事跃进检查，敌人小分队人员基本炸死，几个尚未死的也被冲进的士兵捅死。这次战斗，消灭敌军50人，缴获机枪4挺、步枪40支、指挥刀1把和其他战利品。

4月28日起，战斗进入到禹王山主阵地带的阻击战。当夜敌军一个大队，配以坦克、骑兵，沿着大小杨村、湖山、窝山向李家圩、禹王山进犯，来势汹汹。我军奋起迎击，战斗激烈。敌军连续冲锋，一部已登上山顶。张冲部544旅旅长王秉璋率士兵发起反冲锋，胸部为敌弹打穿，负伤坚持战斗，终于将窜至山顶之敌人大部歼灭，其余纷纷后退。

王秉璋，外号“大军人”，保定军官学校毕业，治军甚严。禹王山战斗中，身受重伤，直到收复阵地后才下山。他手缠绷带，胸裹伤包，伤口还在淌血，不用人搀扶，找到师指挥所，向张冲立正敬礼。虽流血较多，脸色泛白，但严容肃气，挺胸笔立，一如往昔。张冲派人送他下山，他坚持不用，说：“送我一人，阵地上又少了一个战士。”在这场战斗中，张冲部1085团曾泽生部的营长何起龙（张冲的外甥），在李家圩激战中英勇牺牲。

4月29日，敌军集中主力向禹王山大举进犯，543旅旅长万保邦部首当其冲，张冲把师指挥部设在禹王山西南坡上，表示与阵地共存亡的决心。是日凌晨，敌军先以飞机侦察，接着在蒲汪炮兵阵地上空升起气球，指挥炮兵向我禹王山阵地轰击，然后出动步兵、骑兵、坦克联合向我进攻。当敌军开始炮击时，我军在车辐山的重炮营立即对敌人的炮兵位置进行压制射击，同时在半接楼之野炮营也以猛烈的火力封锁敌兵的进攻要道。这时战防炮亦在禹王山前沿阵地控制敌坦克的活动。疯狂的敌人仍冒死前进，像野牛一样一群群地向我阵地冲来。我守军坚决迎击，先以步机枪，继以手榴弹，最后展开白刃战，把进犯敌人大部消灭在我阵地前面。可是敌人对禹王山死不甘心，头一股被击败了，第二股又继续进犯，我军前赴后继，负伤不下火线，工事随毁随修。第一线突破了，退到第二线继续抵抗，等援兵到来，又举行反攻，把失去的第一线阵地再夺回来。东庄、火石埠附近战事甚为激烈，尘土腾空，不见天日，整个东庄被夷为平地。

就在这一天，卢汉向李宗仁密电报告，并转蒋介石电称：“养日（22日）10时，不期与敌主力在陈瓦房、五圣堂、李庄等处遭遇。因未及构筑工事，遂以血肉与炮火猛搏。至漾日（23日）15时，183师牺牲甚巨，迭克黄庄、庄场、车墩等处。由漾及感（27日），除184师一部守备台儿庄外，其余协同182、183两师与敌在耿庄、小庄、五圣堂、肖汪、五窑路、辛庄、戴庄、后堡、杨庄、胡山、锅山等地反复争夺不知凡几，每一阵地失去官兵均少生还。182师固守蒲汪伤亡奇重。一周以来艰苦奋斗，未尝稍馁，惟兵力损失不敷部署。截至本日6时止，阵亡旅长一、团长四、代团长一，伤旅长一、团长四、代团长一；团副、营长以下伤亡尤重。182、183两师战斗员均不满千，184师不足四分之三，详数续报。查职军连日全线被敌主力猛攻，经职军坚强反击，毙敌五千以上，而职军损失近万人。现存禹王山、大石埠两点争夺最烈。”⑧

也就在这一天，蒋介石、孙连仲连电卢汉，对六十军战绩表示嘉奖。蒋介石电文说：“台儿庄卢军长：贵部英勇奋斗，嘉慰良深。查敌之苦困缺乏，较我尤甚，盼鼓舞所部，继续努力，压倒倭寇，以示国威。”孙连仲电文说：“贵军此次台儿庄附近集中之际，仓促遭敌主力，于大平原中，以血肉之躯与敌机械化部队艰苦奋战。前赴后继，鏖战八昼夜。初不以伤亡惨重稍形气馁，不惟使台儿庄固如磐石，仰且使抗战大局转危为安。忠勇奋发，足资楷模！惟敌人犹作困兽之斗，尚望激励所部，积极加强工事，以完成聚歼大计，是为至盼。”⑨

4月30日，战事仍很紧张，我第一道防线被敌军突破，第二道防线也局部动摇，炮兵又向我后方延伸射击。第543旅旅长万保邦估计敌人进攻大部会集中在大小场村地方，立刻指挥所有炮兵集中轰击。敌人未曾预料到，大部被我歼灭，我失去的阵地又再夺回。这样战斗了三天，敌人的进攻遭到失败。于是敌人改变战法，白天以飞机轰炸扫射，夜间发动强袭。张冲看出了敌人的动态，重新做了部署，命我炮兵将全部火力集中于禹王山前沿阵地之前和敌人必经之路，俟夜袭敌人到达了测定好的火力地带，即一齐猛射，敌人伤亡惨重。炮击停止之后，我步兵又进行猛烈反击，使敌人的夜间强袭又遭失败。经过三天两夜的苦战，敌人遭受了在鲁南战役中最惨重的损失。

到5月3日以后，双方保持对峙局面。由于滇军捷报不断传来，蒋介石先后三次特电嘉奖慰问。

5月3日以后，台儿庄战役虽然处于相峙状态，然而战争还是激烈的。5月4日以后几天，敌军猛烈的炮火变成骚扰性、迷惑性的轰击。根据敌情变化，六十军估计：（一）敌军可能从鲁西向我军实行大迂回、大包围，并截断我军后方供应线；（二）日军准备实行夜战，偷袭我军；（三）敌军主力部队转移，用炮火牵制、吸引住我军。为此应采取相应措施：（一）命令部队夜间加强戒备，以防日军偷袭——摸夜螺蛳，因为曾有过这样的经验教训；（二）组成4股部队，由迫击炮一门、轻机枪一挺、步枪三十五支等装备组成。在我军火力接应的范围以内，袭击、骚扰敌人，侦察敌军动向和其他情况。

六十军在禹王山20多天的日日夜夜的战斗，粉碎了敌人渡过运河威胁徐州的企图，给敌人以沉重打击，使敌人伤亡甚大，滇军缴获亦甚多。日本报纸也不得不承认，这是“自‘九一八’以来，遇到滇军猛烈冲锋，实为罕见”。[10]日日夜夜连续作战20多天的禹王山战役，取得了重大胜利。

据统计，滇军六十军约4万人，实际投入战斗者为35123人，伤亡达18844人，营连排长亦伤亡过半，旅团长伤亡在10人以上。六十军密切配合徐州战区长官部的战役组织，不仅粉碎了敌人由台儿庄直下徐州的企图，牵制着敌精锐师团；也掩护了我军主力部队的机动转移，为我军数十万人的大部队迅速跳出敌人包围赢得了宝贵的时间。禹王山——徐州会战第二阶段争夺，是一场艰难困苦的战斗。它充分显示了民族精神，是滇军战史上的一座丰碑。

4. 形势变徐州突围　再派军支援抗战

徐州会战（台儿庄战役）前后两次，都取得了重大胜利。日寇攻下台儿庄直下徐州的企图，未能达到，乃改变作战计划，以主力从津浦铁路南北两段包围徐州，向徐州大迂回，妄图一举歼灭我徐州地区数十万军队。1938年5月17日、18日，津浦路北段之柳泉车站，南段之宿州，陇海线东段之红花铺车站为日军侵占。19日，陇海路西段至黄口车站沦陷，徐州东西南北火车线都已截断，日军对徐州的大包围已经形成。蒋介石见局势急转直下，死守徐州已无必要，遂下令鲁南各军于5月18日向西南方向撤退。

鲁南各军撤退时，李宗仁、孙连仲则命令六十军护后，在徐州以东40华里之汪庄集待命，我军于徐州不守时，即进行游击战争。尽管六十军减员过半，疲劳过甚，卢汉仍执行命令，指挥部队向汪庄和徐州城前进。19日晨，卢汉在徐州巡察，发现长官部“空无一人”，所有部队除六十军外都已撤走。卢汉质问孙连仲，“现在鲁南的大部队都自动撤完，已再无掩护的必要”，为何只要滇军在此待命，意图如何？孙连仲无话可说，只好同意滇军“随大部队之后撤退”。当日，六十军最后撤出徐州，第二天（5月20日）日军即占领了徐州。

六十军事实上是在极其危险而混乱的条件下，最后突围撤出徐州的。卢汉将六十军调整为5个团（因减员太多），以万保邦旅长率三个团为前卫；军指挥所及配属炮兵各单位参谋、后勤为本队；师长张冲率两个团为后卫，沿徐宿公路南撤，然后向西永城方向突围。部队撤退突围过程中，敌机飞来袭扰，且行且止。深夜（凌晨）1时许，队伍抵达津浦路夹沟车站附近闵贤集。夹沟是咽喉之地，受到敌机轰炸和炮击，各部官兵又有伤亡，局面混乱。一支北方部队的官兵随便抢劫百姓，其中有人抢了老百姓的毛驴骑着走，老百姓在后面追着要毛驴。张冲看到后，厉声斥责：“打了败仗，还要抢老百姓的东西！”准备制止，骑在毛驴背上的排长，竟然端起枪来向张冲瞄准，张冲一面说：“我是师长，你敢打？”一面掏出手枪射击，那人应声倒下。张冲的警卫员却被那人开枪打坏了一只眼睛。

5月21日部队到达柳村，渡过河滩，汇集于濉溪口，适逢于学忠的东北军、张自忠的西北军、孙震的川军、李仙洲的中央军、廖磊的桂军都挤在这里，无统一指挥，好像一群群野马乱奔乱突，一遇敌机轰炸，更乱成一团。卢汉整顿部队前进至铁佛寺附近，时已深夜，遂发生一场混战。各部士兵以为敌兵追到，拿起枪来，乱打乱放，人喊马嘶，人踏马踩，造成很大混乱。张冲冷静仔细听了枪声，发觉都是汉阳兵工厂所造枪的枪声，就叫号兵吹号联系，乃化险为夷，受了一场虚惊。然而这场虚惊之后，卢汉、万保邦所率三个团与张冲所率两个团失掉了联系。卢汉所率三个团直接往永城前进，张冲所率两个团则经历了更艰难的历程。

张冲率两个团渡过浍河，经临涣集、龙山集向涡阳突围，于5月24日进入涡阳境。其时，涡阳已为日军占领，由此通往河南孔道上之丹城集，日军利用蒋介石在内战时筑的碉堡，严阵以待。张冲先头部队进入敌人火网射线时，密集的炮火一齐飞来，部队受阻。张冲上前线观察敌人火力点，然后命令在铁佛寺大混乱之后，在高村收容的炮十六团野炮一个营及炮十二团野炮一个连，在距敌1200米处，直接瞄准碉堡，一连发射19发炮弹。炮弹连连命中，摧毁了敌人的据点。在交火中，营长者朝宽、赵彬阵亡，但杀伤了大量敌人，两个团得以冲出界首，于周家口与卢汉所部会合。6月1日，滇军抵达漯河。由于张冲部在突围中，把难以带走的重炮也带了出来，再次受到大本营的嘉奖。

全军突围成功，平安转移，突围中损失甚小。六十军由漯河车站乘车南下至孝感，再经黄陂到麻城，部队在这里休息、整顿和总结。卢汉将六十军三个师改编为一个师，即184师，仍以张冲为师长，下设两个旅，以万保邦、肖本元为旅长；四个团，以曾泽生、杨洪元，余建勋、邱秉常为团长。

六十军在台儿庄战役中打出了威风，再次显现了“滇军精锐，冠于全国”的气概，被称为“国之劲旅”。为了纪念台儿庄滇军的胜利，悼念壮烈牺牲的六十军抗日将士，1938年10月10日在昆明举行了隆重的追悼大会，省政府主席龙云含泪致祭。会后，数万人举行大游行，表示“誓以热血共复国仇！”大会同时在《为追悼六十军阵亡将士——告云南民众书》中写道：“自去年7月7日卢沟桥事变爆发，我国展开了历史上空前未有的抗战以来，敌寇倾其海陆空军的暴力，以求逞其侵略的野心。战区延及于 9 省，惨无人道的敌机轰炸更遍及于沿海及内地各大城镇。我滇省健儿激于保卫国民的大义，在龙司令长官和卢军团长（此时卢汉已升任军团长）领导之下，万里出征，参加抗战，在鲁南台儿庄战役，英勇奋发，歼灭暴敌，我各级将士抱定牺牲精神，先后壮烈殉国者数以千计，在死者固已求仁得仁，完成了滇军抗敌御侮的神圣使命。而我殉职将士的忠烈家属则永抱骨肉恩爱之痛。思念之余，痛愤交加。兹当追悼全军阵亡将士的今日，谨以至诚对我殉职忠烈将士致最高敬意，并献燕词，以告我全滇同胞及忠烈家属。”⑪

在第六十军出征以后不久，龙云即着手准备组建第二支出征部队。到 1938 年 4 月，还在台儿庄战役第二阶段紧张进行之际，该队在编制、人员和武器装备方面，均按六十军编成，中央发表番号为陆军第五十八军，任命孙渡为军长，下辖三个师。序列如下：

军长	孙渡
新 10 师师长	刘正富
第 1 旅旅长	侯镇邦
第 1 团团长	魏泽民
第 2 团团长	朱兆
第 2 旅旅长	和吉光
第 3 团团长	杨琇
第 4 团团长	刘兆海
新 11 师师长	鲁道源
第 1 旅旅长	梁得奎
第 1 团团长	王灿
第 2 团团长	李卓然
第 2 旅旅长	冯云
第 3 团团长	张子佐
第 4 团团长	李珖

新12师师长　　　　龚顺璧
　　第1旅旅长　　　罗廷标
　　　　第1团团长　张华清
　　　　第2团团长　冯天祥
　　第2旅旅长　　　韦杵
　　　　第3团团长　段灿奎
　　　　第4团团长　杨绍曾

第五十八军于1938年7月24日在昆明举行隆重的誓师出征大会，并于8月1日从昆明出发，开赴抗日前线。

稍后，国民政府军事委员会下令将六十军第183师和五十八军新12师调出，扩编为新三军，任命张冲为该军军长。

滇军随即改编为第三十军团。以卢汉为军团长，安恩溥升任六十军军长。三十军团下辖安恩溥的六十军、孙渡的五十八军、张冲的新三军共三个军。这样，全面抗战开始一年后，滇军即有三个军，活跃在抗日战争的第一线。

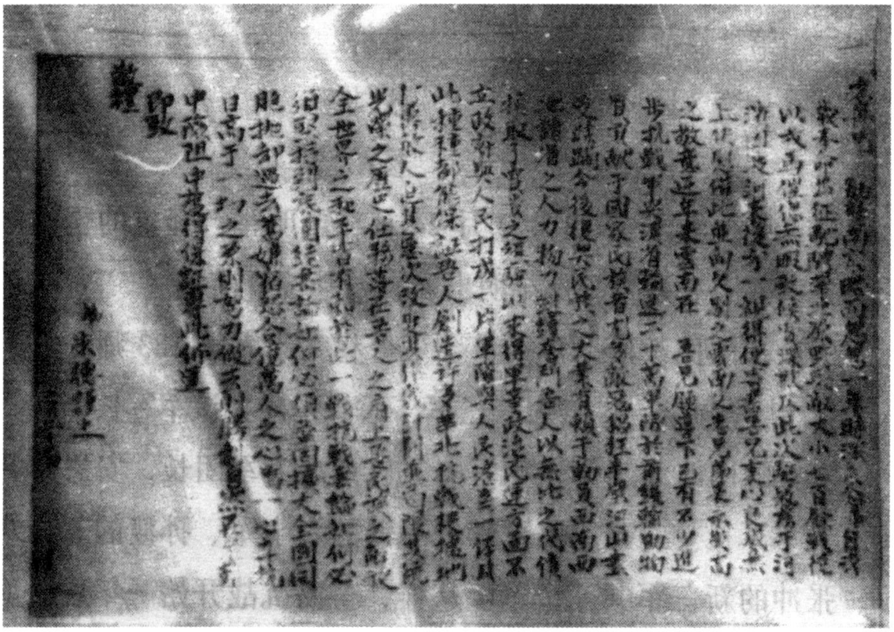

1938年朱德给龙云的信

滇军出师三个军，兵员人数先后有 22 万。加上后来各部的征集，在整个抗日战争时期，云南先后派出兵员约 40 万人，伤亡人数则在 10 万以上，为抗日战争、为全民族的解放，作出了自己的重要贡献。所以，朱德 1938 年 8 月 21 日给龙云的一封信中，热情地肯定说："近年来，云南在吾兄领导下已有不少进步。抗战军兴，滇省输送 20 万军队于前线，输助物资，贡献于国家民族者尤多。敌寇猖狂，半壁河山受尽蹂躏，今后复兴民族之大业，有赖于动员西南、西北诸省人力物力，继续奋斗……在将来抗战中，在争取最后的搏斗中，云南将肩负更大责任，成为抗战的一个重要根据地。"这封信最后说："抗战无论如何，必须坚持到底；团结无论如何，必须巩固扩大；全国同胞抛却过去旧嫌宿怨，合亿万人之心为一心，本抗日高于一切之原则，努力做去，则胜利自然在危难中险阻中获得。"[12]这对龙云是个很大的鼓励。

5. 武汉会战有滇军　崇阳失利难避免

武汉是华中重镇，九省通衢所在，扼守长江天险，控制南北交通，中国内地最大的经济中心。南京失陷后，国民政府已迁都重庆，但优越的地理条件和工商业基础，使武汉成为实际上的军事、政治、经济中心。因此，保卫武汉，就成了南京失陷后，国民政府考虑的重要问题。

日本在占领南京以后，认为再将武汉这一指挥中心占领，就有可能迫使蒋介石屈服，完全征服中国。为了实现这一侵略目的，日本自 1938 年 8 月开始，调遣 35 万的强大兵力，分五路沿长江南北两岸，逼近武汉；还调遣海军，溯江而上，与陆军配合，全面开展对武汉的进攻。中国方面则先后调遣三倍于敌人的兵力，分布于武汉外围的战略要地，实行武汉保卫战（武汉会战）。

武汉会战，大小战斗数百次，历时 4 个月，双方参战人数多、战域广，是全面抗战中最大的一次战役。1938 年 6 月 26 日日军占领了九江，从而取得了攻击武汉的桥头堡。8 月 24 日，瑞昌失守。10 月 12 日敌人占领信阳，19 日占领浠水。同时，日军乘广州我守军疏于防御，乃先武汉而于 10 月 21 日攻占广州，加之平汉路正面门户洞开，长江天险亦被敌人突破，武汉三镇完全陷于敌人包围之中。10 月 25 日，武汉弃守。而武汉外围的战斗，拖的时间更长一些。

滇军三个军组成三十军团后，卢汉为军团长。但卢因盲肠炎发作，坐卧均有困难，乃请假去长沙湘雅医院治病，而以高荫槐代理军团长。旋高荫槐亦以病留长沙，部队遂由张冲指挥，而以军团参谋长赵锦雯照料内部事务。

1938 年 8 月，第三十军团奉命开过长江南岸，到湖北省武汉东南的阳新县排市设防，作保卫武汉的军事准备，参加武汉会战，划归第九战区司令长官陈诚指挥，其任务是阻击从江西九江、瑞昌沿长江右岸西进的日军。

在武汉第九战区长官部召开的军事会议上，研究阳新、排市兵力部署时，会议出现了两种意见。一种意见认为：敌人可能沿公路而来，因为敌人使用重武器较多，从公路来的可能性很大。另一种意见以张冲为代表，则认为：我军主力不能放到公路上，应放到小路、山路上，敌人很狡猾，会从小路、山路来。当时不少人认为，张冲如此布置兵力会吃亏的，张冲却把握较大，将滇军主力顺小路、山路，即顺丘陵地带排列。结果敌人就是顺丘陵地带而来，张冲守卫部队待敌人行进中，从屁股后面打；公路上则没有多大军事行动，只起牵制作用。这就使滇军在排市坚持了较长的时间。

1938 年 9 月 23 日，日军先头部队抵达排市地区，气势汹汹地开了过来，向我军发起了进攻。从 9 月 23 日到 10 月 7 日的半个月内，日军被阻于排市富水北岸地带，受到重大打击，行动迟滞。特别是 9 月 27 日到 10 月 1 日的五天内，日军第九师团以绝对优势兵力，展开全面进攻，均在滇军面前，碰得头破血流。每个山头和村庄的争夺，都付出了重大的代价。

在随后的战斗中，滇军表现是可歌可泣的。10 月底，武汉失陷，敌人南下，三十军团奉命向崇阳转移，转移前三十军团进行了整训和总结。应当承认，滇军在阳新、排市成功阻击敌人达 40 天之久，是一个重大胜利。然而由于武汉的失陷，阳新、排市的胜利就被冲淡了。不过，阳新、排市阻击战的局部胜利，仍应加以肯定。当时《云南日报》就曾以“滇军又建殊勋”为题报道说：“（滇军）抗拒约万余人之敌，顽敌以陆空联合，集中主力，猛炸猛攻，该师（184 师）坚守阵地，前赴后继，岿然不动，独力支撑，给予敌人以最大之消耗，先后歼敌七八千人。”[13]在这次战斗中，仅 184 师即伤亡官兵在 2300 人以上。张冲在总结阳新排市的战斗时，概括地说，排市阻击战，坚持四十天，翻过三座山，突破七比一，创造二比一。意思是说，到武汉会战时为止，在战争中，中、日伤亡比例是七比一，也就是中国军队七人伤亡，换取日军一人伤亡；而排市阻击战打破了这个比例，张冲最谨慎的估计是，创造了二比一的先例。

三十军团在向崇阳转移中，又改编为第一集团军，集团军总司令最初由龙云兼任，副总司令卢汉代总司令。后仍由卢汉任总司令，但卢汉还在就医，就由参谋长赵锦雯、副参谋长马锳主持指挥工作。卢汉交代：“外事问赵锦雯，内事问马锳。”

广州沦陷，武汉弃守，日军沿粤汉路南犯，崇阳和通城是湖北的边境城镇，是通往湖南平江和长沙的门户。日军要攻取长沙，与从广州北上之敌会合，必须打开崇阳和通城的门户，因此守住崇阳地区，是保卫长沙的不可缺少的重要一环。

第一集团军（滇军）奉令在崇阳县城东北郊高地崇武公路东西两线，构筑防御阵地，阻止日寇南侵。1938 年 11 月初，第一集团军各部进入崇阳东北郊指定阵地位置。五十八军在左，新三军在右。六十军的 183 师由阳新作战过来，暂归新三军指挥。

其时，184 师驻于白霓桥。白霓桥地处山间平地，田畴交错，稻田阡陌相连，一条自武昌、阳新、通山，穿崇阳、通城，直达长沙的公路，纵贯其间，军事上无险可守，是日军机械化兵种可以横行的地方，左右两边都是大山，军事上属于易守难攻的地方。张冲根据各部队的战斗素质，部署部队防守。新 12 师是刚从云南开来的部队，缺乏战斗经验，让他们防守左翼易守难攻的山头。183 师是新恢复的部队，补充新兵较多，又非新三军建制，属张冲临时指挥，把他们放到右翼，凭山据守。而把 184 师摆在一马平川、无险可守的中间地带。按照张冲的设想，184 师将承担最艰巨的战斗任务。然而，战场的形势千变万化。11 月 4 日，日军向崇阳地区发起进攻，打击的重点却是出人意料的新 12 师的阵地，而 183、184 师阵地既无炮声，又无攻击部队。新 12 师是新兵，防线很快被敌人突破，许多人尚未见到敌人就先退了下来。

而五十八军在通城方面也遭到敌军强大攻击，长官部来命令，要新三军由张冲率领，走崇阳背后的山间小道，绕到通城，支援五十八军，从下面堵住敌人的进攻。然而，由于新 12 师的溃退，184 师已处于腹背受敌的形势下，加上五十八军所属新 10、新 11 两个师也是新兵多，缺乏临战经验，与日军交锋很快溃退。当张冲率 183、184 师前往通城途中，由于山间小道，崎岖曲折，尚未到达通城，通城已经失陷，五十八军已向醴陵方向撤退。虽然广大滇军战士英勇奋战，但崇阳一役终以滇军失利，丢掉通城、崇阳两地而告终。崇阳失利，尽管在当时大环境下，是很难避免的，然而这次失利在滇军战史上仍然是不光彩的，给滇军造成了很大的压力。

崇阳失利，使张冲受到很大的刺激。他率 183 师主动向九宫山转移，试图到这一带山区去打游击，但中共地下组织劝说，为了抗日民族统一战线，现在不宜拉部队；加上给养困难，冬天已到，部队没有服装、粮食，生存受到威胁，又怎么打游击？张冲经过一番犹豫后，不得已只好将部队开往浏阳。张冲到浏阳后，就被追究崇阳战役滇军失利的责任。滇军内部有人把责任全部推给张冲，并说张冲勾结八路军、新四军拖垮部队；甚至上告张冲想拉队伍投靠共产党，把偷拍到的张冲在武汉与罗炳辉见面的照片作为证据。第九战区司令长官陈诚扬言，要把张冲送到军事法庭，军法从事。而蒋介石则趁机报复张冲与共产党人联系的事，内部即借此决定：“革职枪决。”[14]各方面反映强烈，龙云、卢汉电报求情，蒋介石的枪决命令才未马上执行。

11月底，蒋介石在衡阳北面的南岳召开军事会议，有关战区总司令、军团长、军长、师长百余人出席了会议，张冲也出席了会议。会上，蒋介石故作姿态接见了滇军将领。蒋介石在会上亲切地问张冲：“张军长是哪个军校毕业？”

张冲答：“绿大（暗示绿林大学）。”

卢汉暗暗吃惊，连忙转圜补充说：“是东陆大学，就是现在云南大学的前身。”（其实张冲并未上过任何军校，也没有读过任何大学。）

蒋似乎心头有底，又问：“张军长既没有专攻军事学科，何以在台儿庄能击毁敌之坦克？”

张冲慢慢地说道：“我的家乡浇种水田时踩蹬水车，若毁掉踏轮，水车就不得再转。我告诉士兵按照这个原理，炸断敌坦克履带，让它有来无回。”

蒋介石微笑点头，表示赞赏。后来蒋介石又设宴招待张冲，表示格外关照。几天以后，处分的命令下来了，以张冲“指挥失当”为名，撤职留任。与张冲同时受处分的还有五十八军军长孙渡，以“督率不严”为名，记大过一次；新11师副师长马崟，则撤销职务，予以查办。随后，以第一集团军副总司令高荫槐兼新三军军长，万保邦为184师师长。张冲被调回云南赋闲，不过加了一个军事委员会“高参”的头衔，做做样子。

崇阳失利，虽在当时大环境下是难以避免的，但也是抗战时期滇军的失误，胜败乃兵家常事嘛！不过从总体上说，抗战时期滇军在前线作战英勇奋斗，在国民党系统的军事力量及地方武装中，仍然是比较突出的，“国之劲旅”的称号还是名副其实的。

参考文献

①龙云：《抗战前后我的回忆》，原载《文史资料选辑》第17辑，后又收入多种文集之中。

②转引自谢本书著《龙云传》第160页，四川民族出版社1999年版。

③杜聿明：《蒋介石解决龙云的经过》，见《文史资料选辑》第5辑第32页。

④《缪云台回忆录》第65页，中国文史出版社1991年第1版。

⑤马逸飞：《张冲在台儿庄》，见《云南文史资料选辑》第20集第106页；又见《周恩来年谱》第405页，人民出版社、中央文献出版社1989年第1版。

⑥卢汉：《第六十军赴徐州作战记》，见《徐州会战》第46页，中国文史出版社1985年第1版。

⑦卢汉：《六十军血战台儿庄》，见《云南文史资料选辑》第25辑第12页。

⑧中国第二历史档案馆编：《抗日战争正面战场》（中华民国史档案资料丛刊）第629—630页，江苏古籍出版社1985年版。

⑨转引自《云南文史丛刊》1985年第2期第15页。

⑩参见高蕴华：《六十军鲁南抗日简述》，载《云南文史资料选辑》第2辑第210页。

⑪《追悼60军抗战阵亡将士特刊》第1页，滇黔绥靖公署政治训练处编，云南各界追悼60军阵亡将士大会印刷，1938年版。

⑫《朱德致龙云的信》，见《云南图书馆》（季刊）1981年第3、4期合刊第1—2页。

⑬《云南日报》1938年10月20日。

⑭胡俊：《近二十年来云南地方军队概述》，见《云南文史资料选辑》第6辑第24页。

十一　滇军坚持抗战

（1938—1945 年）

1. 汪精卫昆明出逃　龙主席处境两难

抗战初期，国民党副总裁汪精卫经昆明出国，然后叛逃投敌，成为大汉奸、卖国贼。在他出国途经昆明之时，曾与云南省政府主席、滇军统帅龙云有过较长时间的交谈，因此汪精卫叛逃与龙云是否有关系，历来说法纷纭，评价不一，成为中国近代历史上至今尚未完全弄清楚的一个“谜”。不过，从现在已经发现的材料看，龙云对汪精卫出逃一事，处境两难，有过犹豫，但并无直接关系，而且重要情况都向蒋介石作了报告的。

关于这一点，龙云在《抗战前后我的几点回忆》一文中，有详细的说明。龙云的说明较长，归纳起来主要讲了五个方面的内容：（一）汪精卫到昆，是国民政府文官长魏怀事前就通知了龙云的；（二）汪精卫与龙云曾进行了交谈，汪说他要去香港，与日本人商谈“和谈”问题；（三）汪精卫去越南，因办护照问题，曾与重庆外交部交涉；（四）蒋介石曾派谷正纲（应为谷正鼎）去越南给汪送外交护照和旅费；（五）龙云曾把汪到昆及其去越南的事电告了蒋介石。龙云的回忆清楚地告诉我们，汪精卫去越南，蒋介石事前事后都应该是清楚的。①

汪精卫系统的人士对于这一事件的记载，几乎是异口同声地说，龙云“同意”汪精卫的“和平运动”，龙云统率的滇军也是最有可能与汪精卫“共同行动”的。而日本人方面关于龙云支持汪精卫“和平运动”的记载，则在很大程度上来自汪精卫集团的“一面之辞”，或者说偏听偏信汪精卫“虚张声势以增加谈判筹码”的言论的结果。

其实，汪精卫作为国民党的副总裁、国民政府二把手、中央军政大员，在面目尚未完全暴露以前，龙云是无可奈何的。在对待汪精卫出逃事件上，龙云既不敢得罪蒋介石，又不能不应付汪精卫，因此表现了“两难”的处境。

1938年12月18日，汪精卫到达昆明机场。违背汪精卫只许龙云一人来机场迎接的意旨，龙云通知各厅、署、局长都到机场欢迎，摆出了“盛大”的欢迎仪式，表明自己与汪并无内部勾结，而是“奉命欢迎”的，其用心明眼人一看便知的。当日龙云即向蒋介石报告汪精卫到昆的消息，以为备案。第二日（12月19日），汪精卫与龙云交谈后飞越南，龙云又向重庆国民政府发出了加急电报说：“汪副总裁昨天到滇，本日身感不适，下午二时半已离滇飞航河内。”后两日，即12月21日，龙云又向蒋介石作了详细报告，其中谈道：“（汪精卫）临行时，始道出真语，谓与日有约，须到港商洽中日和平事件，若能成功，国家之福，万一不成，则暂不返渝，并不作为离开钧座之工作。职观其言行，早有此种心理，惟关系甚大，未识在渝时与钧座切实讨论及此否？”这个电报提及汪精卫在重庆时，不知与“钧座”讨论了这一问题与否，这实际上是将了蒋一军。作为地方官的龙云，也确实很难知道蒋汪之间究竟发生了什么事情。[②]

汪精卫出逃前，在昆明住过一夜的“石房子”（龙云警卫处处长李希尧故居，今昆明北京路原昆明会堂南侧）

龙云对此是颇为忧虑的。12月22日，龙云给自己的亲信、滇军将领、原六十军军长、现第三十军团军团长卢汉的密电中，坦诚地说了心里话，表现了自己的态度。密电说："汪先生前日到滇，愿效昔之李鸿章、今之张伯伦，与日方直接商洽，不顾一切，力主和议，加入防共协定。因在渝受人攻击，蒋、汪之间亦未尽同意，故谓成则返渝，否则不再返渝，云云。语气愤慨，大有各行其志之慨。大局如此，兄闻之忧心如焚，党内纠纷从此又开始矣。兄为杞人之忧，宿食俱废，三日不能成眠，如似大病，故深望弟早日告痊也。"③从这个密电中可以看到，龙云焦急万状，以至于"宿食俱废，三日不能成眠"。忧虑什么？是"党内纠纷从此又开始矣"。国民党内部的分裂，自然对当时的全民抗战是很不利的。从密电中，我们看到的是龙云的忧虑之情，而不是什么赞成"和平运动"。

12月29日，汪精卫在河内发出"艳电"，表明了公开投日的态度。蒋介石乃派特务前往河内，刺杀汪精卫。1939年3月21日深夜，特务冲进汪精卫卧室开枪射击，结果汪精卫夫妇侥幸逃脱，曾仲鸣则成了替死鬼。龙云又致电蒋介石表明态度说："（汪精卫艳电）在异地突然发表，一般观听，不无惊疑。幸国人在委座领导之下，确知国策久定，毫不为其动摇。故汪之议论，对外虽属奇闻，受敌愚弄；对内仍毫无影响，祈释廑注。"无论如何，龙云并未响应汪精卫的"艳电"，而是留在抗日阵营，继续坚持抗战斗争。4月13日，龙云再致蒋介石一长电，进一步表明云南的态度。电报最后说："盖滇省与我共同一命运，在此敌人力图分化，汪氏被敌利用之时，吾辈军人，不论任何职责，惟有立定脚跟，不为利害所动，确遵既定国策，以待钧座从容应付，此即剥复之机，亦国家之幸，民族之福也。"

蒋介石亦冠冕堂皇，先后派国民党元老李烈钧、唐生智来昆考察和劝说龙云与汪精卫划清界限。龙云遂以主动方式发表谈话，表示拥护中央抗战到底的国策。唐生智于1939年4月29日致电蒋介石，说明龙云抗战态度比较坚决，与汪精卫并无牵连。电报说："职默察渠意，似极顾大局，拥护钧座，始终不渝。”几天以后，唐生智又将龙云致汪精卫电报，表示与汪精卫划清界限，通报给蒋介石。联系龙云在整个抗日战争时期的表现，应该说唐生智对龙云考察的结论，是符合历史事实的，令人信服的。[④]

在抗战初期，蒋介石与汪精卫之间，在对日和谈问题上，确有某些一致或相近的地方，但在一些原则、策略上却存在分歧。既然汪精卫蓄意要走，留也很难留住，蒋又不便明目张胆地扣押、逮捕，只好上演“双簧戏”，却又各唱各的调；再进一步则视而不见，网开一面，看看你汪精卫会搞成什么样子。只要不把事情做过头，蒋介石显然是不会采取什么行动的。蒙在鼓里的龙云又怎能知道其中的奥妙呢？由于龙云过去对汪精卫的表面现象有“好感”，对蒋介石排除异己颇为不安，因此在汪精卫面目未完全暴露以前，有一定的同情或幻想。而在汪精卫面目暴露以后，龙云则声明和他划清界限，拥护抗战到底的国策，这是可以理解的。蒋介石其实心里是很明白的，所以对龙云在这件事情上的作为没有给予任何指责，更谈不到给予任何处分了。

2. 滇军转战湘鄂赣　收复常德扬国威

1939 年春，第一集团军由浏阳、醴陵开往铜鼓整编。这次整编废旅、缩编为每师三个团。在铜鼓整编后之序列如下：

第一集团军总司令	卢汉
副司令	高荫槐
参谋长	赵锦雯
第五十八军军长	孙渡
第 10 师师长	刘正富
第 28 团团长	常正学
第 29 团团长	苏茂武
第 30 团团长	魏沛苍

第 11 师师长　　　　鲁道源
　第 31 团团长　　　张子佐
　第 32 团团长　　　李珖
　第 33 团团长　　　王灿堃
第六十军军长　　　　安恩溥
　第 182 师师长　　　郭建臣
　　第 544 团团长　　田福五
　　第 545 团团长　　戴永康
　　第 546 团团长　　杨炳麟
　第 184 师师长　　　万保邦
　　第 550 团团长　　曾泽生
　　第 551 团团长　　杨洪元
　　第 552 团团长　　余建勋
新三军军长　高荫槐（兼）
　第 183 师师长　　　杨宏光
　　第 547 团团长　　潘朔端
　　第 548 团团长　　张仲强
　　第 540 团团长　　段家珍
　第 12 师师长　　　张与仁
　　第 34 团团长　　张元武
　　第 35 团团长　　冯天祥
　　第 36 团团长　　邱秉常

稍后，杨宏光继任新三军军长，李文彬任 183 师师长，高振鸿任新 10 师师长。整训毕，第一集团军即开赴江西南昌地区抗击日寇。在其后的南昌保卫战、南昌反攻战、锦江战役、敌后交通破袭战、长沙战役、九岭反“扫荡”战、赣东会战、常德会战、长衡会战、湘赣边区会战、赣江追击战、收复南昌之战等重大战役中，第一集团军将士都表现了英勇抗敌、不怕牺牲的精神。

1939 年 4 月，新 11 师师长鲁道源召集全师官兵在会埠河畔作反攻南昌的战前动员，鼓舞大家有进无退，奋勇直前，说：“各位同志：本师自鄂南崇阳战败以后，举凡人间所有耻辱，如唾骂、讥讽、白眼、嘲笑，我们都一一尝过了。匹夫见辱，尚能拔剑而起，我们当军人的，试问还能受得下去吗？……我们必须明白，国家已经到了生死存亡的关头了，不是胜利，就是灭亡，今天就要和敌人展开大规模的战斗，希望大家本着有敌无我，有我无敌的精神，去冲锋陷阵，去歼灭敌人。我们要救国家民族，我们要洗刷崇阳失败的奇耻大辱，现在就是大好的机会了。希望各位本着我的意思，有进无退，完成使命。”[5]这个讲话，把崇阳失利的耻辱，作为激励滇军士兵打翻身仗的鼓动，起了很大的激励作用。在反攻南昌的战役中，全师官兵，一鼓作气，奋不顾身，一举攻克东坪。但终以敌强我弱，一时未能收复南昌，却也显示滇军坚持抗战，将最终夺取抗战胜利的信心。

在1941年9月的第二次长沙会战中，滇军第五十八军、新三军在高荫槐、孙渡的率领下，也取得了重大胜利。据当时《云南日报》报道：“湘北大胜，三迤腾欢，薛长官（时为第九战区司令长官薛岳）致电龙主任（龙云，兼任军委会昆明行营主任），报告歼倭伟大战果。击毙敌两师团长，寇兵死伤3.9万人。我忠勇抗日将士，日来在湘北围歼10余万敌寇之捷报传来，本省万人欢腾。”“湘北大捷。滇军作战异常英勇，龙主任电薛司令长官祝捷，并嘉勉三迤健儿，努力杀敌。”[6]战争的胜利，使滇军欢跃。

在著名的湖南常德会战中，再度使滇军为国扬威。常德乃洞庭湖西岸之重要战略阵地，事关西南大后方的安危。1943年11月底，常德失守，蒋介石异常震怒，严令第九战区司令官薛岳派兵收复常德，并严惩失守常德的第75师师长余程。

在这种情况下，滇军第五十八军奉命配合友军收复常德。1943年11月底，五十八军赴常德前，经过整训，人员做了部分调整，新11师师长梁得奎调任副军长（不久回滇），肖本元任新11师师长，侯镇邦调任新10师师长（原为鲁道源兼），同时增配野战炮兵一营、高射炮一营、辎重兵一团、骑兵一连，增设第二野战医院，另准备成立干部训练总队，分期训练全军军政干部。

常德会战发生在1943年12月。1943年12月5日晨，以第五十八军为主，第四军、二十军为辅，向沅江南岸之敌展开全面反击，守敌以陆、空联合，凶顽抵抗。血战至12月10日夜，五十八军发动总攻，经过长时间的浴血奋战，终于将敌防线突破，敌军主力纷纷向沅江北向而退。五十八军以步炮协同，乘敌渡江之际，穷追猛打，敌人在沅水上损失惨重。在五十八军及其友军炮火的支援下，侯镇邦新10师，肖本元新11师，由德山强渡沅水，猛扑常德，在常德近郊逐村争夺，并以白刃战从日军手中夺回了常德，敌终以伤亡惨重而溃败。

常德争夺战是一场恶战。据最先攻入城内的新10师副师长冯云及新11师师长肖本元回忆说："入城后，但见断瓦颓垣，遍地皆是，偌大一座城池，只有大兴街及西门街尚存少许房屋和一座西班牙教堂而已。"这实际上是一次焦土抗战。又据守卫常德的73师李副官说，日军凶残至极，当其行将撤退城区时，在邮政局内有计划地杀害我方伤兵甚多，一排排的死尸摆在地板上。战后士兵们进入搜寻，忽在尸体堆内有两人说："喂！你们是哪一个师的？"士兵们吓了一跳，连忙奔出。又听到说："别怕，我们是活人。"原来日军临走时，用机枪扫射，这两人随身倒下，未曾命中，日军忙于撤走，无暇检查，所以幸得活命。

常德捷报传来，英、美、苏等国武官，新闻记者及各方面人士纷纷前往常德慰问、参观，每个人都表现出十分的敬意，认为常德之捷是同盟国家的共同胜利。常德之役，滇军再显国威。参战官兵受到国民政府的嘉奖。五十八军在常德停留旬余，即于1944年12月25日回防江西，继续战斗在抗日的第一线。⑦

3. 中条山血战日寇 唐淮源献身沙场

主要由滇省健儿组成的陆军第三军（又称老三军，以区别张冲曾任军长的新编第三军），在中条山战斗中，再次显示了滇军的威风、志气和抗战到底的决心。

老三军为“中央军”系列，历史较早，是护国战争时期的护国军第二军，出师广西、广东后形成驻粤滇军。1926 年北伐战争开始后，朱培德所率驻粤滇军之一部改编为国民革命军第三军。后来虽经多次风云变幻，人员变动，但它的人员仍以滇人为主，故也可以看作是“滇军”。1937 年“七七”事变以后，第三军即开赴华北抗战，一直被日军视为难以对付的劲敌之一。而第三军血战中条山，则是 1941 年的事。

中条山位于山西南部，雄峙于黄河北岸。东西横亘 100 余公里，南北纵深 80 公里。从军事角度来看，它是封锁陕西、山西地区的咽喉地带，历来为兵家必争之地。1937 年秋冬之际，大批军队调往中条山地区，后来由于战局的变化，一些军队又陆续调出，但仍由曾万钟（云南大关人）的第五集团军和刘茂恩的第十四集团军等部继续留守，第五集团军的主力就是由云南子弟组成的第三军。

第三军在抗战初期，最先参加河北的满城、高碑店战斗，不幸牺牲了一员战将——21 旅少将副旅长兼 41 团团长尉迟敏鸣（云南新平人）。

1937 年 10 月奉命参加山西娘子关保卫战，在军长曾万钟率领下，坚持 64 天之久，获得了“旧关杀敌”的崇高声誉。后转入太行山，与八路军 129 师配合，展开敌后游击战，创造了国共两党合作共同杀敌的典范。1938 年 7 月，该军奉命留守中条山。从 1938 年秋到 1941 年 4 月的近 3 年间，敌军先后 13 次大规模进攻中条山，均被击溃，使中条山成日军南下西进的重大障碍。

日军为了拔除中条山这个眼中钉、肉中刺，从 1941 年初起就开始调集兵力，准备作战物资，调遣战地指挥官，准备以压倒优势的兵力，对中条山发动代号为“中原会战”的第14次大规模进攻。日军先后调集20万兵力、400余架飞机，从1941年5月7日起，分四路向中条山地区发动立体进攻。

守卫中条山中国军队序列是：

第五集团军总司令　　曾万钟
　　第三军军长　　唐淮源
　　第十七军军长　　高桂滋
　　第八十军军长　　孔令恂
第十四集团军总司令　　刘茂恩
　　第十五军军长　　武庭麟
　　第四十三军军长　　裴昌会
　　第九十三军军长　　刘戡
　　第九十八军军长　　冯钦哉

此外尚有山西宪兵第12支队改编的196旅和毕梅轩游击纵队，总兵力为17万人。中条山归卫立煌为首的第一战区管辖，司令长官部驻河南洛阳。

敌军经过较充分的准备，在强大的空军支援下，分9路同时从不同方向向中条山地区进攻，并施放毒气。敌军经过几天的艰难进攻，在伤亡约3万人的代价下，突破我军垣曲防线，而将中条山根据地分割为二，使防守部队不能互相接应，而陷于各自为战的局面。

在保卫中条山的历次战斗中，保持不败纪律的滇军——第三军，是日寇列为打击重点之一，以重兵围攻。日军总参谋长后宫淳一强调，夺取中条山的关键在于对唐淮源的第三军的攻击。为了确保所谓“中原会战”的胜利，必须数倍于彼的主力集中攻破第三军。因此，日军进攻的矛头，一开始就把重点对准了第三军。

唐淮源（1886—1941），字佛川，云南江川人，云南陆军讲武堂毕业，同盟会员，曾参加辛亥、护国起义，历任县长、团、旅、师长等职，后任第三军军长。1939年4月，唐淮源因丧母回滇祭奠，

中条山战役殉难的第三军军长唐淮源

在与省主席龙云告别时说："本人此去山西南部，回守原防，已抱定必死决心。前有母亲所念，尚存顾虑，今已安埋就绪，战死无他矣！"显然，唐淮源早已下决心，抗战到底，死而后已。因此，当日寇集中攻击第三军时，唐淮源想到的就是不怕牺牲，坚守阵地。他下令，全军战斗到底，牺牲到底，决不退让。

第三军下属三个师，即李世龙（云南会泽人）第7师、寸性奇（云南腾冲人）第12师和配属部队——公秉藩的第34师。全军防地为中条山主脉，目标明显，责任重大。1941年5月7日起，第三军即与日军接触，发生战斗，日军来势凶猛。战至5月8日凌晨，第7师涧底河阵地被日军攻破，第7师师部王家河又遭到日军攻击。唐淮源立即派出预备队增援，要求不惜一切代价，从日寇手中夺回已失阵地。增援部队与第7师配合作战，经过数小时的激烈战斗，将敌击溃，夺回已失阵地。

日寇不甘心失利，很快又发动反扑。敌人分路进攻，一部反扑第7师阵地，另一部则进攻第三军指挥部所在地唐回。因第三军预备部队已派出支援第7师，唐回守军空虚，遂为日寇占领。日寇占领唐回后，又继续向曾万钟第五集团军司令部发起进攻，唐淮源紧急召开军部预备队。并亲自率领，向日军背后尾追攻击，以救援曾万钟总司令。由于日军腹背受到夹击，从而解了曾万钟总司令之围。

但是，由于整个中条山处于日军包围之中，各军防线又屡屡被突破，因此在敌人优势兵力进攻下，中条山形势颇为不利。而中条山战局的扭转，不可能由第三军单独完成。当第三军第7师恢复原阵地，第12师巩固唐王山阵地之际，中条山中心的战略要地垣曲却失守了，中条山被分割，形势更为不利。战区长官部通知唐淮源，现在我军与日寇已成犬牙交错形态，所有地区都难以设防。各军只能随地抵抗，相机转入敌后，待机反攻。这个指示，等于是要放弃中条山，唐淮源大为吃惊。但是，他很快稳住了自己的情绪，一定要尽可能保卫中条山这一华北的“锁钥”，遂及时变更部署，将所属部队全部转移到第二道防线；同时，集中主力，沿唐回大道前进，拦截深入之敌。

第三军预备队从5月9日起，在县山东西阵地与日军展开激战。他们在军长直接指挥下，奋勇当先，给敌人迎头痛击，大量杀伤敌人。但是，日寇突破八十军防线后，形势更为恶化。日军由玉龙庙方面飞速急进，直抵祈家河，续陷南沟。而由高乐大道西犯之敌，又于5月9日占领中条山的重要渡口——五福涧，这样南渡黄河的渡口全部为日军封死。但唐淮源却不知此情，而令第34、7、12师各部，分道向五福涧前进转移，渡过黄河，加强南防。5月10日晨，部队运动到温峪大道时，就与从马村北进之敌遭遇，双方激战，始知五福涧已落入敌手。

情形更加不利，唐淮源召集三师长紧急会议，下令缩小目标，以团为单位，分道突围。然而，日军包围圈日益压缩，各团突围过程中经过两天战斗，至5月11日晚，全部被日军截回，援军和补给均被截断。5月12日，全师团均已残破不全，伤亡较重，然而唐淮源亲率剩下的部队，仍在县山阵地上做最后抵抗，号召幸存官兵与阵地共存亡。

5月12日中午12时，日军一股由马蹄沟、水泉沟向县山阵地压过来，敌我双方近在咫尺，互掷手榴弹，互拼刺刀，展开了激烈的肉搏战。这时，大雨滂沱，道路泥泞，唐淮源与死守县山阵地的直属部队已处于绝境，唐命令左右卫士赴山腰增援抵抗。唐淮源这条汉子为保持人格、国格，宁死也不能当俘虏，遂在卫士离开冲上前线救援之际，向自己连开四枪，三枪击中胸部，一枪击中膝盖，立即死亡。这样，身经百战的抗日名将倒下去了。

唐军长壮烈殉职后，直属队、参谋、副官、卫士们又同日军血战到黄昏，终于突围而出。

这时第三军第12师阵地被日军重重包围，大部分已被分割、冲散，寸性奇师长直接指挥的一部分官兵们仍在拼命苦战。寸性奇号召部属：“我们有枪在手，有剑在腰，宁愿挺胸而死，不愿低头求生，希望各位决不要做俘虏。无论胜败，都千万不可使国家蒙羞！”

寸性奇（1893—1941），字念洁，云南腾冲人，云南陆军讲武堂毕业，曾参加护国和北伐战争诸役，历任旅参谋处长、副旅长、旅长、师长等职。寸师长坚守阵地，但5月12日唐淮源殉职之际，12师左翼阵地水骨朵高地被日军攻陷，全师阵地完全暴露在日军的炮火之下。寸师长沉着应战，并说：“高地断不可失，我们一定要夺回这块阵地。”说罢，即率师部特务连剩下的几十人，向左翼高地逆袭，但没有几步，寸师长胸部中弹，勉强撤退下来。

当参谋向他报告，唐军长已经殉国的消息时，他没有悲哀，反而骄傲地说：“抗战至今，一个军里面，军师长同时阵亡的，只有第九军郝梦麟与第54师刘象祺。这次，我们第三军一定能赶上第九军。”可见，他已下定必死的决心，随即缠裹胸前伤口，挣扎起来，准备指挥部队反攻日军阵地胡家峪。

血战延续到5月13日晚上，在日军密集的炮火攻击下，12师指挥所被击中，寸性奇右股被炸断，伤势严重。寸性奇长叹一声，沉重地告诉副师长：“我是不行了，不得不先走一步，你们可要打到底，冲不出去就死，万万不可作俘虏。”说完，拔出腰刀一刺，又一名抗日名将倒下去了。

在唐淮源、寸性奇的鼓舞下，第7师在师长李世龙的带领下，大部突破日军包围，转移到晋南平原。第12师虽伤亡很大，余部也在副师长杨玉昆的率领下突破日军包围，退入晋南平原。第三军中惟有那个不属于滇军的配属部队、第34师师长公秉藩当了日军的俘虏。

在保卫中条山的血战中，第三军牺牲了军长唐淮源、师长寸性奇、第 36 团团长黄仙谷（云南昌宁人、共产党员），第 34 团副团长潘尔伯（云南南华人）等数千名官兵。在战斗中，却也打死了敌旅团长、联队长 6 人及其以下官兵 14000 余人。在中条山战斗中，日军损失 3 万人以上。为了发扬第三军的光荣传统，随后第五集团军参谋长周体仁（云南景谷人，傣族）继任为第三军军长，南移至汉中地区，守卫祖国西南的北大门。

为了纪念唐淮源、寸性奇两将军及第三军抗日英烈，1942 年 6 月 16 日，由第一战区司令长官蒋鼎文领衔，在城固县举行了一万多人参加的隆重追悼大会。花圈摆满了整个灵堂。国共两党领导人毛泽东、朱德、蒋介石、林森、于右任等都敬献了挽联。

1942 年 6 月 6 日，在昆明召开了"云南省追悼唐淮源、寸性奇将军大会"。大会主席团由省政府主席龙云、省府秘书长赵公望、民政厅长李子厚、教育厅长龚自知、昆明市长裴存藩、市商会主席严燮成等 6 人组成，龙云主祭，并请亲临中条山战役的杨玉昆副师长讲述中条山战役及唐、寸两将军、第三军抗日战士的忠勇事迹。

9 月 9 日在重庆公开向全国广播了中条山战役全部情况，并以《国土未复失壮士，碧血千载染中条》为题，发表了国民政府 8 月 29 日的命令说："故中将唐淮源追晋陆军上将。"并且写道："在四年抗日战争中，滇军在大江南北，都曾建立了光荣的战勋。而其中最先参加抗战的，便是由曾万钟、唐淮源两将军所率领的第三军。这一群南滇健儿，在中条山的守卫战中，以少数的部队，在械劣粮缺的情况下，苦战三年，扫荡了敌寇数十万众的精锐部队，赢得中外人士一致的敬仰同情，而十足地发扬了我们公忠体国不骄不怯的云南精神。"[⑧]

4. 成立滇南作战军　组建第一方面军

1938 年滇缅公路通车以后，随着战局的变化，云南当时几乎成为中国对外联系的惟一的陆上交通通道。云南的稳定，关系到蒋介石政权的稳固，也关系到抗战事业的成败，蒋介石不得不慎重对待龙云、卢汉以及他们领导的滇军。1940 年 9 月，日军入侵越南，进占河内，滇越铁路完全被截断，并危及滇西、滇南。龙云即向蒋介石要求，调回在江西的第六十、新三军两军，驻防滇南。蒋介石同意调回第六十军的 182、184 两师，并以此为基干，成立滇南作战军，以卢汉为总司令。改滇南作战军为第一集团军总部，在湖南的第一集团军总部改为副总部。总部指挥已调回云南之六十军，而副总部则指挥仍在湖南、江西地区的五十八军和新三军，以高荫槐为副总司令，1942 年改由孙渡为副总司令。1945 年第一集团军总部组建为第一方面军后，原第一集团军副总部改为总部，以孙渡为总司令。

早在 1938 年，云南先后派出六十、五十八和新三军三个军赴抗日前线作战，省内空虚。为了扩充实力，维持和巩固自己的统治，龙云在省内另编 7 个步兵旅，计 14 个步兵团。第 1 旅旅长卢浚泉，第 2 旅旅长龙绳武，第 3 旅旅长阎旭，第 4 旅旅长马继武，第 5 旅旅长邱开基，第 6 旅旅长龙奎垣，第 7 旅旅长万保庶。1943 年云南 7 个步兵旅扩编为 6 个暂编师，绥靖公署卫队改编为旅，再扩编为师，仍有 7 个师。暂编第 18 师师长卢浚泉，第 19 师师长龙绳武，第 20 师师长安纯三，第 21 师师长邱秉常，第 22 师师长杨炳麟，第 23 师师长潘朔端，第 24 师师长龙绳祖。除暂编第 18、20、21、22 等 4 个师拨归龙云指挥外，龙云直接掌握龙绳武、潘朔端、龙绳祖等三个师。之后，安恩溥进陆军大学，由万保邦继任第六十军军长，杨洪元任 182 师师长，曾泽生任 184 师师长。

当 1940 年成立滇南作战军时，先驻防昆明，后改滇南作战军总

抗日战争时期的龙云（右）与蒋介石

部为第一集团军总部，移驻蒙自。同年底，蒋介石又任命龙云为军事委员会昆明行营主任，名义上权力大了，在云南地区各中央机关及部队统归龙云节制，而实际上为中央军以中央势力伸入云南提供了条件。

第一集团军总部移驻蒙自后，下设第一、二路军指挥部。第一路军指挥官由六十军军长安恩溥兼任，安恩溥后去陆军大学进修，改由卢浚泉担任。第二路军指挥官由原新三军军长张冲担任。两路军之下各设3个旅。张冲第二路指挥之下的3个旅为第3旅安纯三，第4旅马继武、第5旅邱开基，指挥部驻建水；1943年旅改为师，遂以安纯三为第20师师长，邱秉常为21师师长，杨炳麟为22师师长。第一、二路军沿滇越边境之河口、屏边、金平、个旧、建水一带布防，与进犯越南之日寇对峙。

1941年秋，又设立滇越边区总司令部，以卢汉为总司令，指挥第一、二路军、第六十军及关麟征部第九集团军的三个军。关麟征部系蒋介石嫡系，因此卢汉实际上能够指挥仍然是滇军系统的第一、二路军及六十军。关麟征部在一定程度上成了牵制龙云、卢汉的力量。

龙云（左一）、缪云台（左三）与美国军官交谈

1942 年以后，随着滇西沦陷，云南战事紧张，蒋介石嫡系军队开入云南逐渐增多。1943 年驻昆明的有陆军总司令何应钦，第五集团军杜聿明部，滇西远征军长官陈诚，第十一集团军宋希濂部，第二十集团军霍揆彰部；滇南还有关麟征的第九集团军等，共计约 30 万余人，云南地方军队约 8 万人。此外还有美军 1 万余人。在云南境内的总兵力超过 40 万人，这是抗战时期云南境内驻兵最多的时期。

1944 年美国空军和陆军来昆明的人数不断增加，在云南军队的第一集团军总部派有联络官阿瑟、海门、卜克礼等。第六十军及第一、二路军指挥部，以及各师、团均派有美军联络官，一切补给须经美国联络官签证，才能生效。人事、行政、训练等亦须经过美国联络官同意，美军在一定程度上控制了一部分军权。

1945 年初，滇越边区总司令部改编为第一方面军，蒋介石以卢汉为总司令，辖第一、第九两集团军，司令部移驻开远。原警卫营扩编为警卫团，朱家璧任团长。又以暂编 18、20、22 三个师，编为第九十三军，以卢浚泉为军长。这样，卢汉的第一方面军直接指挥第六十军、九十三军以及名义上可以指挥的关麟征第九集团军。卢汉本人的军衔升为中将加上将衔。

这里我们还要提及的是，中共地下组织一直在滇军中从事抗日民主活动和统战活动，这对于提高滇军官兵的政治觉悟和战斗力，是有相当作用的。1938 年，第六十军 184 师中，就有中共地下支部存在。1939 年秋，中共中央南方局应张冲的要求，派方正到 184 师负责中共党组织的工作。1942 年，中共地下组织又派张文澄等到在云南的六十军和第二路军指挥部开展工作。中共云南地下组织还不断派人到滇军中，以合法身份，通过各种方式，与滇军各层次官兵交往，建立联系；而与卢汉接触较多的是云南龙陵人、中共党员朱家璧。曾在延安抗日军政大学学习的朱家璧，回到云南后，通过其族叔、滇军高级将领朱旭的关系，打入滇军，最后担任了卢汉的特务团（警卫团）团长。虽然，蒋介石发现朱家璧有“嫌疑”，电令卢汉扣留、惩办，但卢在扣押了朱家璧之后，以“保外就医”放走了他，随后又重新任命他为第一方面军司令部二处的科长。龙云、卢汉对中共及其地下党员的态度，与他们政治态度的变化是分不开的。

5. 军民齐心战滇西　胜利先声响云南

1941 年底，日本偷袭美国珍珠港，发动了太平洋战争。接着，日本先后占领了菲律宾、关岛、威克岛、香港、马来西亚、新加坡、印度以及中国香港等地，到了缅甸，才真正遇到了抵抗，而抵抗的主力来自中国远征军。1942 年初，中国远征军踏上了入缅的征程，雄壮、高昂的“中国抗日远征军战歌”，响彻中国、缅甸边境山谷一带。

中国不会亡，
中国不会亡，
远征军健儿浴血拼杀上战场。

枪，在我们肩上
血，在我们胸膛，
庄严的军旗在炮火中飘扬。
宁死不后退，
宁死不投降，
日寇强敌不敢挡，不敢挡！
中国不会亡，
中国不会亡，
远征军健儿浴血拼杀上战场。
枪，在我们肩上，
血，在我们胸膛：
到缅甸去吧，走上国际的战场。
宁死不后退，
宁死不投降，
日寇强敌不敢挡，不敢挡！

1942年10万中国远征军由云南入缅，在战役上与盟军协同作战，是中国自甲午战争以来，近半个世纪第一次出师援助友邦、抗击侵略的大规模军事行动。尽管，中国远征军第一次入缅，英勇战斗，不怕牺牲，在同古、仁安羌等地给日寇以沉重打击，抵挡了日寇达半个月之久，取得了局部战役的胜利。但是，由于坐失良机，英军背弃盟约和退却，以及指挥混乱等，造成了悲壮的失利，使中国失去了西南惟一的国际交通线，并使日寇的战火烧到中国的西南大门。

1942年4月29日，当进入缅甸的我军主力在曼德勒以南与日军作战之际，日军乘虚以第五十六师团由棠吉进攻腊戍，以装甲车为先导，并用汽车载步兵的快速部队沿滇缅公路挺进。5月2日，进入我之边境畹町，4日占领龙陵，5月5日上午我守桥官兵将怒江上的惠通桥炸断，阻止敌人深入怒江以东。5月10日，腾冲沦陷，延至

1943 年初，日寇占领了我云南境内怒江以西约 3 万多平方公里的滇西国土。

日军入侵滇西，蒋介石、龙云都大为震动。滇西危急，既威胁到昆明的安全，也威胁到重庆的安危。蒋介石不得不争取和安抚龙云，以便能够指挥滇缅战场的抗日斗争。龙云在大敌当前的情况下，支持中央军在滇西的行动，以省政府名义号召全省人民和各级地方政府，支持滇西抗战，要求滇西沦陷区各级政府开展游击战争，组织民众自卫队，协助中央军打击敌人；前线政府和地方军队应听从中央军指挥官的指挥。

日军入侵腾冲时，原腾冲县长、腾龙监督等人先敌而逃，著名腾冲爱国士绅张问德、刘楚湘等人，毅然以抗敌为己任，将县政府迁到游击区的界头。张问德不顾 63 岁的高龄，接受龙云的命令，出任腾冲抗战县长，领导腾冲及其附近地区的各族人民进行艰苦的抗日斗争，配合敌后我军行动，给敌人以沉重打击。

滇西反攻战，我军强渡怒江

1944年，世界反法西斯战争取得了重要进展，滇西反攻战则于5月拉开序幕。投入滇西反攻战的正规部队，有宋希濂第十一集团军和霍揆彰的第二十集团军约16万人，他们在云南省政府、地方军队和云南各族人民的支持下，进行了一次次英勇顽强的战斗。

1944年5月10日夜，中国远征军分路大举强渡怒江，初期渡江有4万人，一举成功。但渡江以后的战斗，却相当激烈，许多堡垒、山头、村寨，数易其手，最后才攻克。例如，腾冲战役中，历经51天的围攻和苦战，才于9月14日结束。腾冲日本守军2600余人，除50人被俘外，其余全部被歼。据最先进入收复后的腾冲城的《大众报》记者报道，我军攻入城后，历数日寇建在城内的堡垒有300多座。在腾冲城内不仅找不出几片好瓦，连青的树叶也一片无存。可以看出，每一寸土地，都是浴血搏斗得来的。腾冲战役，公署、学校、庙宇被毁50余所，民房铺面被毁五六百间，四个城楼及城中心之文星楼全部被炸毁，城墙炸出缺口60多处。这是名副其实的焦土抗战。据腾冲所立抗战阵亡官兵纪念碑记载，1944年收复腾冲战役，从夏到秋，大小40余战，歼敌联队长藏重康美以下1万余人。我军亦阵亡团长覃子斌、李颐等官兵8000余人，受伤近万人。战斗之激烈，为日本侵华战争中罕见。又据我第二十集团军的综合统计，渡过怒江到腾冲攻克为止，生俘敌军官4人，士兵60余人，营妓18人；毙敌军官100余人，士兵6000余人。我军则伤亡官佐1334人，士兵17275人。

松山战场遗址

而松山战役又是另一番情景。松山为高黎贡山正脉，雄峙怒江西岸，是滇缅公路惠通桥至龙陵的必经之道和重要的制高点，有“东方直布罗陀”之称。我军从 1944 年 6 月 4 日，向松山发起进攻，经过 3 个多月的苦战，几十次的冲锋，才于 9 月 7 日全歼松山守敌，其余附近各据点陆续扫清。这次争夺战中，守备该地的 2000 名日军中，只有 9 名被俘，10 名逃脱（途中又被击毙 9 人，实际最后只逃脱 1 人），其余全部死亡。而我军死伤官兵达 7679 人。松山争夺战是滇西抗战中最艰苦的战役，也是争取滇西抗战胜利的关键一仗。松山战役的胜利打通了到龙陵的公路交通线，为滇西全面反攻开辟了胜利的道路。

接着，我军于 11 月 3 日收复龙陵，11 月 20 日收复芒市，1945 年 1 月 20 日收复畹町。这样，经过半年多的艰苦反攻，滇西沦陷区终于全部收复。日本侵略者被赶出了滇西。1945 年 1 月 27 日，中国远征军与中国驻印军在缅甸境内芒友会师，标志着滇西战役的完全胜利。

中国驻印军与中国远征军在缅甸芒友会师场面

滇西反攻战从 1944 年 5 月 11 日到 1945 年 1 月 27 日，历时 8 个月零 16 天。据统计，滇西缅北反攻战中，日军伤亡和被俘共 21057 人，而中国远征军阵亡 26697 人，伤 35541 人，失踪 4056 人，共 66294 人。⑨

滇西抗战的胜利，在抗日战争史上具有特殊意义。日寇入侵滇西，正是世界反法西斯战争和中国人民抗日战争最艰苦的年代，也是日寇最嚣张的时期。由于滇西军民的英勇抗击，使日寇进攻受挫，只能局限于怒江以西一隅之地。滇西战场坚持两年有余，未使日寇阴谋得逞，实属不易。在中国抗日战争大反攻前夕，滇西军民主要依靠自己的力量，在盟军配合下，艰苦奋斗，付出了重大代价，收复了被日寇占领的怒江以西的全部国土，打通了西南对外陆上交通，影响深远。所以，当时人们称这是抗战胜利的“先声”，最后胜利的日子快要到来了。我国抗战收复失地，“实为滇省最早”。它既为中国人民反击日寇、夺取胜利树立了榜样，也直接促成了缅北反攻的胜利，对全国抗战和全世界反法西斯战争都是巨大的支援。

6. 保家乡建设后方　卫祖国支援前线

在抗日战争时期，以龙云为首的云南省政府、滇军，保卫家乡，建设后方，以支援前线、保卫祖国的战争，作了大量的工作。我们这里择其要者概括为三个方面。

第一，滇缅公路等交通设施的建设。

抗日战争全面爆发以后，日本帝国主义在 1937 年 8 月 20 日，宣布封锁中国沿海，阻止其他国家援华的抗日物资进入中国。由于海运受阻，新辟对外通道就成为中国当务之急。在 8 月召开的国防会议上，龙云与蒋介石已经谈及修筑滇缅公路的有关事项。

龙云回到昆明后，国民政府决定，筑路费由中央政府及地方政府各负担一半（中央政府拨款 200 万元），施工力量由云南省政府组织。10 月底，交通部长王芃生来昆明，与云南具体商议修筑滇缅公路事宜。确定由昆明、下关、保山、龙陵。经畹町出界，接缅甸腊戍。全线需改建昆明至下关原筑成的滇缅公路东段411.6公里，新建由下关至畹町的西段547.8公里，使之内联贵昆公路；外接缅甸腊戍—曼德勒—仰光铁路。畹町至木姐路段须修18公里，与滇缅公路连接，由缪云台赴缅，与缅甸谈判成功，由英缅当局负责修筑。

由下关至畹町西段工程艰巨，要翻越横断山系纵谷区的云岭、怒山、高黎贡山等山脉；跨越漾濞江、胜备江、澜沧江、怒江等大江河，高山大川连续不断。从1937年12月起，云南省政府征调民工，每天上阵达15万—20万人，没有筑路机械，全靠双手挖山开路，肩挑人扛，工程十分艰巨。工地上没有住房，风餐露宿；冬天高山地区，以烤火熬过难眠之夜；夏天河谷地区，汗流浃背，瘴疟流行。然而，民工们仍以高昂的爱国热情，差不多都是自带粮食和工具上阵的，虽然说每天可得微不足道的“补贴二角”，却也未完全到手。

为了加快工程进度，1938年1月在保山设立“总工程处”，还成立了关漾、漾云、云保、保龙、龙潞、潞畹六个工程处，直接指挥各段工程的推进。这一段公路上的五座大桥，即漾濞江桥、澜沧江功果桥、昌淦桥、怒江惠通桥、果朗桥的修成，为公路的迅速通车创造了很好的条件。

经过8个月的苦战，到1938年8月底滇缅公路中国段全程959.4公里，全线通车。9个月内共完成土方1123万立方米，石方110万立方米，石拱和石台木面小桥169座，石镶涵洞1443道，木便桥涵413道，大中型钢索吊桥2座，石台木面桥2座，木桥3座，共铺泥结碎石路面900多公里。而在整个施工过程中，民工死亡人数达两三千人，伤近万人。

滇缅公路的通车，是公路建筑史上的奇迹，震惊了全世界。国际上对这条公路的通车半信半疑，认为如此艰险的工程，绝非短期内能够完成。美国总统罗斯福特命驻华大使詹森亲往考察，詹森考察后认为，此路纯系民间用普通工具所筑成，并无开山凿土碎石等机械辅助，惊为世界之奇迹，可同巴拿马运河相媲美。

滇缅公路完成后，护路和改善工程的任务仍然十分艰苦，然而抢修被日军炸毁桥梁、涵洞的任务，更为艰巨。从 1940 年 10 月 18 日到 1941 年 2 月 27 日仅四个月时间内，日本飞机轰炸功果桥 16 次，轰炸惠通桥 6 次，累计出动飞机 400 架次。每次桥炸毁，军工和民工们立即出动抢修，始终保持通畅，所以有“炸不断的滇缅公路”之称。[10]

滇缅公路通车后，在 1939 年的 11 个月中，通过公路运入武器和其他物资共 27980 吨。平均每月 2000 多吨。1941 年更达 132193 吨，其中，汽油占三分之一。1942 年初 10 万中国远征军入缅战斗，也主要是靠这条公路运输的。

滇缅公路成了中国大后方“命脉”的要道，被称为“抗战输血管”。它既是一条军事运输线，也是一条商业贸易要道。这条道路的打通，粉碎了日本帝国主义的封锁，加强了中国的抗日力量，同时把中国人民的抗日战争与世界反法西斯战争进一步联系起来。

1942 年 5 月初，日军由缅甸入侵云南怒江以西，滇缅公路被截断。这时，又开辟了从昆明飞往印度阿萨姆邦、穿越喜马拉雅山麓的中印驼峰航线，虽然运输数量有限，仍可解燃眉之急。1944 年滇西战场反攻开始，军事反攻在某种意义上说，是一场公路交通的争夺战。为了开辟中印公路，打通一条新的出海通道，筑路工程随军事进展而推进，经过 2 万多人日夜的努力，终于在 1945 年 1 月 28 日正式通车。中印公路从印度雷多经缅甸密支那，分两线进入中国，直达昆明，北线全长 1568. 3 公里，南线全长 1731. 7 公里。这样，中印缅道担负了原来滇缅公路的运输任务，为抗日战争的大反攻及其最后胜利作出了重要贡献。

第二，后勤供应和人力支援。

抗战开始以后，云南作为粮食尚不能完全自给的省份，后勤供应不能不是一个沉重的负担。由于东部地区国土沦陷，战区同胞、机关、学校、工厂不断迁滇，华侨义民回国也不少；随后云南前方

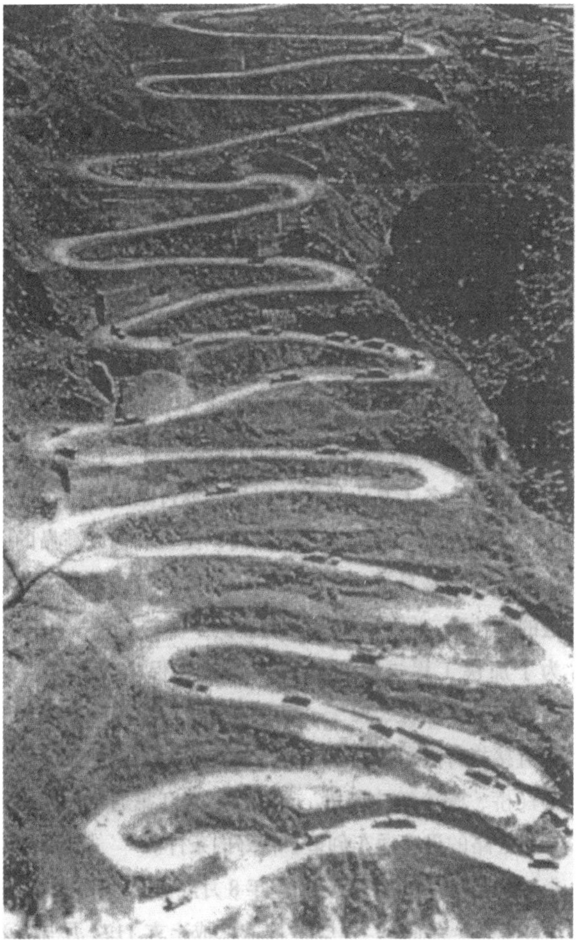

蜿蜒于高原上的抗战公路

变为后方，各省军队陆续入滇者亦甚多；加上盟军及技术人员来滇，这样涌入滇省总人口约百万之多。其时，外米无从进入，内地运粮转运艰难，这些人口主要靠云南早有准备的积谷和加紧生产的粮食支持。仅滇西反攻战过程中，补给军粮达万吨，马料 6000 多吨，弹药 3000 多吨，食盐副食品与装备器材等又约 14000 吨。

而人力的支援几乎是难以计数的。在抗战中，云南先后派出子弟到前线约 40 万人，与日寇浴血奋战中，伤亡官兵达 10 余万人。而敌机轰炸云南先后 508 批，炸死云南各族人民 4210 人，炸伤 2944 人，共 7154 人，炸毁房屋 29704 间，财产损失难以计算。民间的征调更是一个庞大的数字。仅修筑滇缅公路一项，动员民夫达 150 万人之多；而修建和扩充呈贡、沾益、蒙自、祥云、保山，寻甸的飞机场，动员民工又在 100 万人以上。而在 1944 年反攻腾冲之役，仅腾冲地区人民即出动 3. 8 万余人，为部队运送粮秣弹药；用于向导、侦察、救护的民夫有 5000 人，后又发动 3000 人赶修腾龙公路、抢修机场等。据不完全统计，腾冲之役使用民夫在 4. 6 万人以上，而在腾冲各次战役中，牺牲各族群众在 4000 人以上。

驼峰航线上飞越喜马拉雅山的飞机

据第十一集团军总司令宋希濂回忆说："当时绝大部分的粮食是由滇西老百姓拿出来的，从昆明方面运济的只有很少一部分。有了粮，还得送到部队所在地去，同时打仗还需要大批的弹药来补充。滇西仅有一条滇缅公路，其他地方都不能通行汽车和火车。由于战争在怒江以南进行，而怒江两岸全是崇山峻岭，道路崎岖，有些小道甚至连骡马都不能通行，完全依靠人力挑运。好些地方沿途没有村舍，食宿都成问题。当时投入这场运输任务斗争的滇西老百姓，至少有二三十万人。"[11]没有云南各族人民的支持，滇西反攻战的胜利是不可想象的。

其他方面的支援也是引人注目的。例如，购买救国的公债、开展献金运动、征募药品、输血献血、捐献寒衣、慰劳前线战士等。尤应当提到的是，1941年在全国捐献飞机的活动中，云南人民共献机30架，名列全国各省第一，得到军委会副委员长冯玉祥的表彰。

第三，开展抗日救亡与民主运动。

云南的抗日救亡运动与民主运动蓬勃开展，对抗日战争是个巨大的支持。

1935年底，中共地下组织恢复和重建，重新领导了云南的抗日救亡运动和民主运动。这时，由于日本帝国主义加紧了对华侵略，民族矛盾上升，中央红军胜利到达陕北后，中共中央提出了建立抗日民族统一战线的主张，颁布了"抗日救国十大纲领"，实行全民族动员，彻底战胜日本帝国主义。中共云南地方组织响应中共中央号召，领导云南各族人民开展了一系列抗日救亡活动。抗日救亡群众组织，像雨后春笋般地纷纷建立起来，“云南学生救国联合会”（学联）、“云南青年抗日先锋队”（抗先）等公开和秘密的抗日组织，成为宣传和组织抗日救亡运动的中坚。《救亡》《火山》《南方》等救亡刊物相继出版，广泛宣传抗日民族统一战线。在救亡歌咏团体的推动下，《义勇军进行曲》《流亡三部曲》等救亡歌曲广泛流行，激发了各族人民的爱国主义热情。

1938年4月，北京大学、清华大学和南开大学辗转迁移来到云南，在昆明组成了西南联合大学。与此同时，沿海和内地一些高等学校和研究机构，先后迁来云南。云集昆明的一大批学者名流中，有不少是著名爱国民主人士，他们的来到，进一步推动了云南的救亡和民主运动。在中共地下组织的推动下，以青年学生、文化艺术界人士为先锋，把社会各界人士逐渐投入抗日救亡的洪流之中，以昆明为中心的云南抗日民主运动，不断向前发展。

中国抗日战争进入相持阶段后，蒋介石集团日益消极抗战、积极反共，同时在国民党统治区实行白色恐怖，昆明的抗日救亡运动被迫转入低潮。然而在1941年12月，国民政府行政院长孔祥熙及其家人竟然不顾香港知名人士的死活，垄断民航飞机抢运私人财产以至洋狗等，从而激起了昆明青年学生的愤怒，有3000多学生走上街头，游行示威，掀起了“倒孔”（打倒孔祥熙）运动，为民主运动的复苏创造了条件。

1943年，世界反法西斯战争转入了反攻阶段，民主运动又逐渐高涨起来。中共也加强了对以龙云为首的云南地方实力派的教育与争取。同年10月，中共中央南方局派华岗为中共代表，与龙云建立直接联系，进一步做争取龙云的工作。1944年的五四运动纪念活动，成为云南地下党发动的一次群众性的民主运动。

1944年7月7日，在中共云南省工委领导发动下，云大、西南联大等校举行了抗战七周年纪念大会和时事报告会，有2000多师生出席，邀请了20多名知名教授、学者讲演，对国民党的倒行逆施，公开抨击。同年10月10日，在中共云南省工委领导下，由民盟云南省支部出面，昆明各界人民举行大会，李公朴、闻一多、罗隆基、楚图南、张奚若等人发表演说。同年 12 月 25 日，在省工委领导下，由云大、西南联大等校发起召开了护国起义大会，有 6000 多人参加。大会宣言谴责国民党政府的腐败，再次要求结束一党专政，召集人民代表会议，组织民主联合政府，会后举行了规模宏大的游行。这次集会公开响应中国共产党的政治主张，使民主运动达到了新的高度。

就在 1944 年底，在中国共产党的教育与民主同盟的帮助下，云南的龙云与四川刘文辉、潘文华等，先后秘密加入了民盟，成为民盟的秘密成员。龙云的秘密入盟，有力地支持了昆明的民主运动，促进了昆明作为大后方“民主堡垒”的形成。

1945 年 5 月 4 日，昆明地区举行了纪念五四的青年运动大会，几千人齐声高呼“立即结束国民党一党专政！”“建立联合政府！”等口号，会后游行，队伍由 8000 人增至上万人，最后达到 2 万多人。歌声雄壮，气势浩荡。这次集会后，正式成立了昆明学生联合会。

1945 年 8 月 15 日，日本宣布投降，胜利的消息迅速传遍全中国，昆明及云南城乡各地到处响起了欢庆胜利的欢呼声、鞭炮声。然而，国民党政府却趁日本投降之机，调动其部队，抢夺抗战胜利成果，并准备进攻解放区，发动内战。1945 年 9 月 4 日晚，民盟和昆明教育界各团体召开昆明教育文化界庆祝抗战胜利大会，宣读了《昆明教育文化界庆祝抗战胜利致国共两党宣言》，提出保证胜利果实、组织联合政府、实现和平建国等 5 项意见。1946 年 6 月，由民盟发起“反对内战签名运动”，有上万人签名，呼吁全国人民团结起来，要求和平，制止内战。以昆明“民主堡垒”为中心的力量，又转入了建立和平民主新中国的斗争！

7. 卢司令入越受降　滇军人为国争光

1945年8月，日本投降，举国欢腾。滇军所属各部，奉命在三个地方接受日军投降，为国争光。这三个地方是：南昌、九江和越南。

（1）入越受降

越南是日军西进印、缅，北犯滇、桂，南侵南洋的重要据点。1941年，日军驻越南约10万人，曾屡屡侵犯我滇南地区。1945年6月，滇军奉命追击在越南之日军，从6月17日至8月21日，先后作战32次，毙敌300余人，滇军亦伤亡百余人。

1945年8月15日，日本宣布向盟军投降，标志着第二次世界大战的结束。8月17日，对法西斯作战的盟军统帅部发布第一号命令指出："台湾及北纬16度以北法属印度支那境内的日本高级指挥官以及所有陆海空军和辅助部队，应向蒋介石委员长投降。"北纬16度以南，则由英国军队受降。为此，蒋介石命令卢汉率第一方面军全部入越，接受日军投降，以卢汉为入越受降官。卢汉受命指挥第五十二军、六十军、六十二军、九十三军、暂编19师、23师、93师等部，负责接收越南北纬16度以北地区。日军投降代表为三十八军司令官土桥勇逸，率三十八军、二十一师团、二十二师团及三十四独立旅团投降。办理受降地点为越南河内。

其时，中国当局将中国战区分为15个受降区（台湾受降区另定），分别由第一方面军司令官卢汉、第二方面军司令官张发奎、第七战区长官余汉谋、第四方面军司令官王耀武、第九战区司令官薛岳、第三方面军司令官汤恩伯、第三战区长官顾祝同、第六战区长官孙蔚如、第十战区长官李品仙、第十一战区长官孙连仲、第十一战区副长官李延年、第五战区长官刘峙、第十二战区长官阎锡山、第二战区长官傅作义主持。

近代以来，中国多次遭到列强侵略。抗日战争是近代以来中国人民反抗外国侵略取得完全胜利的战争，以战胜国资格接受日本法西斯投降，无疑是我国历史上光荣的一页。1945 年 8 月底，卢汉通知日军土桥勇逸，派代表前往云南开远第一方面军司令部驻地洽降。9 月 1 日，土桥勇逸派其参谋长酒井干城为代表，乘飞机至蒙自转开远。次日，第一方面军参谋长马锳等接见了日军洽降代表，并宣读了《中国战区中国陆军第一方面军司令部备忘录（汉字第一号）》，饬令日军“各就所在驻地，候本司令官所属之部队到达时，应立即命令负责交代地区后，到达指定集中之地点”，并“妥善保管”各项物资，听候接收。接着，又将汉字第二至第五号备忘录四件交日军代表，具体指定日本陆、海、空军之集中地点，令其将各类战争物资集中于河内。9 月 3 日，卢汉传见酒井干城，告知第一方面军副参谋长尹继勋为方面军特派驻河内指挥所主任，又以总部参谋谢崇琦为先遣参谋组组长，与酒井干城同飞河内，筹备司令部推进河内的一切事宜。

从 9 月 1 日以后，第一方面军所属各军陆续向越南推进，到 9 月中旬，各军、师部队全部到达越北指定位置，总计 5 个军、3 个独立师共 20 万人。此外，重庆国民政府各部，如军令部、财政部、外交部、经济部、交通部、粮食部等派代表联合组成顾问团，赴河内配合卢汉工作。

9 月 14 日，卢汉、马锳等飞抵河内，正式办理受降事务。卢汉总部设在前法国驻越南总督府内，该府是一座三层的法式大厦，古朴、宏伟而又豪华。中作塔形，分左右两翼，前为大理石台阶，大厦前广场立旗杆，高悬中国国旗。办公室的摆设富丽堂皇。卢汉就坐在宽大的办公桌后的安乐椅上，发布接受日军投降的有关命令。

9 月 28 日，在河内第一方面军司令部大礼堂举行受降仪式。礼堂四周悬挂中、美、英、苏四国国旗，正中高悬孙中山像。受降官卢汉坐于礼堂中央，马锳、尹继勋陪坐两侧，外向左为盟军代表席，右为高级将领席，后为来宾席。我方顾问团、驻越侨民机关首长、滇南美军司令嘉礼格、法军远东军司令亚历山大、越南越盟党政官员，以及各国记者约500人临场观礼。日军第三十八军司令官土桥勇逸、第二十一师团师团长三国直福、独立第三十四旅团旅团长服部尚志三人被引入礼堂，向我受降官鞠躬致敬。土桥等人北面站立，卢汉宣读了《中国战区中国陆军第一方面军司令部第一号训令》，自即日起，越南北纬16度以此地区的日军，完全受本司令官节制指挥，办理日军投降事宜。读毕，土桥在“受领证”上签字，表示完全遵照执行。签毕即退席。

卢汉随即发布《中国陆军第一方面军司令部布告》，申明中国陆军来到越南，接受日本侵略军之投降，解除其武装，并遣散之。中国军队不是越南之征服者或压迫者，而是越南人民之友人及解放者。越南原有之各级行政机构，“一仍旧惯”。凡从事正当职业，虔诚信奉宗教，寻求合法权益之善良人民，不论任何国籍，本司令官一律予以爱护，全体人民应服从本司令官所颁布之规章命令，遵现行法律，并与中国军队切实合作。卢汉宣布，保护越南人民及各国正当侨民之合法权益，而对于聚众骚扰、危害治安、破坏受降秩序者，不论由何人发动，亦不问其具有任何理由，本司令官将执法以绳，予以制裁。

9月28日起，第一方面军主持的日军投降工作全面展开。经清查，除物资外，受降时在越南北部日军为3万余人，除押解广州的战犯189名以外，实有日军官兵29802人。在河内，海防、土伦等地，分区设置集中营地，成立战俘管理处，约束战俘，管理生活，实施教育。到1946年4月，约3万名官兵及部分日侨，经卫生检疫并注射防疫针后，分乘美方提供的九艘运俘船遣送回国。至此，入越受降工作全部结束。滇军入越受降，为国争光，也为云南人民争了一口气。滇军能代表国家入越受降，官兵们无不引以为自豪，这也是滇军的光荣。

（2）南昌受降

江西南昌、九江属第五受降区，受降部队主官为第九战区司令薛岳，而直接接受日军受降的则是滇军第五十八军和新三军。

1945年9月14日，第五十八军军长鲁道源在南昌举行受降仪式，接受日军投降。受降官鲁道源坐在主席台正中央，左边为副军长梁得奎、新10师师长肖本元，左边为军参谋长鲁元、新11师师长侯镇邦。参加受降的还有第28团团长黄兴周、第29团团长常冀贤、第30团团长龚德敏、新10师副师长冯云、兼国际法官的军法处长李屏仓、随军记者兼军部秘书黄声远等20余人。

日军第六方面军司令官兼第十一军团长笠原幸雄大将代表日军投降，并有随员8人。

仪式开始，由坐在主席台下面的笠原幸雄签字的投降书，送交鲁道源军长。投降书的内容是："（一）本官奉上司之命，统率驻南昌、九江地区之一切所属陆军部队以及不久集结该地区内之各部队，并统制海军部队请向中华民国第九战区长官薛岳将军阁下投降。（二）本官当立即遵照中华民国第九战区司令长官备忘录第一号至第三号规定以及今后之命令实行。（三）解除武装俟调集完毕后，着令各地区投降部队指挥官立即遵照中国各受降主官之规定实施。"

鲁道源军长接受了投降后，训话说："吾人同集此间，缔结一庄严之协定，俾将恢复和平。深盼自此庄严之时刻以后，由过去流血中产生更完善之世界，以信义谅解为基础，同致力于和平光明之大道。余代表第九战区司令长官以正义及谅解继续执行余之责任，深盼笠原将军确能全部迅速忠实履行投降缴械之条件，使吾人之希望能得完满结束。最后盼吾人之和平永葆不替。"⑬

鲁军长训话完毕，庄严、隆重的受降仪式即告结束。

（3）九江受降

1945年9月5日，由新三军军长杨宏光在九江举行受降仪式。受降地点在九江柴桑巷新三军军部，杨宏光在主席台正中，陪同他受降的有新三军参谋长卓立、第183师师长余建勋、新12师师长唐宇纵、副师长关竹青，以及部分团、营、连长。

代表日军投降的是日军第六方面军司令官兼第十一军团长笠原幸雄，以及第十一军团参谋长富福伴藏、第八十四旅团长中尾小六，该旅团参谋长十二纠等。其部队包括笠原幸雄所属驻九江部队，由广西、湖南方面退到九江的所有军队投降，约 6.3 万日军，同时有日军战马 600 多匹，步枪 3 万多支，轻重机枪 2000 多挺，各种火炮 1000 多门，弹药、器材及其他军用物资 200 多库，各种车辆 300 多辆，各种舰艇 100 多艘，工厂、兵站、修理所 100 多个。

仪式上，笠原幸雄将签字后的投降书，递交杨宏光军长，同时将自己腰间的佩剑也解下来献给杨军长。该佩剑据说是 800 年以前铸造的，是他奉派参加侵华战争时，日本天皇特赐给他的。杨宏光接受投降书后，进行了训话。庄严、简朴的受降仪式就结束了。

新三军在九江接受日军投降之后，军队实行缩编。缩编为第 183 师，合并入第五十八军，从此结束了它光荣的抗日使命。

抗日战争结束，滇军参与的受降任务结束了。滇军在抗战中，英勇抗战，为中华民族最终取得抗日战争的胜利，作出了自己的重要贡献。尽管在战争过程中，也曾有过失利，但是不论在任何艰难困苦的条件下，从来没有出现过投敌叛变行为。滇军没有投降将军，也没有产生过伪军。宁为玉碎、不为瓦全，这种高尚的民族情操，是滇军出征部队的光荣，也是云南各族人民的光荣。

参考文献

①龙云：《抗战前后我的几点回忆》，见《文史资料选辑》第 17 辑。

②见《中华民国重要史料初编——对日抗战时期》第 6 编第 46—47 页，台北 1981 年第 1 版。

③见云南省档案馆编：《滇军抗战密电集》第 214 页，昆明 1995 年第 1 版。

④以上电文，见《中华民国重要史料初编——对日抗战时期》第 6 编第 115—116、121—123 页。

⑤黄声远：《壮志千秋·陆军第 58 军抗日战史》第 21 页，上海汉文正楷印书局承印，1947 年第 1 版。

⑥《云南日报》1941年10月4、5日。

⑦参见孙代兴、吴宝璋主编:《云南抗日战争史》第89—90页，云南大学出版社1995年版。

⑧《云南日报》1941年10月3日。

⑨《远征军司令长官部所属各战列部队各战役伤亡官兵骡马统计表》(档案资料)，见张宪文主编《抗日战争正面战场》第307页，河南人民出版社1987年版。

⑩中华民国史资料丛稿《缅甸作战》上册第2页，北京，中华书局1987年版。

⑪《鹰犬将军》(宋希濂自述)第182页，中国文史出版社1986年版。

⑫凌其翰:《在河内接受日本投降内幕》第132页，世界知识出版社1984年版。

⑬黄声远:《壮志千秋·陆军第58军抗日战史》第162、163页，上海汉文正楷书局印刷，1947年第1版。

十二　杜聿明昆明政变

（1945 年）

1. 蒋介石谋划已久　美驻军受到挑拨

远在1931年“九一八”事变以后，蒋介石便提出了“攘外必先安内”的口号。这个口号包括两个方面的含义，一是企图消灭红军，二是企图吃掉各省地方势力。抗日战争全面爆发后，国民政府迁都重庆。当时西南大后方的四川、云南、贵州、西康（今四川西部）四省区，实际上都为地方势力所割据。四川主要是刘湘系统的势力，西康是刘文辉的势力，云南是龙云的势力，贵州虽然在红军过当地时为“中央军”所控制，然而谷正纲、谷正伦兄弟盘踞贵州后，也带有割据性质。他们表面上拥护中央，实际上各有各的打算。蒋介石为了实现其“统一”事业，就希望尽快消灭这些地方势力。对四川，蒋介石先派参谋团入川，直至迁都重庆，张群出任省主席后，四川局势才逐渐为蒋介石所控制。对于西康来说，在西康设立军事委员会委员长西昌行辕，以张笃伦为主任，就近监视和牵制刘文辉，稳住了西康。唯独云南龙云，虎踞全滇，养精蓄锐，所有军事、行政、财政、人事，都与蒋介石中央保持“半独立”状态，对蒋介石貌合神离，阳奉阴违，加上民主运动在昆明开展，使昆明在抗战中有“民主堡垒”的称号。对此，蒋介石甚感不安，决心从长打算，最终要解决龙云问题。

蒋介石的策略是，为要解决龙云，先要笼络龙云，不断加官晋爵。1936年蒋介石任命龙云为滇黔绥靖公署主任；1938年成立云南军管区，龙云以省主席兼军管区司令；1940年底，蒋介石设立军事委员会委员长昆明行营，以龙云为行营主任，令在滇各军（不论是中央军还是地方军）归龙云指挥。抗战中期，蒋介石在昆明设立“军事委员会驻滇干部训练团”，蒋自兼团长，叫龙云、陈诚为副团长；抗战后期，蒋介石把陆军总司令部移到昆明，以何应钦为总司令，任命卫立煌、龙云为副总司令。但是龙云心里也明白，虽升了许多官职，却只能指挥滇军，不可能指挥中央军。因此全面抗战爆发后，滇军主力调往抗日前线，龙云不顾蒋介石各省只能建立地方保安队的命令，在省内新编 7 个步兵旅，以保持省内有足以应付事变的军事实力。1941 年，龙云又将 7 个步兵旅扩编为 6 个师和 1 个独立旅。各师、旅都由龙云直辖，不编入全国军队序列。此外，各县还有庞大的后备军，大县 1 个营、小县 1 个中队，全省保持 48 个营的兵力。在行政、财政、金融等方面，云南都有很大的权力，中央难以干预。在征兵征粮、镇压民主运动方面，龙云基本上都是自作主张。

随着抗日战争形势的变化，特别是太平洋战争爆发，东南亚局势危急、滇省受到日寇威胁的形势下，龙云逐步改变了以前禁止非滇军部队不得进驻昆明的规定，同意杜聿明的第五军开入昆明地区；不久，蒋介石在云南成立军事委员会驻滇参谋团，以林蔚为团长，成立昆明防守司令部，以杜聿明兼任司令。与此同时，国民党的特务组织也打入了云南。到 1942 年，在云南境内的军队已有第二军、五军、六军、八军、五十二军、五十三军、五十四军、六十军、六十六军、七十一军、九十三军等 11 个军，除六十六军、九十三军为滇军外，其余基本都是中央军。中央军大军云集，已深入到云南全省各地（包括昆明在内）。

1945 年 4 月初，杜聿明接到昆明机场的紧急电话说，蒋介石要你马上去重庆，飞机已准备好。杜聿明急忙赶到重庆，蒋介石见面的第一句话就问：“来的时候看到什么人没有？”弄得很神秘。

杜答：“在昆明没有任何人知道。”

蒋又问：“到重庆见到什么人？”

杜答：“谁也未见。”

蒋介石连声说：“好，好！”接着又说：“目前准备对日本反攻，必须安定后方，统一云南的政治经济和军事，以保障抗战的最后胜利。现在拟调龙云到中央任军事参议院院长，但是恐怕他不服从，你要在军事上作彻底解决龙云的准备，先将昆明附近的国防工事全部控制，然后我再明令调遣龙云。于命令到达的同时，即以武力解除龙云的全部武装，并限龙云于三日内到重庆。”

杜聿明表示，龙云仅有两个步兵师、一个宪兵团在昆明，另有几个交通大队及地方保安团队在云南境内，在军事上解决龙云是不应该有什么问题的。

蒋介石很高兴，要杜立即回昆明准备，以免耽搁日子长了。恐龙云左右发现什么，并再三叮咛：“要守秘密，要慎重。”[①]

不久，何应钦去重庆，蒋介石又告诉他要解决龙云。何由重庆返昆明，与杜商量，欲争取和平解决龙云问题，加上抗日战争形势发展变化很快，需要处理的事务甚多，这件事就拖了下来。不过，蒋介石随时都在准备事端，企图寻找解决龙云的借口或突破口。

一次，一个美军少校乘吉普车经过昆明小西门外的十字路口，被暗枪击中左臂。司机立即停车救护，在附近巡逻的宪警闻到枪声赶到，但凶手已经逃走，便将受伤的美军军官立即送往云南省立医院。当日施行手术，取出弹头，详细检查，经美军鉴定结果，认为这种枪弹非云南军警所有，是国民党特务使用的德国制造的枪弹。

又一次，抗战刚胜利，美军集中昆明，即将分批回国之时，美军当局突然宣布戒严，城内茶馆、酒店、娱乐场所及市街上美军都突然不见了。在美军中担任翻译的西南联大负责人梅贻琦的女儿，见情形紧张，跑回家告诉他父亲。梅贻琦深夜访问龙云，探问美军戒严的原因，龙云也不知道为什么。次晨，龙云派人到美军中询问真相，得知“有人说，云南军队要解除美国军队的武装，接收美军的仓库，所以下令戒严”。经解释说明，美军才取消戒严，紧张气氛才缓解。[②]

这两件事后来证明都是蒋介石指使人干的，其目的是要挑起美军和滇军的冲突，然后趁机下手解决云南问题。只是由于时机不成熟，最终未能采取行动而已。

2. 邛海边最后策划　李宗黄奉命来滇

抗日战争胜利之际，蒋介石即以卢汉为总司令的第一方面军，全部入越，接受在越南北部的日军投降。1945 年 8 月底，中国陆军总司令何应钦在芷江会议上，传达蒋介石的指示，命令云南军队全部开入越南。表面上，蒋介石对龙云推崇备至；实际上，是想尽量把龙云在云南的实力削弱和调出，为最后解决云南打下基础。

龙云对全部滇军入越，颇为疑虑。一方面接受日本投降是为国争光的好事，不能不派兵；另方面，蒋介石中央军麇集云南，特务密布全省，又不能不有所戒备。中共云南地方组织对蒋介石的阴谋，有所察觉，为了预防突发性事变，曾多方面做龙云的工作，给他敲警钟，要他提高警惕性。龙云的部下张冲，也劝龙云不要把全部滇军开往越南，要留有余地，要保持高度的警惕。

为此，龙云要求卢汉第一方面军入越的同时，将暂编第 19 师龙绳武（龙云的大儿子）部、23 师潘朔端部、24 师龙绳祖（龙云的二儿子）部留驻昆明，并密告卢汉："如果后方有事，闻讯即火速回军；日军所缴武器，以一部分补助胡志明；过去退入滇境内的法军亚历山大部，要阻止他们回越，因为他们曾与日军勾结。"[3]然而，蒋介石只准许暂编第 24 师龙绳祖部留在昆明，其余仍必须开赴越南。这样，龙云多年训练的"看家宝"，只剩下龙绳祖的暂编 24 师，和宪兵团、警卫大队了。而蒋介石留在昆明的部队却有第五军、207 师、云南机场守备司令部所属四个团、宪兵 13 团等部。龙云留守昆明的部队及龙云本人，都处在"中央军"的包围之中。

入越受降部队中，有滇军六十军、九十三军、暂编 19 师、23 师，共 8 个师的兵力，已很宽裕。但是，蒋介石以入越受降重要为名，又加派中央军第五十二军、六十二军及 93 师。到决定马上要解决龙云问题时，原驻云南境内的五十三军，突然集中河口一带，向越南推进，名为拨归第一方面军统辖，实际与其他驻越南的中央军互为犄角，对卢汉的滇军形成监视防堵的形势。而且在数量上中央军 10 个师对滇军 8 个师的优势，在河内市区还驻有中央宪兵及军统武装。这样，就使进入越南的滇军，在中央军的严密监视下，难以行动。

蒋介石在周密部署了兵力后，即下决心进行解决龙云的最后策划。蒋介石把最后策划解决龙云的地址，选在当时西康省邛海边的西昌，是颇费心机的。其时，抗战胜利刚刚来到，国民政府正准备迁都南京，重庆工作千头万绪，非常紧张。重庆作为陪都所在地，各种政治势力都在那里集中，假如蒋介石在重庆策划解决龙云，是不容易保守机密的，万一事机泄露，当时的各种民主势力，都会支持龙云，对蒋介石施加压力。为此，蒋介石选择了西昌这个地点。西昌既是“委员长西昌行辕”所在地，地理上又处于成都、昆明、重庆之间，更主要的是西昌仍然是一个寂静的山城。在这里处理机密问题，既不受其他政务的干扰，又没有进步党派和民主力量的压力。

1945 年 9 月 25 日，西昌行辕主任张笃伦飞回西昌，同机来的还有蒋介石侍从室的先遣人员，运来载波机一架，督令电报局昼夜安装，以便蒋介石到西昌后作长途通话之用。西昌行辕为准备蒋介石的到来，大修公路和蒋介石的住处，并在蒋介石住处周围，十步一兵，百步一士，警卫森严。9 月 27 日蒋介石率领 30 余人，分乘两架专机，来到西昌。同日，蒋介石派空军副司令王叔铭秘密到昆明，给杜聿明送去了一份亲笔信，大意说，日内就要颁布免除龙云在云南的军事政治本兼各职的命令，调任他为军事参议院院长，最好一枪不放，绝对保证龙云的生命安全。又说，已令昆明飞机归你指挥，应将飞机、大炮、坦克一齐准备好，万一龙云不接受命令，就集中火力轰击五华山省政府所在地。

10 月 1 日深夜，蒋介石派人通知住在重庆浮屠关上鹅岭李家花园的云南籍政客李宗黄，第二天清晨乘专机前往西昌，并附有蒋介石的亲笔信一封，大意说，即将改组云南省政府，请即来西昌面谈。

10月2日凌晨，蒋介石的大儿子蒋经国亲自接李宗黄去机场飞西昌。

李宗黄（1887—1978），字伯英，云南鹤庆人，保定军官学校毕业，同盟会员，曾参加辛亥昆明起义、护国战争，后参加孙中山北伐，曾任中将军长。1927年后投靠蒋介石，任国民革命军总司令部参事、监察委员、党政工作考核委员会秘书长、国防最高委员会委员等职。他虽是云南人，却属于蒋介石中央势力的人员，与龙云的地方势力没有联系。据李宗黄回忆，蒋介石为解决云南问题，曾先后五次召见他，征询意见。李宗黄到达西昌后，蒋介石向李宗黄详细交代了改组云南省政府的方案，李宗黄表示赞成和服从。

10月2日这一天，还有一架飞机到西昌，载有宋子文、陈诚、关麟征、何应钦等军政大员。关麟征已内定为东北保安长官司令，来西昌请示蒋介石，恰遇此事，也卷入解决龙云的漩涡之中。军政大员们到西昌后，召开了两个多小时的紧急会议。会上决定立即改组云南省政府，以李宗黄为云南民政厅长代理云南省主席。当日下午，由空军副司令王叔铭亲自驾飞机，何应钦、李宗黄、关麟征同飞昆明（何应钦到昆明稍事停留后，又飞回重庆去）。他们带去蒋介石的三份手令：

一、免去龙云军事委员会昆明行营主任、云南省政府主席本兼各职，军事委员会昆明行营撤销，行营所属人员由中央统一安排；

云南地方部队交昆明防守司令杜聿明接收改编。云南省政府交卢汉接收，在卢汉未到任以前，由云南省民政厅厅长李宗黄代理。

二、任命龙云为军事委员会军事参议院院长。

三、任命卢汉为云南省政府主席。

除了上述三个手令外，蒋介石另有7条军事改组的命令。[④]同时致龙云私函一件，冠冕堂皇地说：

志舟吾兄勋鉴：寄疆辛劳，时用系怀，当兹建国开始，重在中枢，故特调兄入长军事参议院，参赞戎机，辅导统一，甚望兄能树立楷模，为党国与共休戚也。兹嘱伯英同志（李宗黄）持函赴任，并请惺老（指民国云南元老周钟岳，字惺庵）代达鄙忱，务期如期来渝，早就新职，以慰公私，而全始终。何时命驾，伫候复音，顺颂近祉。[9]

飞机到达昆明巫家坝机场时，已是 10 月 2 日下午 3 点半。飞机一停稳，早已等候在机场上的杜聿明，立即走上机来，就在机上对大家介绍了对付龙云所作的各种准备情况，然后说："为了保密起见，凡是乘坐这架专机的人，包括机组人员在内，均不得不暂时留在飞机上等候天黑。各位即在机上用餐，到时自有车来接。"当天色已黑尽，几辆汽车开到机旁，机内人员即乘车向昆明北郊岗头村疾驶而去。

当晚，杜聿明在岗头村临时指挥所召开团以上军官及由西昌飞昆明人员会议。杜聿明在会上传达了蒋介石的命令后，作出军事部署，要求在 10 月 3 日凌晨采取军事行动。李宗黄考虑到自己今后代理省政府主席的处境，表示希望最好能和平解决，并说，蒋介石还交给自己一封亲笔信，转交云南民国元老周钟岳、胡瑛两先生，望他们从中斡旋，最好在采取行动之前，将信交周、胡二先生，进行调解。杜聿明说："只要龙云不负隅顽抗，能按委座规定的三天日期内离开昆明，可以不用武力解决。给周、胡二位的信，周今夜已飞重庆，胡尚在昆明，立即派人给胡送去。"可是，蒋介石的信送到胡瑛手里时，已是 10 月 3 日上午，杜聿明的军事行动早已开始。

3. 杜聿明发动政变　奔上山龙云冒险

根据杜聿明的军事部署，10 月 3 日凌晨，各部按分配的方位都采取了军事行动。昆明北校场龙云部队及北门宪兵大队都表示愿意照命令缴械，但东门宪兵大队不接受命令，不准任何人接近城楼。有一位居民说，他同宪兵大队的人相熟，自告奋勇，愿将信送上城去。他得到宪兵大队的同意将信送上去后，这个队长一看是蒋介石要他们缴枪，立即开枪打死了送信的人。于是枪声四起，双方开火。接着，北门和北校场龙云的部队听到枪声，也翻了脸，开起火来了。

但是，杜聿明部早已作了周密的部署，而龙云所属部队地方军警皆措手不及，开火约50分钟，即告平息，除五华山省政府所在地外，昆明地区龙云所部皆被缴械或被围困。

“10·3”昆明政变（又称“十月事变”）事起仓促，出乎龙云意外。10月2日午夜刚过，龙云在昆明威远街自己的公馆里，突然接到一个不知从哪里打来的电话。仓皇地告诉他说：“龙主席，事情不对，不知有什么意外，市区已戒严几分钟了，是防守司令部戒严的，电话怕要中断……”话还没有说完，电话果然中断。一会儿，龙云的副官来报告说：“公馆已被包围，交通已经断绝了，司机已被隔在外面。”接着，外面送来一封信，是从门缝中塞进来的，龙云急忙拆开看，是杜聿明、李宗黄两人写来的，说明他们奉命改组云南省政府的缘由。

龙云知情况不妙，必须急谋脱身。然而，龙公馆的前门柳树巷有杜聿明的机枪掩体，附近的护国路和威远街口都被封锁了，行动很困难。不过，龙公馆有一道后门，通财神巷的豆豉巷底，后门对面是他的庶务所长陈汝纯家的大门，从陈家后门出来就是劝学巷11号，走出劝学巷即是象眼街，跨过绥靖路，从咸宁巷出去即是华山南路，从这里就可直上五华山了。杜聿明的部队对这条曲折的路线，事前并未探明，亦未防守。龙云就是从这条路线出走的。龙云出走时，即将天明，正是第五军攻击大东门最激烈的时候。

龙云离家时，穿着一件普通衣衫，把呢帽戴得很低。在他后面约100米的距离，由一个名叫刘兴才的随行副官跟着，携带一支“自来得”手枪，两人约定：如果前面有阻挡盘查，可能发生危险时，龙云抬手揭帽子，就由刘兴才从后面隐蔽开枪，藉以转移盘查视线和目标，以便乘机脱身。离家后，龙云一路都没有发生意外情况。不料，走到四吉堆转角时，迎面驶来一辆吉普车，上面坐着第96师师长黄翔，有四支冲锋枪护卫，看样子好像是巡视各个攻击点，指挥作战的神情。黄翔是认识龙云的，但天尚未大明，加上龙云已变更服装，骤然很难认清，因此黄的车子没有停，只是从龙云身旁开过时，忽然大吼一声："老倌，清早出来干啥子，快回去！"龙云点头称是。行不多远，即与五华山警卫营派出接护的队伍相遇，龙云就这样冒险上了五华山省政府所在地。

龙云上了五华山，他的二儿子、暂编第 24 师师长龙绳祖也脱险到了五华山。五华山士兵们见到自己的师长来到，有了指挥官，士气也就上升了。龙云的得力助手、老部下张冲冒险机智地也上了五华山，更是杜聿明所没有想到的。张冲是滇军中的"智多星"，善于出点子。张冲上了五华山，还亲自给卫士们装弹夹，指挥战斗，龙云深为感动地说："张云鹏（即张冲）这个人，是男子汉大丈夫，有血性、机智而又有胆量。他很讲义气，够朋友，他是我部属中最好的一个。"张冲急忙献计三条，供龙云选择，一是设法扣押宋子文、何应钦、杜聿明作人质，同时电令西康刘文辉（曾与龙云有秘密契约），请他由西康出兵支援。二是张冲自愿到滇西拉起少数民族队伍，根据当时情况可以组织一二十万人武装力量；还可以利用张冲的名义，写信给逢春岭龙健全、瓦渣钱祯祥、思陀李呈祥、元江李和才，要他们召集民族、土司武装，前来支援。三是电令卢汉滇军返回昆明救援。

龙云对这些计策，颇有犹豫，不过他还是发出了戡乱电报，电令云南各县大兴"勤王"之师，派兵进攻杜聿明部；又电在越南的卢汉，回师昆明。然而，由于电报线被截断，这些电报未能发出。而且，龙云哪里知道，卢汉的处境也同样危险和尴尬。

还在事变发生前两日，即 10 月 1 日，陆军总司令何应钦与美国将军麦克鲁突然飞到河内。何应钦名为视察受降情况，实则监视卢汉的动静。10 月 3 日事发当日，蒋介石派空军副司令王叔铭飞抵河内，给卢汉送去亲笔信一封。信是这样说的：

永衡（注：卢汉的字）吾兄勋鉴：抗战胜利，国家急需统一军令政令。为加强中央，巩固地方，特任志舟（注：龙云的字）为军事参议院院长，调中枢供职，以全志舟兄晚节。并委兄为云南省政府主席，委李宗黄为民政厅长，在兄未到任前，由李宗黄代理。盼晓谕所属，以安众心。并望在越受降事竣，来渝一叙。顺颂勋祺，中正手书，十月二日。[6]

这一封信意在安抚卢汉，叫他不要乱动，又有威慑之意。卢汉本是第一方面军司令官，任着军职，这封信说“委兄为云南省政府主席”，并不是“兼”云南省政府主席。“为”与“兼”一字之差，却实际上等于解除卢汉的军职。而且信里也未提及具体何时任省主席职，只说是“在越受降事竣，来渝一叙”。去重庆“叙”什么？也不清楚，省主席一职是否能到手，也是一大疑问。然而，这时卢汉的滇军实际上已被中央军挟持包围，动弹不得，加上蒋介石这封软硬兼施的信，卢汉自知难以对抗，只得镇静以处，行若无事，专心办理受降事务，以免再发生意外。

10月4日，胡瑛拿着蒋介石的信件，上五华山与龙云见面。龙云气愤地说：“老蒋说老子拥兵自固，日本投降后叫我派卢永衡（卢汉）去越南接收，我不仅让第一方面军开进越南，连龙绳武的第19师也一齐开进去了。好嘛！老子今天就是不走，五华山是他老蒋的昆明行营，我是行营主任，要死，我也死在这个岗位上，让国际友人也看看，究竟是哪个拥兵自固？是哪个背信弃义，排除异己。”

胡瑛劝道：“大哥（胡瑛与龙云有金兰之交，龙云排行老大，胡瑛排行老三），你有什么值得生气的？从北伐以来，老蒋的为人难道我们还不清楚？依我看，今天赌气和他硬拼没有任何好处。首先，把昆明打烂了，几十万老百姓的生命财产遭受损失，有违大哥十多年的苦心；再说，也要知己知彼嘛，目前，卢永衡全师远在越南，他背后有关麟征的第九集团军和杜聿明第五集团军的大部，归路已断；昆明被邱清泉的第五军及周福成的五十三军包围，滇西还有王凌五的第九军和霍揆彰的第二十集团军。我们的几个保安团被分割包围于各县，用什么来对付人家？绳祖世兄这点兵力，连鸿翔部队（一个师）都应付不了。何况主力已被包围在北校场，连突围都不可能，正所谓虽有智者亦不能善其后了。大哥还是三思而后行吧！”龙云听后，沉吟不语。

胡瑛见龙云气势有所缓和，又说“胡若愚、张汝骥事变后，我俩就在这里见面，交接省府及三十八军印信，不觉已十八年了。我看你除了操心全省大事外，还得天天伤脑筋应付老蒋。人家处心积虑要你下台已非一朝一夕。今天的形势已大非昔比，人家军、警、宪、特到处都是，你这个行营主任对中央军既不能调，也不能命，这个空头主任还有什么值得留恋的呢？我看你去重庆后，老蒋也不会把你怎么样。真要赌气硬拼，便将玉石俱焚，何况人家掌握着舆论，还可以加给你这样那样的罪名，大哥还是冷静深思为好。”

龙云沉思良久方说：“我提三个条件。第一，云南省政府要正式移交；第二，立即释放被他们缴械关押的云南军警及其他人员；第三，第五军全部撤离市区，立即解除戒严。”

胡瑛回答说：“好吧！我这就到岗头村去。另外，我看李伯英（李宗黄）此来，也是老蒋临时决定的，不如您与他见见面谈谈比较好。”龙云表示同意后，胡瑛即离开五华山。

胡瑛到岗头村，向杜聿明等人回话，转达了龙云所提三个条件。杜聿明表示，前两条不成问题，但第五军撤出昆明，再进来又要流血；立即解除戒严，秩序也无法保障。还是请你转告龙主任，我们奉有委座电令，要他在 10 月 5 日以前到重庆。否则，我们也只有执行命令，强行上五华山了。

胡瑛不以为然地说：“蒋先生给我的亲笔信，说是调龙主任去军事参议院，并没有讲要拿死的去嘛！搞僵了怕不好交代吧！他手边只有被围在北校场的两个步兵营，五华山也只有两连人驻守，连鸿翔部队都难应付，第五军撤出昆明还怕什么？”

杜聿明说：“据我们截获的电信，龙主任分别令各县武装团队向昆明集结。如果他不服从中央命令，企图负隅顽抗，我们只有动用空军和装甲部队，硬上五华山了。”

胡瑛不高兴地说：“你是请我出来调停还是叫我来代表龙主任接受最后通牒？若不是为了昆明百姓免遭兵燹，我何必两面为难！只要一纸八行上复蒋先生，说明无能为力的苦衷，杜司令该不会也认为我是在违抗中央吧！”一时满座默然。胡瑛又说：“我看龙主任的条件并不苛求，若诸位无视公论，一定要打，那就请打吧！我只有自叹无能，就此告退了。不过你们要对昆明的老百姓负责，是非曲直，国内外的舆论会作出结论的。”

李宗黄等人见此情景，纷纷劝胡瑛坐下，请继续为和谈斡旋。杜聿明只好请胡瑛继续做龙云的工作，胡瑛遂建议李宗黄与龙云见面，当面谈谈以示诚意。杜聿明却说，不能让李代主席去冒险。胡瑛直接对李宗黄说：“志舟被大军包围，难道五华山还能摆‘鸿门宴’？我愿保你的大驾前往，如何？”李宗黄乃表示同意前往。

胡瑛陪同李宗黄上了五华山，与龙云见面。李宗黄说：“志舟兄，弟此次仓促奉命来昆，事前毫无思想准备，昨天发生的冲突，让你受惊，真对不起。”

龙云回答说：“这也难怪你。”李接着说：“你所提的三个条件，杜光庭（杜聿明）等全部接受。今天你我见了面，省府便算作了正式交代，其余细节可交秘书长去具体办理。不过蒋先生要你明天即到重庆去，杜光庭等不敢不遵令照办，望你慎重考虑。”

龙云回答：“公私两方面，我都有许多事情要办，明天去怎么来得及？”

李宗黄表示，反正非走不可，何必计较早迟，拖延误事。龙云仍坚持次日不能成行，只答应派行营中将副官杨立德去与杜聿明的参谋长赵家襄在胡瑛家面商具体问题。谈论到此结束。

胡瑛电话通知杜聿明关于李、龙会谈情况。杜仍要求龙明天必须动身，说：“他硬不走，我只有下令疏散五华山附近的居民，硬上去。”同时，蒋介石来电，语气仍然强硬，称“如逾期不至，则将以违抗命令、别有企图视之，中正亦爱莫能助矣”。

10 月 5 日中午，何应钦从越南河内飞往昆明机场。杜聿明等向何应钦汇报龙云情况后，何沉吟不语。胡瑛说：“敬之（何应钦字）兄，你是陆军总司令、总参谋长，志舟又是你的陆军副总司令，事情迫在眉睫，你应当出面缓和一下才说得过去呀！”何应钦答道：

“我才从河内来，到重庆去是当面向蒋先生汇报接收情况的，对昆明发生的事不了解。再说，蒋先生的事，不叫你管的，便不能管，我怎么好插手?”不过，何应钦还是给龙云打了电话，反复劝说。龙云认为，何应钦来也不解决问题，坚持要宋子文来谈才行。宋子文这时是行政院院长，又是蒋介石的小舅子，与龙云关系比较好，是干亲家。而且宋子文以国家行政首脑，亲临劝驾，龙的面子也比较好看。何应钦乃与西昌行营通电话，蒋介石答应派宋子文来昆明。

4. 宋子文出面圆场　龙主席被迫离滇

10月5日傍晚，宋子文的专机到达昆明，在机场上给龙云打电话说：“志舟兄，我是子文，现在我想来看你。电话上说不清，请你把警戒撤开，我现在就来。”龙云面子上好了一些，答应宋子文来，下令撤了警戒。

宋子文上五华山与龙云见了面，劝龙云说：“抗战胜利，你也应该休息休息了。你就任军事参议院院长，比省主席职务高了，也说明中央对你的重视。其他一切困难，包括生命安全在内，我负责。”宋子文又答应了龙云所提的一些具体条件，龙云遂同意于10月6日与宋子文一道飞往重庆。

宋子文离去后，龙云与张冲、龙绳祖商议，暗中准备突围去滇南，以便调回在越南的部队反击。张冲、龙绳祖都认为突围危险，极力劝阻。张冲建议，不如明天同何应钦、宋子文乘飞机去重庆时，在空中强迫驾驶员飞往越南。龙绳祖更加反对，认为太危险，空中失事则同归于尽，太不值得。张冲不再坚持，龙云也不再提突围的打算。

10月6日晨，龙云一行到了飞机场。飞机场停了两架飞机，一架是宋子文的专机，另一架是何应钦的专机。龙云与宋子文、何应钦被安排乘坐宋子文的专机，随行人员只准坐何应钦的专机。劫机当然是不可能的了。上飞机一看，飞机上装满了香蕉等热带水果，

1945 年 10 月，龙云（右一）与杜聿明（左一）在昆明巫家坝机场

说明何应钦的专机刚从河内飞来，他们已经做好了卢汉的工作，若劫机去河内，岂不是自投罗网？在昆明巫家坝机场，当龙云刚要上舷梯时杜聿明戎装佩剑，跑步至龙云面前，立正行军礼。龙云一见杜聿明，立即骂道："杜聿明你这个滥狗，我是委员长的行营主任嘛，他不要我干，只需一个电话就行了。你夜半三更率领部队包围昆明，进攻行营，以下犯上，行同造反，你搞啥子？"杜聿明始终站着，不吭一句话。龙云又问："你的兵该撤出昆明了吧？"杜回答："主任的飞机一起飞，部队马上就撤出。"

飞机起飞了，蒋介石武装改组云南省政府的风波暂告了一个段落，从此结束了龙云统治云南 18 年的历史。龙云走后，杜聿明的部队不仅没有撤出昆明，反而在昆明和云南其他地区到处收缴民间枪支，并先后逮捕了龙云的亲信、副官长杨立德，侦缉队长张永年

（这就是1935年，龙云给红军献图时，具体组织与红军联系的负责人），呈贡县长倪之桢等，想斩草除根，消灭龙云的地方势力，吃掉滇军的根基。原在云南设立的昆明行营、滇黔绥靖公署、昆明警备司令部、云南宪兵司令部及其所属机构全部撤销，所有地方部队统一由第五军收编。这样一来，龙云的地方政权也在事实上随他离去而瓦解。只是由于后来形势的急剧变化，昆明民主运动的高涨，李宗黄代理了60天的云南省政府主席，在昆明呆不下去而离开了。在这种情况下，卢汉才有可能返回云南，接任省主席。卢汉作为地方势力的又一代表，自他出掌云南省军政大权以后，除原有滇军开赴东北以外，又在云南培植了自己的地方武装力量，成为滇军的继续。

几天以后，蒋介石命令杜聿明飞重庆。蒋介石在重庆接见杜聿明说："你解决龙云对'国家'是立了功，可是得罪了龙云，你应该为'国家'背过。我表面上先公布将你撤职查办的命令，实际上调你去东北当保安司令长官。"10月16日，蒋介石发布命令说，杜聿明处理问题失当，着即撤职查办，调关麟征为云南警备总司令。这项命令，蒋介石特别交代要在《中央日报》上以头号标题发表，以息龙云的余怒，做给云南人看。10月3日是龙云没齿难忘的日子，也是龙云对蒋介石完全失望的日子。他曾多次对其亲信讲述这个事件的过程，并说："我并没有和蒋介石争江山、夺社稷，大不了只是政治主张的不同。蒋介石搞中央集权，我主张地方均权；蒋介石要独裁，我主张民主。抗战期间，昆明号称民主堡垒。哪里料到抗战一胜利，这个龟儿竟用卑鄙无耻、小偷式的流氓手段来对付我。古今中外哪有用军事突袭方式改组一个地方政府的，真是贻笑外人了，真可恨又可笑。这是'中国抗战胜利后的第一枪'。本来嘛！连我都容不下，'蒋介石还容得下共产党吗'？"从此，龙云对蒋介石完全失望了。⑦

5.“此路走不通　去找毛泽东”

龙云到了重庆后，蒋介石在表面上仍然很热情，曾与龙云两次会面。但龙云却很灰心。龙云在自己的回忆录中，是这样记载他与蒋介石的会见的情况的。

龙云与蒋介石会面时这样说：“我在你的领导下服务很久了，自问对你、对国家、对地方都没有什么对不起的。改组一个地方政府，调换职务，这原是很普通的事情，但是不采用正常方式，而用这种非常手段，未免过分，这样做，恐对国人留下不良影响。”

蒋介石难堪地回答说：“我的指示不是这样的，这是杜聿明搞错了，要处罚！”

龙云说：“我身体不好，愿在重庆长期休养，关于军事参议院院长职，请另委贤能担任。”蒋说：“要不得，要不得！”

谈话冷淡，且不融洽。两次谈话最后都是不欢而散。[8]

龙云到重庆时，正值国共两党谈判期间。他很注意中共的主张及国共两党谈判的情况，每天都要找人从头到尾把《新华日报》读给他听。因为在 1927 年龙云一只眼睛受伤致残，平时戴着墨晶眼镜，别人不大看得出来。当他看报的时候，要把眼镜取下来，挨得很近才看得见，相当吃力，所以要请人读报。他每次从《新华日报》上得知对蒋介石有什么批评，总是非常高兴，连声叫好。龙云见到熟人，总是喜欢问：“看了《新华日报》没有？”又说：“你们必须多看新华社的消息，新华社的报道正确、可信，不像中央社是个造谣社。”一谈到时局问题，龙云对友人不止一次地说：“此路走不通，去找毛泽东！”这句话差不多成了龙云到重庆以后的口头禅了。

蒋介石很不放心龙云，表面上优礼有加，暗地里却派人监视，使龙云处于被软禁的地位。蒋介石甚至明目张胆地派遣军统高级特务裴存藩到军参院任总务厅长，公开监视龙云的活动，特别注意龙云与中共及民主人士的往来与联系。

而龙云与民主党派的联系却加强了，甚至到了半公开的程度，罗隆基、梁漱溟经常去龙云的住所交换意见。旧政协快要开会时，民盟缺乏经费，龙云一次资助民盟法币2000万元（相当于200市两黄金）。一天，龙云对其英文秘书刘宗岳说："昨晚罗隆基来谈，说民盟准备提你、李一平、李宝清三人为国大代表，问我意见如何，你去告诉罗努生（罗隆基），我考虑这样做不很恰当，你们三个都在我身边，民盟提出来太暴露，要提提作无党无派的，比较合适。"刘宗岳将此事转告了罗隆基。这件事再次说明，民盟与龙云关系密切，然而龙云却希望不要太暴露，这对今后的工作更有利。

1946年3月，国民政府还都南京。龙云本不愿去南京，想先去昆明，然后去香港，但蒋介石不允许。蒋表示关怀，要龙与他一道乘飞机去南京。龙云只好放弃回昆明，却又拒绝与蒋同乘飞机的意见，说要从长江坐船而下，沿途顺便观赏长江三峡风光。

到南京后，龙云被安排在中央路156号洋房中居住，监视却更加严格。除了总务厅长裴存藩随时跟着龙云外，在龙云住宅和军参院附近，都安插了特务组，窥视龙云及其院内的动静。特务们还在龙宅大门对面搭了几间临时房屋，表面上卖茶点、修汽车，里面随时停放着几辆小汽车，以备急需。每当龙云外出，特务们即乘车跟踪。

到南京不久，军事参议院撤销，另成立一个战略顾问委员会，委派何应钦为主任，龙云为副主任代主任主持日常工作。蒋介石要顾问委员会拟出"剿共""戡乱"计划，龙云直率地回答，我只会搞国防计划，不会搞内战计划而拒绝。

龙云在南京继续与民主人士交往，支持民主党派的活动。

1946年夏，民盟准备恢复《文汇报》，因经费困难向龙云求助，龙云开出法币支票5500万元。这样，《文汇报》很快就在上海复刊了。对民革前身三民主义同志会，龙云也慷慨给予支持。1946年底，李济深派秘书吴信达到南京看龙云，约龙云共同集资在上海创办一个掩护民主人士活动的"允华企业公司"。龙云慷慨出资5000万元，

民革创始人李济深

占集资总数的四分之一。1947年底，李济深离上海前，上海民主人士联名登报，举行盛大告别宴会。第二天，刘宗岳代表龙云送李济深上船后，李济深秘密地对刘说："请你告诉龙志公（龙云），我这次借扫墓之名，实际是去香港，不再回来了。请龙志公也赶快设法脱离南京。"

龙云总想寻找机会，离开南京，无奈总被监视，难以脱身。1946年夏秋之交，龙云准备由南京到杭州游览，并去钱塘江观潮，龙夫人顾映秋也从昆明赶到上海等待陪同。龙云身边工作人员为此作了准备和安排，在国际饭店订了房间，又发动上海的云南同乡会准备欢迎。然而，龙云在南京即将赴机场准备起飞之前，国防部长白崇禧来电话说："委员长在牯岭避暑，龙院长要去杭州观潮，必须打电话请示委员长才能动身，请先把飞机票退掉吧！"又说，或者等蒋介石回南京，同蒋一道去；或者先到庐山。龙云听了之后很生气，哪儿也不去了。

1947年春夏之交，原暂编24师师长、龙云的二儿子龙绳祖，在昆明把部队解散了，只身来到南京。他的妹妹龙国璧，从上海到南京。龙绳祖到火车站去接，可是龙绳祖一到火车站，就被宪兵抓了起来，送进"夫子庙"宪兵司令部被扣押。后经白崇禧说情才放了出来，但已被关了三个月之久。

同年夏天，龙云的女儿龙国璧，拟由上海搭轮船赴美国留学，龙云打算去上海送行，托国府文官长吴鼎昌向蒋介石请示，未得允许。龙云退一步，只到南京火车站送女儿去上海。然而龙云一到南京下关火车站，宪兵即行戒严，并对龙云说："请龙院长马上回公馆，委员长有手谕，龙院长不能离开南京。"龙云说，不是离开南京，只在南京火车站送女儿。宪兵们仍团团围住，不许龙云再往前一步，龙云只好扫兴地回公馆了。

这些事一再地说明，龙云是实实在在地被软禁了。龙云心里自然不安，更加促成了他想早日脱离南京，前往解放区的决心。

6. 陈纳德飞机相帮　助龙云逃往香港

龙云设法离开南京，最初是寻找中央地下组织，希望中共人员帮助他脱离南京，秘密到解放区去。中共上海地下组织负责人吴克坚派沈德鉴大夫到南京密商，龙云表示："希望吴克坚帮助我找船，最好由南京下关秘密上船，离开南京到解放区去。"沈大夫回上海和吴克坚商量后，第二次来南京对龙云说："吴克坚负责进行，但船到南京是有困难的，最好是到上海上船。"龙云考虑到那时坐飞机或坐火车都有问题，只有坐汽车赶赴上海可能容易办一些。不料山东境内军事日渐紧张，吴克坚星夜派人到南京通知龙云说，蒋介石为了运输援军，已将淞沪一带的船只完全封锁，所商定计划无法实现，另外再行设法。龙云并不甘心，又积极寻求新的办法。⑨

龙云另托缪云台（云南昆明人，留美生，曾任富滇新银行行长、云南省经济委员会主任等职），找美国人陈纳德（原美国十四航空队司令，此时为飞虎民航公司总经理）密商，准备租陈纳德民航队的飞机，秘密从南京飞往杭州。龙云考虑，抗战期间陈纳德在昆明和他的交情很好，现在陈纳德航空公司是商业性质的，只要用钱包他的飞机，他应该不会去告密。缪云台受龙云委托，到了上海，约了龙云的英文秘书刘宗岳和龙云的随行人员朱志高（曾任龙云的警卫营长），与陈纳德见面协商。经过刘宗岳、朱志高与陈纳德多次反复商量，又征求了龙云的意见，最后敲定了出走的计划。

1948 年 12 月 8 日晨，刘宗岳赶到上海机场，找到了陈纳德的机

陈纳德

要秘书、美国人魏罗伯，两人相约于7点30分，乘一架C47型运输机直下南京。当日上午8点从上海起飞，9点15分在南京空军机场降落。刘宗岳、魏罗伯外面罩上民航队职员穿的一件皮大衣，两人又各抱一件皮大衣，走下飞机。机场旁已停好一辆绿灰色的有特别牌照的汽车，坐上汽车，由魏罗伯驾驶，朝着石钟路刘宗岳租的住宅疾驶。到了刘家，先吃早餐，并电话通知中央路的朱志高，只说了一句“我回来了”。那边回答“万事齐备，只等东风”，也是一句话。朱志高开了一部吉普车到龙云的院子后面等待。10分钟以后，龙云下楼了，身穿一套藏青条花西装，外罩大衣，一只眼睛包了一条绷带，呢帽戴得很低；朱志高则全身军服，戴上校军衔领章；另外还有龙云身边一个照应他起居的半大孩子陈天德，一起乘吉普车赶到了刘宗岳家。刘宗岳、魏罗伯把两件民航队职员大衣，分别递给龙云和朱志高穿上，立刻坐上民航队的汽车，由魏罗伯驾驶，直奔机场。守卫机场的宪兵，每进一道门都要挥旗停车盘问，车上答复是民航队的，果然就畅通无阻。一上飞机，机场人员抽掉舷梯，立刻发动引擎，盘旋起飞，看看手表已是10点50分了。龙云眼睛上的那条绷带不稳，一会儿就滑下来了，他说：“干脆不要这条绷带了，怎么样？”

刘宗岳说：“我看没有什么问题，取掉它吧！”

中午12点15分，飞机到达了上海虹桥机场。才一着陆，陈纳德带了翻译舒伯炎，抱着许多水果和一大盒雪茄烟，上飞机送给龙云，握手问好。亲切交谈。陈纳德说："我的这架飞机，是我公司里性能最好的一架，驾驶这架飞机的是飞行技术最好的驾驶员，他的飞行记录有4000多个小时，请放心好了。"一直等到飞机加好汽油，陈纳德又握着龙云的手说："祝你一路平安，我不久也要到广州，在惠福路有我的一个办事处，龙将军，在那儿我们再见吧！"

飞机再次起飞。经过三个半小时的飞行，才到广州。快着陆时，刘宗岳把三件皮大衣还给魏罗伯，龙云格外送了魏罗伯1000美金，送驾驶员500元美金。龙云下了飞机后，魏罗伯和驾驶员立即离去。

出机场后，见到了事先约好到机场迎接龙云的孙毓亮、严永祥，立即乘汽车去"新华饭店"。到饭店开好的房间时，已是下午5点35分。严永祥说："到香港的三种票子都买好了，火车是上午11点开，飞机是下午两点半开，都作废了；只有轮船是晚上8点开，吃完东西去正好。"大家吃过饭，便雇了一辆出租汽车，在广州马路上兜了一个小时的风，然后去码头。挤上船，安排好，只有5分钟就开船了。

龙云单独在一间房间内休息，然而这时的龙云心情还平静不下来，轮船鸣笛出发不久，龙云反复问朱志高三次："出了珠江口没有？"

出了珠江口以后，龙云又问刘宗岳："你看有几成把握了？"

刘答："有七成了！"

龙诧异地问："怎么才七成呢？"可见龙云之焦急状态。刘答："估计低一点没有什么坏处。"

龙云开心地说："有九成了！"

第二天（1948年12月9日）上午7时，船到香港。龙云下船后，直往浅水湾177号他的大儿子龙绳武家居住。龙云被软禁了三年两个月零三天，终于冲出了囚笼。⑩

直到龙云平安抵达香港以后几天，蒋介石才知道龙云逃脱了，盛怒之下，赏给了宪兵司令张镇一耳光，连声大骂："饭桶，饭桶！"

而几个专门监视龙云的人也被枪毙了。蒋介石无可奈何，只好命令他的“中央社”发出一条新闻：“蒋总统批准龙云代主任赴港养病。”然后，蒋介石又让宋美龄“找陈纳德来，问他为什么要把龙云放走”。蒋介石还决定把胆敢替其父迟两天递送假条的龙绳祖（龙云的二儿子），送到南京“将官班”去学习反省！蒋介石又电召云南省政府主席卢汉到南京，面示机宜，以防出走后的龙云今后在云南进行“叛国拥共”和“不法”活动。然而，龙云既然逃出了囚笼，蒋介石也就不可能再约束他的行动了。

龙云虽然逃出虎口，蒋介石对他当然是不会轻易饶恕的，立即派特务对龙云及其住宅进行监视，企图在适当时候除掉龙云。对于这一点龙云是很清楚的，因此龙云到达香港后，向香港英国总督表示，自己是来“政治避难”的，请予保护。港英当局同意派警卫人员到浅水湾龙宅，负责保障龙云的人身安全。龙云初到香港，深居简出，也很少接见外人，以防意外。然而龙云暗中却继续进行活动，鼓励滇军反蒋，策划云南起义，并在香港加入了以李济深为主席的中国国民党革命委员会（“民革”），被推为民革中央委员。随着中国人民解放战争的胜利进展，龙云于 1949 年 8 月 13 日，与黄绍等 44 人，在香港发表题为《我们对于现阶段中国革命的认识与主张》的声明，严厉斥责蒋介石集团背叛孙中山三民主义，投靠帝国主义，实行法西斯独裁专制的行为；表示拥护中国共产党所领导的反帝反封建反官僚主义的新民主主义革命。声明表明，龙云等人已靠拢人民，和蒋介石集团彻底决裂了。从此，龙云走上一条光明的道路。[11]

参考文献

①郑洞国等：《杜聿明将军》第 47—48 页，中国文史出版社 1986 年版。

②谢本书：《龙云传》第 213—214 页，四川民族出版社 1999 年版。

③龙云：《抗战前后我的几点回忆》。

④参见《李宗黄回忆录》第 4 册第 209 页，中国地方自治设计委员会 1973 年版。

⑤申庆璧：《李宗黄先生操危虑深》，台湾《近代中国》第 17 辑第 64 页。

⑥范承枢：《卢汉就任云南省主席的经过》，见《文史资料选辑》第 86 辑第 73 页。

⑦刘宗岳：《我所知道的龙云》，见《云南文史资料选辑》第 6 辑第 51 页。

⑧龙云：《抗战前后我的几点回忆》。

⑨谢本书：《龙云传》第 244 页。

⑩参见刘宗岳：《我所知道的龙云》，见《云南文史资料选辑》第 6 辑第 170～203 页；朱志高：《龙云下台前后及南京出走的真相》，见《云南文史丛刊》1988 年第 1 期第 39—40 页。

⑪《五星红旗从这里升起》第 74 页，文史资料出版社 1984 年第 1 版。

十三　在东北内战中的滇军

（1946—1948 年）

1. 杜聿明调遣滇军　潘朔端海城起义

卢汉率部入越受降之后，根据 1946 年 2 月 28 日签订的中法协定规定，中国军队应向法军交接防务。于是蒋介石电令第一方面军向法军交防，第一方面军所属各部应立即从不同的地区开赴东北内战前线。

在第一方面军中，属于滇军系统的有两个军（六十军、九十三军）、两个师（暂编第 19、23 师）共 8 个师。卢汉在河内进行了整编，并对人事作了调整。整编的主要内容是，取消暂编 19、23 师的番号，19 师 3 个团编入第六十军三个师内；23 师 3 个团编入第九十三军三个师内，合编为两个军 6 个师，序列如下：

第六十军军长　　曾泽生（原军长万保邦调回云南）

第 182 师师长　　白肇学（原师长杨洪元调回云南）

第 184 师师长　　潘朔端（原师长为曾泽生）

暂编 21 师师长　　陇耀（原师长邱秉常免职）

第九十三军军长　　卢浚泉

暂编 18 师师长　　景阳（原师长许义浚免职）

暂编 20 师师长　　李韵涛（原师长安纯三免职）

暂编 22 师师长　　龙泽汇（原师长杨炳麟调任六十军副军长）

整编结束后，六十军、九十三军奉命调往东北参加内战。

六十军由海防出发，九十三军由越南经广西徒步到九龙，分别搭乘美国舰艇分批运到东北葫芦岛登陆。这两个军于 1946 年 4 月以后到东北，被东北保安司令长官杜聿明调遣，分割使用，九十三军布置在锦州一带；六十军的 182 师（白肇学师）分配在四平以南，从双庙子经昌图、开原到铁岭以北担任护路任务，归新一军军长孙立人指挥；六十军军部及暂编 21 师（陇耀师）则分驻抚顺、营盘、清源等处担任护路任务；184 师（潘朔端师）以一团驻守鞍山，师部率一个团住海城，另有一个团分守在大石桥、营口等铁路线上。

这时东北战事正是紧张之际，184 师来到东北立即投入战斗。由于 184 师兵力分散，处处薄弱，被东北民主联军进攻，招架不住。潘朔端连电告急，杜聿明曾令新一军军长孙立人率部迅速解鞍山、海城之围，但孙立人未采取行动，蒋介石则下令要 184 师“死守待援”。

鞍山和海城位于中长铁路南段，是当时东北辽南地区的两座工业城市。由鞍、海两城向西去锦州，可以直接进入辽西地区；向南去营口，可以直接通向辽东湾，沿渤海南行；向北去沈阳，可以直接沿铁路北上辽宁腹地，继而向吉林和黑龙江挺进。因此，这两座城市是中长路连接南北水陆交通的枢纽，战时兵家必争之地。

1946 年 4 月，东北国民党军沿中长铁路进犯解放区。5 月，国民党军队在占领四平、长春之后，又继续派兵北犯，控制了松花江以南广大地区，先头部队逼近松花江北岸，直接威胁着中共领导的东北民主联军总部所在地哈尔滨。为了打击国民党军的嚣张气焰，切断其连接南北交通运输线，中共辽东军区决定向敌人守备兵力分散的中长路南段发起进攻，民主联军第四纵队首先组织收复鞍山和海城的战役。5 月下旬，第四纵队副司令员韩先楚率部向鞍山发起进攻，于 5 月 25 日占领鞍山，敌 184 师 551 团大部被歼，团长张秉昌带部分人员逃遁。鞍山解放后，第四纵

滇军将领、海城率部起义的 60 军 184 师师长潘朔端

队主力挥师南下，准备向海城发起军事进攻。

国民党在海域没有援军，形势危急。驻守海城的 184 师师长潘朔端、副师长郑祖志、参谋长马逸飞等紧急商议，不得要领。恰于此时，在鞍山被俘的 184 师 551 团士兵被释放回来，带来了民主联军前线指挥所的一封致潘朔端师长的信函。信中说："潘将军应认清形势，率部弃暗投明，与人民军队携起手来，共同反对内战，这才是你们惟一的出路……只要你能以中华民族的大局为重，中国共产党和人民军队会既往不咎，真诚地欢迎你和你的军队。"

潘朔端（1901—1978），字孝源，云南威信人，黄埔军校毕业，历任滇军营、团、旅、师长等，曾参加抗日战争时期台儿庄战役，功授一级宝鼎勋章。这时他考虑了三种选择，一是按照杜聿明的命令，战斗到一人一枪，其结果只能自取灭亡；二是率部消极应战，束手就擒或弃城逃遁，结果不被党国同仁耻笑，也要受到军法制裁；三是反蒋起义，投奔中共。于是潘朔端与副师长郑祖志、参谋长马逸飞，552 团团长魏瑛再次商议，比较再三，权衡利弊，决定选择第三种办法，反蒋起义，弃暗投明。

根据魏瑛的推荐，派出机枪二连连长高如松、运输连连长陈正富二人，于 1946 年 5 月 29 日携带潘朔端的亲笔信，向民主联军前线指挥所联系。把一床白色垫单取下来，一撕两半，每人一块，拿去和民主联军作联系记号。当晚，前线枪声基本停息了，潘朔端估计是与民主联军联系上了，遂将杜聿明派到 184 师的两个少将督战官扣押起来。

当晚，民主联军派出作战参谋与潘朔端接洽，表达了韩先楚副司令员的欢迎诚意，184 师按民主联军要求，派出一名师级军官（马逸飞）到民主联军四纵队谈判起义具体事宜。这样，在 5 月 30 日，潘朔端率领 184 师师部和 552 团全部 2712 人举行了海城起义。潘朔端在讲话中说："弟兄们，我们要生存，要做人，就要反对压迫，反对内战！国民党是绝不会把民穷财尽的中国，从饥寒交迫中解放出来的。只有中国共产党，才能使人民摆脱贫困和苦难，使中国富强起来。”

1946年5月31日，辽东军区副司令员曾克林、副政委莫文骅等到析木城看望了起义部队。是日，潘朔端派参谋长马逸飞带着自己的手令，随伺民主联军去大石桥，命令所属第550团团长杨朝纶交出阵地，率部到析木城结集，参加全师起义行动。可是杨朝纶拒绝执行命令，企图顽抗，民主联军遂向其发动进攻，全歼550团所部，活捉了团长杨朝纶。当天夜里，第六十军184师师长潘朔端、副师长郑祖志、552团团长魏瑛、师参谋长马逸飞、552团副团长张文蔚联名发出起义通电。通电说：“朔端等思之再三，乃于海城火线实行反内战起义，决心与民主联军合作到底，并愿自此脱离苦海，不再作违反良心之内战罪行，不再执行兄弟自残之乱命，而将坚决与一切和平民主人士团结一致，致力于反对内战的斗争。”①

通电发出后，朱德总司令从延安发来了电报嘉奖。民主联军总部、各大军区首长，以及解放区政府、群众团体、各界爱国人士亦纷纷发来贺电。184师起义后，改编为民主同盟军第一军，以潘朔端为军长，郑祖志为副军长，马逸飞为军参谋长。稍后，潘朔端于1946年10月加入中国共产党。

184师海城起义，是国民党军在东北战场战术兵团起义的开端，震撼了蒋军，在中国人民解放战争史上具有重要意义。这也是滇军最终走上光明道路的一个新的起点。

2. 张云鹏奔向延安　卢永衡东北之行

抗日战争结束以后，中国共产党主张团结一切爱国民主力量，把中国建设成独立、民主、富强的新国家。然而，得到美国支持的国民政府却企图垄断抗日战争的胜利成果，企图消灭共产党和人民军队，发动了全面内战。1946年10月11日，国民党军队在内战中强行侵占了张家口，并宣布召开所谓“国民大会”。“国民大会”由国民党单方面宣布召开，从而关闭了国共两党谈判的大门，接着国共关系彻底破裂，战火迅速燃遍全国。

滇军高级将领张冲，1947 年赴延安，
加入中国共产党，在东北策反滇军

国民党单方面宣布召开“国民大会”，却还要披上“民主”外衣，为笼络人心，圈定了一批“土著”民族（少数民族）的代表。由于 184 师海城起义，对在东北前线打内战的滇军官兵刺激很大。为了安抚滇军官兵，蒋介石不得不把云南的“土著”国民大会的代表，分配给曾任过 184 师师长、新三军军长、却被国民党特务监视的张冲（彝族，字云鹏）。张冲当了“国大”代表后，认为这是冲出蒋介石牢笼的大好时机，可以好好利用。他在离开云南前，曾与中共云南地方组织联系，希望得到帮助，争取能去延安。

张冲于 1946 年 11 月初，同出席“国大”的云南代表团乘飞机到上海，转乘火车去南京出席会议。张冲到上海后，先找到云南籍共产党员黄洛峰（云南鹤庆人），通过黄洛峰与中共负责人董必武见了面，与中共组织取得了联系。张冲在南京出席会议期间，会上不发言，会后不出门，躲在屋子里吞云吐雾（抽鸦片），装得无所作为。

一天，国民党中央组织部长、CC 系特务头子陈立夫来看张冲，开门见山地说：“你当代表，这是蒋先生亲口定的！”然后又说：“蒋先生是很器重你的，准备在下次全会上增补你为国民党中央委员。”

张冲表示感谢，但却说："我还不是国民党员，怎么能当中央委员？你瞧我这身躯，体弱力薄，才疏学浅，为党国也少有贡献。"

陈立夫打断张冲的话说："你早就是我们的特别党员了。体弱，加强调补就是了，不妨事，不妨事！"陈立夫甚至进一步挑唆说："蒋先生对卢汉主持滇政，不尽合心，望你能取而代之。据说你手下军队有赤化之传，应尽力清除之。"

这使张冲大感意外，看来国民党对张冲要下手了，不得不防，也不得不急谋脱身之计。不过张冲还得应付陈立夫说："我和卢汉关系很好，容我从长计议。"又说："我这个人是土包子，过去出省打仗，虽然也进过大城市，还没有逛过大都市的风貌。这次会后，准备先到外地大都市逛逛，也从长考虑总裁的建议。"

陈立夫表示："这也好，你要逛逛大都市，可派人作向导，由向导陪你好了。"

"国大"会后，张冲到北平逛逛，这时张冲夫人惠国芳已在北平等待。而惠国芳在北平通过在协和医院的"军调处"与中共代表团作了联系，并告诉中共代表团张冲希望去延安。经过多次秘密协调，终于在 1947 年 1 月，张冲和夫人惠国芳在中共组织的安排下，从北平飞往了延安。从此，张冲终于冲破了蒋介石国民党的黑暗统治的牢笼，直接投身于中国共产党领导下的革命军队的怀抱。

张冲到延安不几日，毛泽东、朱德、周恩来、彭德怀、杨尚昆等中共的党政军领导人，分别接见了张冲。张冲于 1947 年 4 月 1 日，在延安光荣地加入了中国共产党，这是他一生新的生命的开始。稍后，中共中央撤出延安，决定派张冲到东北去，从事在东北的滇军策反工作。张冲先后担任中共东北军区高级参议、松江省人民政府副主席、中共中央东北局联络部滇工委委员。张冲对滇军的策反，做出了重要成绩。

张冲投奔延安，对当时国民党军队，特别是滇军影响很大，这无疑给蒋介石当头一棒。

海城起义及稍后张冲的走向光明，使蒋介石十分不安，不得不急忙召来云南省政府主席的滇军统帅卢汉，到南京“述职”，要求卢汉转赴东北，对在东北内战前线的滇军进行安抚。为此，卢汉曾经两次赴东北巡视和安抚。

1946年7月，卢汉第一次赴东北，在抚顺等地“各处慰问”。在公开场合，卢汉不便违背蒋介石的意旨，还是要求滇军要“加紧训练，培养军人高尚气节及牺牲精神”，“担当军人使命，发扬滇军光荣历史”，冠冕堂皇，照本宣科。然而在私下里，卢汉对这些弟兄们却作了另一番布置。他对滇军将领们反复嘱咐说：“我这个主席是靠你们当上的，能当多久就靠你们。希望你们在外面努力效劳，但又不能丢老本，老本没了就一切都完了。说得具体些，就是要服从蒋介石的指挥，争取蒋的信任。但又要灵活，要注意保存实力。”这是让将领们自己去理解、去解释、去斟酌的两面话。

至于如何“保存实力”，卢汉当然也有一定的交代，就是“要防止杜聿明下毒手解决云南部队。杜聿明召开会议时，军师长不要一齐都去，军师长离部队时，要指定负责人”。这已经是相当露骨的说明。再往下，卢汉自己也不好说了，不过又作了补充：“滇军和杜聿明的关系不是隶属关系，人事调动可以先调后报。”卢汉强调的是：“只要你们两个军（六十军、九十三军）存在，云南政局就不会变。”这就是说，两个军如果被杜聿明或其他中央军吃掉，你们的后方基地云南也就难以保证不让人吃掉。

然而，184师海城起义对滇军的震动太大。184师改组为东北民主联军第一军，潘朔端仍任军长，这件事使滇军官兵们看到，起义是有出路的。卢汉对此也深有所感，不过他的地位又迫使他从另一个方面考虑。因此，卢汉对东北滇军将领又说：“现在跟着共产党去干，是半路出家，没有多少好处。国民党对我们也不是诚心，他利用我们。但从目前来看，只好暂时如此。”这个话是明白的，却又留有余地。目前暂时如此，情况发生变化后，是否还是如此呢？那就是大家应该考虑的问题了。

1947年秋，东北许多中、小城市相继解放。解放区不断扩大，解放军开始反攻。而蒋介石在东北的50万大军分别龟缩在长春、沈阳、锦州等狭长地区，形成被动挨打局面，滇军士气低落。于是，卢汉奉蒋介石之命，于1947年9月19日第二次来到东北，“慰问云南军队”。这一次，卢汉看到的是整个东北蒋军，兵无斗志，士气低落的颓败景象。他决定不再用云南政局来束缚滇军手脚，而是授意他们要注意保存实力，固守不必死守，要留条后路，要自己掌握自己。他说，云南部队的官兵太老实，容易吃亏。“过去吃了不少老实的亏，以后要洞察情况，相机行事。”并向六十军、九十三军两军长特别交代：不要顾虑云南，也不要顾虑我卢汉，而要“各自掌握自己的命运”。什么叫“各自掌握自己的命运”，这要靠两军长自己去理解了。③

后来的历史事实证明，两军长的理解并不一致，六十军军长曾泽生毅然在长春起义，而九十三军军长卢浚泉却顽固到底，在锦州被俘。

3. 曾泽生长春起义　卢浚泉锦州被俘

当1946年4月，蒋介石调滇军六十军、九十三军到东北前线之际，中共中央鉴于滇军的历史和社会的原因，是有可能争取到人民行列来的情况，决定下大力气，做滇军的工作。同年4月26日，中国人民解放军朱德总司令召见正在延安中共中央党校学习的云南籍共产党员刘浩等人。朱德对刘浩说，蒋介石已调其嫡系四个军及云南六十军、九十三军到东北，妄图占领东北。我党中央已作好了准备，要有计划地把蒋介石在东北的军队消灭干净，这是一个艰巨的较长时间的斗争任务。根据东北敌军情况，抓紧对滇军做工作，是有重要意义的。滇军同蒋介石国民党中央军有矛盾、受歧视，对蒋介石和国民党中央军是有不满情绪的；他们之中有些军官还有一点爱国思想以及护国运动的影响，他们迟早会看到跟蒋介石打内战是没有前途的；前两年，我们同云南地方实力派的龙云还有统战关系，滇军中有些将领是知道的；此外，我们在滇军中还有党的地下工作，这是很重要的。利用这些条件，依靠我党我军的威力和党的政策影响，不断进行工作，我们估计是有可能争取和迫使滇军大部分起义的。当然，这只是一种估计，一种可能性。能不能把这种可能性变为现实性，就要靠我们做好工作。中央已经决定要组织开展这项工作，并决定派刘浩去做这项工作。[④]

策反东北滇军的云南籍共产党人刘浩

4月29日，中共中央书记处书记刘少奇又找刘浩谈话，刘浩还与中共中央主席毛泽东见了面。刘少奇对刘浩说，中央已确定派你去做滇军的策反工作，这个重要任务一定要做好。现在滇军占东北敌军的三分之一，以后可能是四分之一、五分之一；如果我们能争取和迫使滇军大部分反蒋起义，对于我们集中力量消灭东北其他蒋军是有重要作用的。策反工作应当从三个方面进行，一是依靠我党在滇军中的地下组织，从事滇军内部的工作；二是依靠我军的威力和党的政策，在前方不断开展对滇军的政治攻势；三是利用各种可能，直接与滇军将领接触，公开对他们进行策反。总之，要从各方面做工作，争取和迫使滇军大部分起义。[⑤]

为了策反滇军，曾先后成立中共中央冀热辽分局滇军工作委员会、中共中央东北局滇军工作委员会，吉林省军区滇军工作委员会等。东北军区又成立前方办事处，专门负责此事。中共中央东北局与东北军队，根据敌军在东北战场分布情况，决定反攻作战分两步走。第一步，以北满主力和东满、西满、南满部队同时对当面防御薄弱之敌实施突击，歼灭分散孤立之敌，收复小城市和广大农村；第二步，集中兵力机动作战，相机夺取中等城市，并要求歼敌部分主力。1947年5月中旬至6月3日为反攻作战第一阶段，6月11日至7月1日为反攻作战第二阶段。在历时50天的夏季攻势中，共歼敌正规军4个师，连同非正规部队共8万余人，攻克城市36座，迫使敌人收缩于中长路四平南北段和北宁路沈阳、山海关段狭长走廊地带。紧接着，又开展了秋季攻势。历时50天，歼敌近7万人，攻克城市15座，迫使敌人退踞吉林、长春、四平、沈阳、锦州等城市。

1947年二三月间，滇军六十军军部驻吉林市，在盘石县设立前进指挥所，182师及一个团驻吉林市，546团调至盘石县，归军部前进指挥所指挥；暂21师调守盘石以南海龙及朝阳镇铁路沿线；新成立的184师（师长陈开文）全部调往梅河口附近，由长官部直接指挥。五六月间，东北民主联军发动夏季攻势，仅两三天时间，新成立的184师全被歼灭，师长陈开文以下官兵全部被俘。从此六十军各部就退守吉林市及其外围一些重要据点。这期间，在原军部副官长、中共党员杨滨的掩护下，刘浩来到吉林市，暗中同军长曾泽生、师长陇耀等进行了联系，做了工作，并为以后的起义搭上了桥。秋季，民主联军发动攻势，又吃掉182师驻吉林外围口前车站的直属部队，辎重营长张世勋被俘，六十军就只龟缩在吉林市区了。蒋介石把原驻吉林交通警察总队改编为52师，以原警察总队长李嵩为师长，拨归六十军指挥，实际上是来监视六十军的。

1948年新年来到之际，张冲将军特别印制了贺年片，正面印有他到哈尔滨后的新照片，背面印有一首小诗："专制独夫踞上京，祸国殃民恨难平。死且鞭尸羞为伍，诸位何苦恋贼营？"这张贺年片用炮弹发射到滇军阵地，撒落在地上。官兵们拾到贺年片纷纷议论："老师长的贺年片比炮弹还厉害，炮弹只能伤人身，这贺年片射中了我们的心窝。”

1948 年 3 月，国民党东北剿匪总司令卫立煌派副总司令郑洞国、参谋长赵家骧二人，拿着蒋介石的手令到吉林市，要六十军突围，向长春靠拢。曾泽生遂下令于 3 月 8 日晨撤出，因事前毫无准备，途中遭到民主联军袭击，沿途被俘官兵 1700 余人，经过四天三夜才到长春。六十军到长春后，同新七军（军长李鸿）合编为国民党东北“剿总”第一兵团，兵团司令由郑洞国兼，副司令由曾泽生兼。两军及一些杂牌部队不到十万人，全城以中山路为界，分为两半，路东及郊区由六十军防守，路西及郊区由新七军防守。

5 月 24 日民主联军的一个师攻占了长春飞机场后，国民党飞机只能在长春市内的马路上着陆了。因长春曾是伪满洲国的首都，主要街道有的宽达 60 米以上，所以飞机能在马路上着陆。但后来民主联军包围圈缩小了，配有高射炮，飞机不敢再着落，而只能空投救济物资了。但人多物资少，空投也难以为继。

进入 1948 年后，解放战争进入第三个年头，人民解放军有了很大发展。在东北战场上，人民解放军已发展到 70 万，地方部队 30 万，解放区面积已占整个东北的 97%，人口占 86%。而国民党在东北战场上的兵力则只有 48 万，地方军 7 万。东北战场成为全国五大战场中解放军正规军数量超过蒋军的惟一战场。中共中央、中央军委认为，战略决战的时机已经成熟，并决定把决战的首战选择在东北战场，这就是辽沈战役。长春之战是辽沈战役的一个组成部分，也是人民解放军历史上第一个大的围城战役，从 1948 年 5 月起，长春已经完全被包围。

根据围城总方针，人民解放军提出“攻心为上，攻城为下；心战为上，兵战为下”的原则，向敌人展开了强大的政治攻势。由张冲领导撰写的《致六十军官兵书》的传单中特别强调：三迤健儿们要牢记蒋介石炮轰我们五华山的十月事件；蒋介石欺骗、愚弄我们，抗战胜利了，却不让我们回家，叫来东北打内战，走上了一条绝路。号召他们弃暗投明。同时还组织城外群众、老人、妇女、儿童以及

滇军将领、长春起义的六十军军长曾泽生

长春城内逃出来的难民做工作；利用蒋军的家属和俘虏、投诚的官兵，对敌喊话。在强大的政治攻势下，敌人纷纷动摇，投诚的愈来愈多，由个别、少数人到整班整排的投诚，从6月底到9月底的3个月中，投诚官兵达1.8万余人。

在久被围困的情况下，长春守敌士气颓丧、陷入绝境，欲守不能，脱围无望。六十军军长曾泽生在坚守、突围、起义三个方案中，最后选择了起义一途。

曾泽生（1902—1973），云南永善人，广州黄埔军校毕业，曾参加台儿庄大战，历任队长、营长、团长、副师长、军长等职。1948年9月底，曾泽生与师长白肇学、陇耀多次商议，取得了一致意见。10月14日，曾泽生等三人联名给东北军区政治部前方办事处写信，派曾由民主联军俘虏又放回来的团长张秉昌、李峥先二人外出联络，接上关系，16日返回。当晚，曾泽生按东北军区要求派出副师长李佐、任孝宗为代表与东北军区围城指挥部谈判起义事宜。同时，曾泽生召集营以上军官会议讲话，与会者一致同意起义。

在兵临城下，走投无路之际，经中共长期的工作争取教育，困守长春的六十军全部三个师（暂21师、182师、暂52师）26000多人，在曾泽生军长的领导下，终于在1948年10月17日正式宣布起义。中共中央和有关部门，来电祝贺。次日，东北"剿总"副总司令郑洞国，见"木已成舟"，只得同意放下武器，遂率所部、保安部队，以及新七军全体官兵，放下武器，表示投诚。于是长春得以解放。

长春的解放，对于我军辽沈战役的最后胜利起了重要的促进作用。滇军六十军后来改编为中国人民解放军第五十军，仍以曾泽生为军长，走上了新生的道路。

而滇军九十三军却走上了另外一条道路。1946 年 4 月以后，滇军九十三军即奉调来到锦州地区。锦州是东北三省连结关内陆、海、空交通要道，俗称咽喉之地，是交战双方必争的军事重镇。1948 年 9 月，人民解放军根据毛泽东的指示，置长春、沈阳两敌于不顾，集中攻克锦州的作战方针，就是要控制这个咽喉之地。

还在 1948 年 4 月蒋家王朝为支撑垂危的局面，成立锦州警备司令部，以九十三军正副军长卢浚泉、盛家兴兼任警备部正副司令，以加强锦州的城防。同年 9 月初，原六兵团司令孙渡调任热河省主席，遗缺六兵团司令由九十三军军长卢浚泉升任，副军长盛家兴则成为九十三军军长。

9 月 12 日，辽沈战役开始，我东北野战军即以优势兵力向锦州进发。在这个过程中，也展开了政治攻势，但卢浚泉（卢汉的族叔）却担心卢汉在云南省内的处境，不为所动。9 月 13 日，解放军向锦州外围的重要据点义县发起攻击，打了半个月终于突破。义县一解放，锦州危急，蒋介石给六兵团司令卢浚泉发来十万火急的电报，称兄道弟，百般安慰鼓励，笼络备至；又特别由他的侍从室主任俞济时拍来急电，传达“委座”命令：九十三军作战有功，各师番号正式改为“国军”番号，望同舟共济，力挽东北危局，全力保住东北阵局，以赢得美国盟友的大力支援等等。

9 月底，锦州外围前哨战打响，揭开了锦州战役的序幕。接着，锦州机场被解放军炮火封锁，飞机不能起降。东北“剿总”副总司令兼锦州前进指挥所主任范汉杰、六兵团司令卢浚泉、九十三军军长盛家兴，为空运受阻，外援断绝而十分恐慌。虽然有飞机空投物资，但数量少，难以满足需要；而且相当一部分物资还空投到解放军阵地去了。

10月9日，解放军集中了6个步兵纵队、1个炮兵纵队、1个坦克部队，共30余万人，全面围攻锦州，步步紧逼。10月13日，解放军对锦州发动全面总进攻，14日一支坦克部队从东西两个方向插进了市区。卢浚泉下令全部装甲车出动，掩护步兵冲出东关，但没有成功，被压了回来，形成巷战。

蒋介石虽曾调集11个师10万余人的兵力，紧急支援锦州，但在塔山、黑山受阻，打了六天六夜没有任何进展。10月14日下午3时，蒋介石来电，要锦州坚持到最后胜利。但范汉杰、卢浚泉、盛家兴等皆失去信心，化装成士兵潜逃了。10月15日锦州宣告解放，范汉杰、卢浚泉、盛家兴等在逃跑过程中，全被活捉，锦州国民党军队全军覆没。当然对于广大的俘虏来说，按照“愿留者欢迎，愿去者欢送，发给路费”政策，给予了宽大处理。

滇军在东北，经过海城起义、长春起义和锦州被歼，从而结束了自己的使命。起义部队经过改编后成为中国人民解放军的一部分；被歼投诚则解散了部队，愿意留下的编入了解放军的队伍，愿意走的发给路费送走了。

参考文献

①《潘朔端师长率国民党184师官兵举行反内战起义通电宣言》，见中共云南省委党史研究室编：《海城起义》第29页，云南民族出版社1999年版。

②谢崇文：《云南起义的前前后后》，见《云南文史资料选辑》第22辑第47页。

③陇耀：《回忆长春起义》，见《云南文史丛刊》1985年第2期第81页。

④《长春起义纪实》第57—60页，吉林文史出版社1987年版。

⑤《长春起义纪实》第243—246页，吉林文史出版社1987年版。

十四　卢汉从政再统军

（1945—1949 年）

1. 李宗黄“不洽人意”　卢主席走马上任

根据李宗黄的回忆，蒋介石在解决了龙云问题以后，本来打算直接任命李宗黄为云南省政府主席和国民党云南省党部主任委员。但又考虑到云南的特殊情况，最后决定采用过渡办法，暂以卢汉负责云南省政府名义；而以李宗黄为民政厅厅长兼代主席，到适当的时候，再实授李宗黄为省主席。李宗黄得到这样的“圣旨”，以为云南就是李家天下了，要放手大干了。

其实，云南人对李宗黄并不陌生。他本来就是云南人，虽然长期在外活动，但蒋介石1927年叛变革命后，却以国民党南京中央驻滇代表的身份，被派回云南国民党省党部，主持“清党”。李宗黄回云南后，制造白色恐怖，残酷镇压革命群众运动。1927年11月初，李宗黄竟指使一群暴徒，开枪击毙在昆明街头宣传革命的共青团员梁元斌（云南盐津县人）。这一暴行激起了云南人民的愤怒，在中共云南地方组织的领导下，群众抬着烈士的棺材和血衣游行，高呼“打倒凶手李宗黄”“李宗黄滚出云南去”等口号。李宗黄在云南呆不下去，灰溜溜地到南京跟蒋介石去了。18年以后，李宗黄又以“代主席”的名义回来了，云南人民一看到他就不顺眼。可是，李宗黄并不知趣，仍然一意孤行。他一上台就趾高气扬，不断发号施令。首先是清算以龙云、卢汉为代表的地方势力，派员包围昆明近郊的呈贡县衙门，逮捕县长倪之桢，理由是在解决龙云问题时，倪曾紧急调动县属保安团队，威胁呈贡机场；下令逮捕昆明行营总务处处长兼云南绥靖公署副官长杨立德，理由是他在中央军包围五华山时，曾发出通电，要各县派兵援助昆明；下令抓捕云南绥靖公署查缉大队长张永年，理由是他曾怂恿便衣队发动拥龙骚乱。此外，还搞什么农村“完成清乡计划”，城镇“以保甲清查户口”，敲诈勒索，趁机抢劫，闹得鸡犬不宁。

10月中旬，蒋介石电令云南成立省警备司令部，以关麟征为总司令，所有云南部队及地方团队，均归总司令指挥。而李宗黄则又兼任国民党云南省党部主任兼代云南省军区司令。李、关二人把持全省党政军大权，委任亲信控制要害部门，在云南配置一套忠于自己的人马。

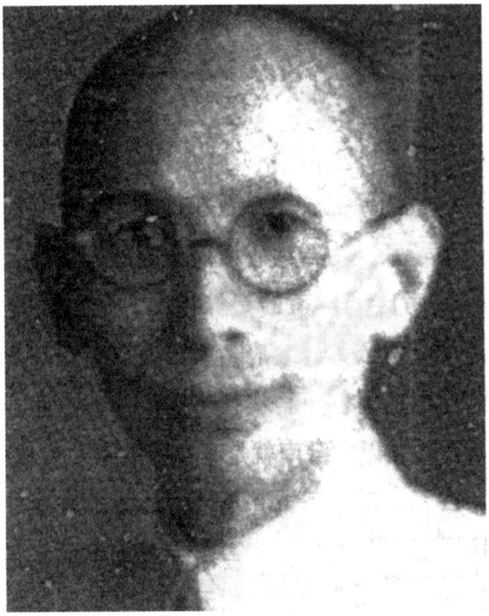
云南省民政厅长代省主席李宗黄

李宗黄又钳制舆论，实行以“统一思想”为中心的愚民政策，呼叫“中国已变成一人，中央与地方完全是一体”，是“一人”，因此，必须“统一思想”。[1]抗战后期，昆明成为大后方的“民主堡垒”，显然与李宗黄强制舆论的“统一思想”是格格不入的。这一时期，国民党蒋介石集团不仅积极抢夺抗战胜利果实，而且不断制造矛盾，准备发动大规模内战，这更与昆明反内战的民主运动相矛盾。李宗黄要配合蒋介石内战舆论“统一思想”，遭到昆明民主力量的强烈反对。昆明的各界爱国民主人士、青年学生纷纷开展反内战的宣传，召开时事座谈会、出版各种形式的报刊和壁报，讨论国内形势，矛头直指蒋介石的内战政策。李宗黄、关麟征竟然企图派兵镇压，重申实行新闻出版检查办法，并撤换了一大批大中学校校长，解聘了一批进步教师。

由于特务横行，兵痞捣乱，使昆明地区社会治安状况不断恶化，以至大白天在昆明街头也出现了公开的武装暴力抢劫案件。仅据当时《云南民国时报》报道，10月8日，在昆明金碧路有服装不整军人6人，抢劫某商人12.8万元；10月14日，又有武装暴徒在金碧路抢劫5万元。

社会状况如此恶化，致使在云南居住的外国人也感到不安，对李宗黄看不顺眼。11月1日，上海《密勒氏评论报》曾以《一位外国记者眼中的李代主席的“德政”》为题，刊出了西方记者查理克宁对于李宗黄“德政”的报道，极尽嘲笑讽刺之能事说：“云南省代主席李宗黄在他宣布的‘三原则、六纲领’里，指出‘用人唯贤’，攻击滥用私人。现在看看这位李代主席，如何在努力实践他的保证，倒是相当有意思的事。”文章指出，李代主席用的人，“均在中央政治学校、中央训练团或中央军校受过特种训练，他们都是职业党徒。李代主席曾再三强调建设三民主义新云南的重要性，他曾说：‘党政必须一体。’所以在此原则下，只有活跃的党徒，才被安置于要职上，作为新政治的建设者”。文章特别提到近来日益恶化的治安问题论：“自龙主席下野，第五军担任警务以来，维护法律和秩序已成为很困难的问题了。新成立的云南省警备司令部参谋长声明，在十月份后半个月，在平静的昆明，竟发生了十多起武装盗劫案。最值得注意的是，这些劫案的盗匪，都是身着军服手持冲锋机枪、轻机枪或手枪者，有几起劫案里，盗匪还用吉普车作交通工具，有几起白天里在市区发生。公然抢劫在市郊就更多了，乡人菜贩在清晨进城的时候常被身着军服的武装暴徒挡住，并且以检查违禁品为借口，遍身搜索，法币及其他贵重物品都被拿去了。”而且，李宗黄还以市价三分之二的价格，收购军警所没收或充公的烟土。买来干什么？“那是很费人猜测的了”。在国民党政权中，省一级行政主官遭到外国人为此公开奚落，并不多见。[②]

然而，李代主席并未有所醒悟，在他的主持下，竟然制造了震惊中外的昆明“一二·一”大惨案。于再、潘琰、李鲁连、张华昌4名师生被杀害，数十人被打伤。昆明1945年“一二·一运动”成为国民党统治区正在发展的民主运动高涨的标志。

对这位李代主席，云南人民恨之入骨。在昆明，人们把李宗黄与发动倒龙政变的杜聿明相提并论，把他们看作是蒋介石的看家狗，并以对联的形式讽刺说：“杜聿明，明劫明抢民遭殃；李宗黄，黄脚黄手皇家官。”蒋介石对李宗黄的作为亦很不满意，以至当着卢汉的面说：“李宗黄在云南搞得不洽人意。”只得请卢汉出来维持局面。

蒋介石于1945年12月9日对云南警备总司令关麟征作出“停职，听候议处”的决定，另派青年军第六军军长霍揆彰为云南警备总司令；12月25日，又撤销了李宗黄民政厅厅长的职务，将他召回重庆去了。云南民主运动的开展与李宗黄势力在滇的“不洽人意”，使蒋介石不得不改变原来计划，让卢汉回滇，接任云南省政府主席。还在1945年10月底，蒋介石已在作这方面的考虑了，他电召卢汉由河内返回重庆，表面上说参加复员整军会议，实际上是另有打算。

聪明的卢汉已经猜测到蒋介石的用意，然而该如何对付，却一时拿不定主意。他找来自己的秘书长范承枢、参谋长马锳商议。他们分析认为，蒋介石可能给卢汉一个空头的省主席，以蒙骗云南群众。因为根据惯例，省主席兼任保安司令，指挥地方团队，但云南已另成立警备司令部，已把地方团队的军权都夺走了，省主席就成了光杆司令，后果堪忧。为此议定，卢汉去重庆，应先向蒋介石辞职，以试他的真实态度。如果辞职不成，则可以提出条件，逼蒋答应，以尽量为省主席争取到一点实权。这些条件可归纳为三种方案，称之为上、中、下三策。

上策：提出撤销云南省警备司令部，另设由省主席兼司令的省保安司令部，指挥境内武装，负责全省治安，如此则“事有可为”。

中策：蒋如不允许撤销云南省警备司令部，则退而要求另设由省主席兼任的云南保安司令部，统率地方团队，如此“事犹可为”。

下策：既不允撤销云南省警备司令部，又不许设省保安司令部，省主席成为无一兵一卒的光杆司令，那就“坚决不干，以免贻患将来”。

11月5日，卢汉率范承枢、马锳等人到重庆后，即向蒋介石面交辞呈书说：“抗战胜利后，急需从事建设，偃武修文。汉半生戎马，残病之躯，久已厌倦军队生涯。曩以抗战方殷，捍卫国家，效命疆场，乃军人之职分，是以力疾从戎，未取言辞。今幸抗战胜利，复员整军，正解甲归田之时。现越南受降，业告段落，所属部队已陆续他调，只需暂留五十三军办理未竣之务，何可蒇事，职已无返越必要。汉一介军人，不谙政治，何能掌理滇政，贻误桑梓。特恳请准予辞去本兼各职，俾遂退休夙愿，不胜感激之至。”③

蒋介石颇感意外地说：“我不是找你来辞职的，现在还不是退休的时候，李宗黄在云南搞得不洽人意，需要你回去就任主席职，安定地方。方面军是对日作战机构，受降完毕，即行结束。六十、九十三两军将来调防山东胶济铁路沿线，仍由你去指挥。”蒋告诉他不要辞职了，改日续商有关军政事宜。④

卢汉又与范承枢、马锳商议，决定舍军从政，控制云南政局，还有转圜之余地，以后再扩军。至于六十军、九十三军已决定他调，控制也难，能被遥控也就不容易了，因此干脆向蒋明白表示，服从“国家”的决定，以争取另外的条件。当卢汉第二次见蒋介石时，即明确表示“部队是国家的”，中央怎么调就怎么调。蒋介石想不到卢汉如此爽快，遂拍着卢汉的肩头说：“好！好！好！你真是模范军人！”卢汉让步，蒋介石也给了卢汉一点面子，允许成立云南省保安司令部，但不撤销云南警备司令部；对六十军、九十三军的人事调整，对云南省政府的人事调整，一概同意卢汉的安排。换言之，卢汉已经争取到上、中、下三策中的中策，达到了“事犹可为”的目的。于是卢汉走马上任了。

1945 年 11 月 25 日，卢汉飞回昆明，并于 12 月 1 日正式就任省政府主席职。是巧合，还是李宗黄别有用心，就在卢汉就职这一天，李宗黄一手策划制造了昆明“一二·一运动”。

2. 新官上任三把火　重建实力第一着

卢汉一上任，是个无兵无卒的光杆司令。他考虑的是，新官上任三把火，这第一把火往哪里点呢？想来想去，还是要在抓兵权、抓实权上下手。这第一把火，第一条重要任务，就是要重建实力。然而他上任的第一天，却发生了“一二·一”运动，不能不从处理这件事开始抓实权，建实力。

时任云南省政府主席卢汉

昆明“一二·一”运动发生以后，中共云南地下组织领导青年学生群众，掀起了“一二·一”运动的高潮，对国民党反动派进行坚决的斗争。学生们举行了罢课和游行示威，不仅得到了昆明各界爱国人士的广泛支持，也得到全国各地各界的支持。蒋介石不得不出面干预，一方面于12月7日发表《告昆明教育界》，威胁青年学生；但另方面又下令关麟征停职“听候议处”，李宗黄也开始办理省主席的移交手续。蒋介石还密电卢汉，要他出面收拾局面，尽力平息学生的怒潮。

卢汉的处境是相当微妙的，无异于坐在火山口上，不出面不行，而出面处理不当也不行。他似乎已经意识到，在某种程度上，“这场阴谋不是针对学生的，而是针对我（卢汉）的”。[5]李宗黄、关麟征等人并不甘心向卢汉交权。他们利用实权在握的优势，认为对民主运动疯狂镇压和屠杀青年，不仅可以压制民主，并可以向云南地方势力炫耀武力。在卢汉就职当天向卢汉发难，要么把卢汉逼到青年学生一边，使蒋介石收回对卢汉任命的成命；要么把卢汉拖下水，站在青年学生的对立面，以收一箭双雕之目的。

卢汉不得不处在夹缝中求生存，既同情于学生，又不敢得罪蒋介石，于是乎他的态度对于对立的双方来说，似乎都可以找到有利于自己的东西。12月10日，卢汉发表《告各校同学书》，首次公开亮相说：“汉不幸就职日，即昆明学潮酿成惨案之时，消弭无由，防护无方，虽为时甚暂，诸君谅我，然职责所在，我岂能无愧于心？谁无父母？谁无子女？使我之子女为惨案中之牺牲者，痛心何如？今日之官吏，即昔日之学生，易地而居，愤慨何如？”对学生表示了同情，却又不伤任何人，最后劝学生尽快复课。[⑥]同日，在与罢课联合会的代表谈判中，再次表示了对学生的同情，愿意追究凶犯、严惩主谋、赔偿损失，对死难者举行公葬等。12 月 11 日下午，卢汉到西南联大吊奠死难烈士，答应保护学生言论自由。惩办主谋，却没有点任何人的名字。

12 月 25 日，在强大的压力下，继关麟征停职议处后，蒋介石又不得不让李宗黄“奉召赴渝”，另以张邦翰为民政厅长。李宗黄在滇当厅长兼代主席不到 60 天，就灰溜溜地走了。卢汉在滇的主要对手不击而败，这就使卢汉在滇很快掌握了实权。

随后卢汉抛出了治滇方针，概括起来就是一句话：“在安定中求进步”，而且首要是“安定”。[⑦]卢汉的“求安”，第一的任务就是要“力抓兵权”，“扩充地方武装”。他认为没有兵权、没有武装的实力是不可能真正达到“安定”的目的的。因此，在 1946 年初，卢汉即开始筹组云南省保安司令部，自兼司令，下设四个保安大队，一个独立大队，每队士兵为 1400 人，与正规军一个团相仿。

1946 年 5 月 30 日，滇军 184 师在潘朔端的领导下于东北海城起义。震惊之余，蒋介石只有利用卢汉去东北安抚。卢汉来回逗留南京期间，蒋介石三次接见卢汉，表现了极大的热情。卢汉亦趁机要挟，陈述困难，希望能够扩大兵权。当蒋介石有求于你的时候，这些要求就算不了什么了。在随后发生的李公朴、闻一多被暗杀的“李、闻惨案”中，卢汉再度利用时机，不仅赶走了云南警备总司令霍揆彰，而且争得了保安团的指挥权，也在一定程度上取得了新任云南警备总司令何绍周的“私人关系”指挥权。

1947 年初，保安团队呈准编为两个总队，卢汉自兼省保安司令部司令，以原九十三军副军长谢崇文为副司令，佴晓清为参谋长。至此，“新型滇军”已初具规模。到 1948 年初，保安大队改编为 6

个团。1948 年底，保安团扩编到 18 个团，总兵力达到 3 万余人。1949 年初，卢汉利用蒋介石与李宗仁的矛盾，将保安团改编为 3 个保安旅，下辖 10 个分团，又在滇西重建 184 师。这样，卢汉地方武装已有一师加三个旅，共 21 个团。1949 年夏，蒋介石为了利用卢汉，允许卢汉在一师三旅基础上，将保安团队扩充为两个军，拨给两个军的武器装备和经费、粮秣补给。“新型滇军”至此完全形成。扩建后的“新型滇军”两个军序列如下：

第七十四军

军长　　余建勋

副军长　　李韵涛

　　第 184 师师长　　瞿琢

　　第 259 师师长　　保如光

　　第 260 师师长　　尹集生

第九十三军

军长　　龙泽汇

副军长　　杨朝伦

　　第 277 师师长　　张中汉

　　第 278 师师长　　陇生文

　　第 279 师师长　　张秉昌

每师下辖 3 个团，共 18 个团。尽管各部队多系新建，战斗力不算强，但相对地讲，兵痞流氓习气较少。而且在短短几年内，卢汉从一个光杆司令的空头省主席，到拥兵两个军 3 万多人的省主席兼保安司令，也就不可小视了。此外，各县区还有地方武装，每专区设一个保安营，每县设一自卫队。而对边远地区，卢汉又拉拢利用土司、地主武装头目，分别委以守备司令或剿匪指挥等职务。卢汉作为新的地方实力派的军事体系和指挥系统已经形成。

卢汉正是依靠这支“新型滇军”，来整饬吏治，推行“新政”，恢复经济，稳定社会秩序，既镇压革命，又对抗蒋介石中央政权，继续维持其以地方实力派统治为主要内容的半独立状态。卢汉由舍军从政，经过几年的努力，便走上了由政兼军、由政统军、政军一统的道路了。

3. 霍揆彰嫁祸于人　何绍周别有用心

1945 年底，关麟征调走后，霍揆彰继任云南警备总司令。霍揆彰上任伊始，便不遗余力地充实警备部的武装，将云南各地边防大队、独立营等统统包揽到警备司令部，甚至连省政府的卫兵指挥权也收归警备部，还把全省保安团队的指挥、人事、管理大权也抓了过去。霍揆彰的参谋长刘淑琬公然声称，霍已内定为云南省政府主席，警备部不久就要上五华山了。气势逼人，使卢汉很难堪。

霍揆彰的进一步表演，就是扑灭不断高涨的昆明民主运动，以至采取暗杀手段，来对付民主运动。1946 年 6 月，蒋介石以 30 万大军进攻中原解放区，内战全面爆发，南京国民政府竟然下令，可以对中共与民盟分子采取“密报、密捕、密决”的手段。霍揆彰根据南京政府的指示，提出了在云南暗杀民盟负责人员的名单，李公朴、闻一多被列为暗杀名单中的第一名和第二名。李公朴、闻一多都是民盟中央委员、民盟昆明支部的领导人，又是著名学者。他们积极参加抗日民主运动，早就引起了国民党特务机关的注意和监视。

1946 年 7 月 11 日上午，西南联大复员北上的最后一批师生离开昆明。这天晚饭后，李公朴与夫人张曼筠外出办事，于晚上 9 时余返回北门街寓所，行至青云街学院坡时，突遭特务无声手枪的袭击，伤势严重，送医院后抢救无效，次日凌晨不幸逝世。临死前，李公朴高呼：“我为民主而死！”7 月 15 日，整天忙于李公朴治丧委员会工作及民主周刊记者招待会的闻一多，于下午与其长子闻立鹤返家至翠湖边西仓坡时又遭特务狙击，闻一多当场牺牲，闻立鹤被打断了一条腿。数日之间，昆明一地，两位著名的民主人士连遭杀害，震动国内外。这就是当时震惊一时的“李闻惨案”。

7 月 17 日，以周恩来为首的中共代表团向国民党当局提出强烈抗议，民盟政协代表团也提出抗议书，毛泽东、朱德致电李、闻家属表示沉痛悼念，美国民主人士也提出批评。全国各地各界纷纷致电吊唁，抗议国民党的法西斯特务暴行。

惨案发生时，卢汉正在东北“慰问”滇军。霍揆彰利用这一时机，嫁祸于人，先是说龙云、卢汉合谋，有意在后方制造混乱，旋即逮捕了卢汉手下的团长杨立德（原龙云的副官长）。对杨严刑逼供，未达到目的；又传说李公朴是共产党人艾思奇主使杀害的，煞有介事地“悬赏缉拿”艾思奇。这些阴谋都未能得逞。

经过一番调查，确认李闻惨案为军警所干，特别是闻一多被杀事件，证据确凿，确认云南警备司令部总司令霍揆彰为主使人，由警备司令部稽查处派遣熊广福等凶手四人所为。在全国各阶层人民的广泛谴责和声讨下，蒋介石迫于舆论压力，不得不应付一下，派陆军总司令顾祝同到昆明会同卢汉等处理李、闻一案。蒋介石给顾祝同两条任务，一是劝说霍揆彰代他“受过”，接受“撤职”处分；二是在昆明做做样子，策划和指挥所谓的“公审”和“惩凶”丑剧。

不久，云南警备总司令霍揆彰与昆明市警察局长龚少侠被“撤职”，不过霍揆彰随即被委任为湘西绥靖公署主任。继任云南警备总司令的则是何应钦的侄子何绍周。

至于“公审”更是一场骗局。8 月 15 日的“公审”戏正式演出，两名假凶手说，李公朴、闻一多“谩骂党国领袖，我恨他们”，所以对他们采取了行动。8 月 26 日对两名“凶手”处以死刑，而两名替死鬼，却又是从监狱中提出两名死刑犯充数的。李闻惨案事件处理过程中，卢汉与顾祝同配合默契，“一切顺利进行”。因此事后顾祝同向蒋介石建议成立云南绥靖公署，以卢汉兼主任，而将云南警备总司令部直属于绥署，以便统一军事指挥。卢汉对此当然求之不得，但蒋介石多了一个心眼，未予同意。不过，卢汉在掌握军权的行动中，又进一步，能以“私人关系”指挥新任总司令何绍周。

然而，何绍周毕竟属于中央势力，在处理与卢汉的关系上别有用心。1946 年底，何绍周出任云南警备总司令后，对警备总司令部进行了全盘整饬，设立 9 处 3 室 1 科，涉及面很广，对云南军事、政治、社会、机关、学校、新闻单位，都有对口处室可以打入，进行活动。开始还比较尊重卢汉，但他在云南羽毛逐渐丰满后，也不买卢汉的账了。

在争夺省保安团队的控制权问题上，霍揆彰被撤职后，卢汉取得了驻昆明保安总队的人事权。而何绍周上台不久，将原保安总队属警备部的人完全撤走，并以各色杂牌的劣等枪支将原来较好的武器对换，既使卢汉难以指挥，也使保安总队的战斗力削弱。而且，何绍周将这批换下来的好武器，秘密盗卖和运往贵州，引起卢汉的极端不满。因此，卢汉在粮食供应问题上，卡何绍周的脖子。当时驻滇部队粮食供应，主要由省田粮处负责筹集，田粮处隶属省政府，由卢汉指挥。卢汉就在这上面大做文章，征集到粮食首先供应地方部队和机关，其次才补给中央系统军政人员，致使中央部队军粮严重供应不足，这又引起何绍周的不满。何绍周在许多问题上对着卢汉干，加上何绍周在滇两年多，劣迹昭著，公开在全省各地交通检查站索取贿赂，截留公物，参与贩卖烟毒，勾结地主武装蹂躏地方等，卢汉也忍无可忍。1948 年底，卢汉一方面主动发起进攻，历数何绍周祸滇罪行，要挟蒋介石撤去何绍周警备总司令职务；另一方面暗示省参议员唐用九（中共党员），并提供材料，检举何绍周的犯罪行为。于是，马曜（中共党员）等省参议会委员 12 人，向蒋介石控告何绍周，并在省参议会发动驱何运动。1949 年初，省参议会第七次大会，有 27 名参议员联名动议驳斥何绍周，并由杨青田（省参议会副议长、中共党员、中共云南省委的一个统战小组组长）等起草《致何绍周的公开信》，公布何绍周的主要罪行："（一）劫掠云南地方枪支 18000 余支，盗卖 10000 余支，剩下 7000 余支私运去贵州；（二）卖官鬻爵，勒索黄金 700 余两；到处设卡，掠夺白银和大烟数十万两；（三）任意抓人，勒索轿车，黄金；（四）严刑拷打，残酷迫害青年学生。”[8]《正义报》《观察报》也发表文章，揭露何绍周的丑闻，全滇形成一片喊打声。蒋介石无可奈何；加上解放战争进展迅速，蒋只好将何绍周撤职，同时撤销了云南警备司令部。从而使卢汉完全控制了云南的政权和军权，这既有利于人民武装事业的发展，也为滇军在后来的起义道路上消除了一大障碍。

4. 南屏街发生血案　新华社警告战犯

随着解放战争的进展和云南境内人民武装游击战争的发展，不能不给卢汉以深刻的影响。不过，卢汉在他举棋未定的时候，自然难免有这样那样的反复。1949 年初的昆明南屏街血案，就是卢汉反复的重要表现，也是卢汉心态烦躁、举棋不定的反映。

1948 年，国民党统治区通货膨胀已发展到不可收拾的地步，国民政府财政部抛出了发行金圆券的新花招。8 月 19 日，国民政府颁布了《财政经济紧急处分令》，规定自即日起，以金圆为本位币，限期收兑已发行之法币及东北流通券，收兑人民所有的黄金、白银、银币及外国货币；同时公布《金圆券发行办法》，规定金圆券 1 元等于法币 300 万元。金圆券的发行，事实上是洗劫人们手中的金银、外币、外汇和物资，通过财政掠夺，以支持内战。国民政府原计划限额发行金圆券 20 亿元，但到 1948 年 12 月已发行 83. 2 亿元，至 1949 年 1 月滥发至 208. 2 亿元，5 月又增至 679. 458 亿元。[9]这种发行激增，一发不可收拾，通货膨胀更无法抑止。金圆券发行的最初三个月，物价即上涨十多倍至数十倍。至 1949 年，涨势更猛，国民党中央银行又发行金圆券大钞，从 50 元到 50 万元、100 万元不等。其中 50 元钞票，曾采用两种图案，一为上海印制，一为香港印制，分发各地发行，在昆明发行的主要是上海印制的 50 元钞票。

1949 年 2 月初，香港印制的 50 元紫色金圆券流入昆明。12 月 12 日（星期六）上午，有人持这种钞票到南屏街中央银行昆明分行交付和兑换，该行人员将其与上海印制的 50 元钞票对照，发现不同，便错误地断定为伪钞，加盖“伪钞作废”图戳，拒绝持票人交付和兑换。

消息传出后，激起群众更大愤怒。不少所谓“伪钞”的持有者来到南屏街，找中央银行昆明分行负责人进行交涉，人越聚越多。当天是星期六，而星期六下午该行不办公，中午以后即拒绝接待来访群众。从星期六到星期一，时间跨三天，纸币价值又将跌多少谁也无法估计，愤怒的群众纷纷向前质问、谩骂，但昆明分行却拒绝理会。下午2时左右，部分愤怒的群众遂由银行侧门冲入，捣毁了营业处办公室的部分桌椅、簿籍等。银行值班人员向省保安司令部打电话求救。司令部命宪兵第13团团长王栩派兵保护昆明分行，并逮捕肇事者，听候处理；同时向卢汉作了报告。

下午5时左右，卢汉到达了南屏街现场，怒气冲冲。在稍事询问了情况以后，卢汉命令把被捕的人带到在中央银行昆明分行附近的兴文银行前面的马路中央，分成二列横队坐下，自己坐在一张条桌前的椅子上，开始进行“审讯”。卢汉一个一个地“审讯”，讯问的内容只有姓名、年龄、籍贯、现在住址、职业，是否进了银行等项目。对已讯问过的人，分成两类，一类是“带到那边去”，一类是“拉过去”。凡卢汉说“带到那边去”，便衣警察就把人带到中央银行右前方的马路中央，成二列横队坐下；凡卢汉说“拉过去”，便衣警察便把人拉到高山铺安宁巷口、原益华银行东边人行道上枪毙，先后共枪毙21人之多。

卢汉杀人杀红了眼，当时在场的昆明市市长曾恕怀、保安司令部副司令马锳等人认为，如此草率杀人，很不妥当，劝卢汉回去休息，“把人杀多了，以后不好交代”。卢汉竟然不予理睬。最后，保安司令部总务处长告诉卢汉说，卢公馆里有紧要事情，卢汉才愤然离去，但已杀了21人。同时卢汉下令逮捕关押118人，其中14岁以下儿童有29人。

当晚，卢汉指示以省政府、省保安司令部名发布了一个公告说：“本日抢劫中央银行暴徒，当均由宪警围捕多名，经本主席亲审明

警告杀人犯

新华社短评

继本月12日国民党云南省伪主席卢汉下令屠杀挤兑伪金元券市民21人的大血案后，本月17日，在国民党伪京沪杭警备总司令汤恩伯的主持下，国民党伪淞沪警备司令陈大庆又下令屠杀了上海交通汽车公司3个领导反饥饿罢工的工人，造成了新的血腥事件。与此同时，万恶的国民党特务机关正在各地秘密地加紧逮捕和屠杀革命分子秘密处死或投入黄浦江中溺死。国民党西安绥靖公署主任胡宗南，现正重新逮捕一度交保释放的“未判决的政治犯”，并准备将他们秘密处死。而且这样做的，还不止上海和西安两个地方。这种情形，甚至国民党监察院也不加以隐瞒。该监院在本月15日的一个决议中曾经指出：各地特务机关不仅继续以政治理由非法捕人，而且他们的这种活动正在变本加厉。这是穷途末路的反动政府屠杀人民的新血债。对于国民党杀人犯们的这些惨无人道的罪行，全国人民，首先是解放区的人民已表示了正义的愤怒。

这些血腥的事实证明：国民党反动派由于他们濒于覆灭而装出来的虚伪的和平姿态，决不能掩盖他们正加紧屠杀和平人民的真实行动。大地主大资产阶级是不愿自动退出历史舞台的，他们正因为日益接近死亡而十倍百倍地加紧对于人民革命的拚命反抗。这些血腥事件正教育全国人民去认识这个不可移易的真理。我们现在郑重警告那些表示愿与中国共产党进行和谈的国民党政治人物：你们如果连这种血腥罪行都不能立即确实的制止，那么你们就不能使人相信你们的任何言词，那么你们就不能表示你们与那些穷凶极恶的国民党死硬派有什么分别。至于那些杀人的凶手们，他们决不能逃避他们的全部罪责。中国人民解放军必将追

新华社发表的短评《警告杀人犯》

确，处以枪毙，以维治安而示儆戒。”[10]卢汉气犹未消，下令处罚一串官员，对昆明市长曾恕怀、市警保处长李毓桢予“申斥处分”；宪兵团长王栩、昆明中央银行经理武镛各“记大过一次”；市警察局局长王巍“记大过一次示惩”；警察分局局长速成章“撤职留任”；还

逮捕了“首先传出紫色 50 元金圆券发现伪钞”的昆明中央银行发行课副主任等。

卢汉草菅人命、屠杀无辜，震动了全国，激怒了各界群众。中共中央向卢汉提出严重警告，新华社奉命宣布卢汉为“战争罪犯”，并发表短评《警告杀人犯》，指出：“战争罪犯必须严惩，杀人者必须偿命，血债必须付出加倍利息。”[11]警告卢汉必须悬崖勒马。国民党云贵监察使署、云南省参议会中不少人，提出追究流血事件的责任，要查处这一案件。

卢汉处理这件事简单粗暴，视生命如草芥！这虽然是他在剧烈变动的时局背景下，在各种政治压力下做出的动作，但是也反映出他对前途所作的思考。血案发生后，新华社发出警告，全省和全国人民的愤怒声讨，以及无辜受害者的鲜血，都给卢汉敲起了警钟，使卢汉不得不进行认真的思索。

5. 卢无奈“九九整肃”　巧应付妥善处理

到 1949 年秋天，全国大部分地区已获得了解放，以卢汉为首的云南地方实力派和滇军将领们也加紧了应变的准备，然而在山雨欲来风满楼的时刻，却出现了 1949 年 9 月 9 日的“九九整肃”的重大反复和曲折。

先是以卢汉为首的云南省政府和滇军，与游击队和中共联系的活动，为国民党军统特务所侦知，引起已迁往台湾的国民党当局的注意，有人主张要用武力解决“云南的急性盲肠”（指卢汉）。而这时的龙云，于 1949 年 8 月 14 日在香港与记者的谈话，表明自己与蒋介石彻底决裂的态度，同时宣称“云南起义”。一时香港各大报均以大字标题说：“龙云策动云南正式起义！”这一消息引起了各方面的震动，局势骤然紧张起来。

8 月 20 日，已离开云南的李宗黄向蒋介石报告，认为卢汉不稳，蒋遂从台湾亲飞西南，以应付最艰巨的局面。8 月 27 日，蒋介石决

“九九整肃”期间遇害的杨杰将军

定在重庆召开西南军政会议，各省军政首脑皆到了重庆，惟独卢汉推病不至，使蒋顿感局势严重，决心解决云南问题，乃派第八军军长、云南人李弥（属中央势力）回滇暗中布置，企图控制云南局势。国民政府代总统李宗仁与行政院院长阎锡山亦在广州召开紧急会议，提出以武力改组云南省政府，下令桂系部队入滇。

蒋介石清楚地意识到，要在西南做最后的挣扎，必须依赖于与西南地方实力派的合作，在云南更需要卢汉的“合作”；却又不愿意桂系插手，使云南为桂系所控制，因此对卢汉要尽力安抚。8月29日派侍从室主任俞济时飞昆明，坐催卢汉赴渝出席会议，面商“国家安危”；再由西南军政长官公署军政长官张群给卢汉电话，扬言“中央”将派两个军、60架飞机解决云南问题。如果卢汉不到，后果不堪设想。如果卢汉到重庆，将由张群保证其安全。

卢汉心情紧张而沉重，数日间接连召集左右人员研究对策，去与不去，均感棘手。延至9月初，卢汉接到报告，余程万的第二十六军、李弥的第八军两个军已向昆明移动，刘伯龙的第八十九军由贵阳向云南开进，先头部队已抵达滇、黔交界的盘县，蒋介石武力解决云南问题的计划已付诸行动。在这种情况下，卢汉不去是不行了。

行前一日，卢汉在卢公馆召开紧急会议，表示“舍身救乡，为了三迤父老兄弟，虽粉身碎骨，万死不辞”。并对九十三军军长龙泽汇、民政厅厅长安恩溥交代：“我这次去重庆，吉凶难卜，万一被扣，你们就打电报要求。要求不准，就插起红旗，通电起义，不要管我。我走后，军事由龙泽汇负责，政务由安恩溥负责，凡重大事情你们要多多商量处理。”约定每日通电报一次，电尾用“卢汉”名字，即是安全；若用“永衡”，则是被扣或发生重大危险。[12]卢汉走后，昆明城实行宵禁，部队官兵停止休假外出，高级军政人员集中到五华山省政府办公。

9月6日晨，卢汉在省政府秘书长朱丽东、国民党省党部书记长裴存藩等陪同下飞往重庆。出乎意外的是，卢汉在重庆受到蒋介石异乎寻常的热情接待。蒋介石希望继续笼络和抓住卢汉，卢汉看出了这一点，商谈中遂要求“增编滇省部队六个军，并予现洋二千万元”，漫天开价，否则将辞职。蒋介石坚持不许卢汉辞职，经过讨价还价后，满足了卢汉相当一部分要求，答应同意卢汉扩军，给予经费，拨给两个军的武器装备和银洋100万元，授权卢汉“全权处理”云南问题。作为交换条件，要求卢汉取消云南省参议会，逮捕100多人（附有名单），封闭进步学校和报馆，在云南成立“剿匪指挥部”等。

9月8日，卢汉返回昆明，西南军政长官公署副长官萧毅肃及军统特务头子徐远举等人同时到达。次日（9月9日）开始实行“整肃”。军统特务及宪警四出捕人，数日之间被捕者达400多人，还到靖国新村抓捕反蒋著名人士杨杰，未遇。

杨杰（1889—1949），白族，云南大理人。先后就读于保定军官学校、日本陆军士官学校，历任国民党海陆空军总司令部总参谋长、陆军大学校长、中国驻苏联大使等职。此时为国民党革命委员会负责人之一、著名反蒋爱国民主人士。“九九”整肃时，杨杰去了香港，国民党特务在昆明抓捕时落了空，又追至香港。9月19日，杨杰为国民党特务所杀害。这是与“九九”整肃有关的牺牲的重要爱国人士。

与此同时，卢汉还下令解散了省议会，查封了《正义报》《观察报》、《云南日报》等报刊，解散学校，在昆明实行宵禁。这就是

1949年云南的“九九整肃”事件。尽管卢汉一回到昆明，就告诉龙泽汇要进行整肃，让他通知中共地下组织和著名进步人士“躲一下”。但由于种种原因，仍然有一部分中共党员和著名人士被捕，其中有杨青田（中共党员、省参议会副议长）、张克成（著名民主人士、缪云台秘书）、朱健飞（裕滇纱厂经理、杨杰的女婿）、张天放（省林棉公司经理）、陈复光（云南大学教授、民革成员、曾任杨杰秘书）、马伯安（省政府顾问）、李群杰（中共党员、省教育厅主任秘书）、李耀廷（省参议员、《观察报》社长）、尹嘉成（富春和经理）、罗南湖（《复兴报》社长）、李古新（私立古新中医院院长）等。

中共地下组织在“九九整肃”大反复中，紧急转移隐蔽党员骨干和受到威胁的爱国民主人士。同时，游击队和中国人民解放军滇桂黔边纵队派出负责人郑敦到昆明，紧急约见卢汉的代表宋一痕，向宋阐明形势，传达中共的政策，严正指出卢汉违背自己的诺言，追随蒋介石，随意抓人，是自走绝路，要悬崖勒马，保证被捕人的安全，待机释放。强调指出，如卢汉能回头妥善处理，中共将继续欢迎他靠拢人民。这既是对卢汉的警告，也是继续对他的争取。

对被捕的数百人，在专程赶到昆明的军统特务头子毛人凤的主持下，进行惨无人道的审判，并拟枪毙一部分人，让卢汉分摊一大笔血债，使他双手沾满鲜血，堵死他起义的道路。为此，军统特务拿出要枪毙的200余人名单，要卢汉签字；卢汉以200人太多，证据不足，拒绝签字。特务们减为枪毙100多人，再减为40人，卢汉仍拒绝签字，而要求组织军事法庭会审，以拖延时间。毛人凤转而要求将其中一部分人押解重庆，也遭到卢汉的拒绝。卢汉命令宪兵团长王栩，“对被关押的人员，不准刁难、侮辱，要好好看管”。

国民党无可奈何，乃派中央军法总监部人员到昆明会审。卢汉指示云南绥靖公署参加会审的军法处长杨振兴，一是拖延时间，二是要坚持有证据，对无辜人员可先行释放。

这样拖到11月初，国民政府代总统李宗仁偕张群等到昆明视察，卢汉便利用蒋介石、李宗仁的矛盾，向李报告说："九九整肃在押的人员中，有的是社会贤达，有的是一般职工和青年学生，无辜被捕。请予从宽释放，才好安定人心。"又暗示各民众团体，向李宗仁上书，请求释放被捕人员。云南知名人士李根源、周钟岳等亦从中斡旋。李根源会见李宗仁时即说："九九整肃被捕的人，均云南省出类拔萃的人才，已引起云南人士的反感。蒋先生这样做，颇失人心。我如见蒋先生，要劝他改弦更张。"

张群接上说，刚才接到蒋介石的电报，要把张天放等10人立即押送重庆审讯，蒋在电报上的措辞是：这些人"情有可原，而罪无可逭。"张群劝李根源不要介入。

李根源回答说："这事好办，把蒋的电文，颠倒为'罪无可逭，而情有可原'，岂不是网开一面吗？"

李宗仁认为很好，表示可照此办理，遂在民众团体给他的呈文上批："罪无可逭，情有可原，准予从宽处理。"⑬

于是，卢汉立即下达手令给军法处："奉李代总统面谕，整肃时所有被捕的人员罪证不足，准予一律释放，即日办毕具报。"杨振兴还按一般法律手续，按部就班地一个一个地处理，没有"即日办毕"，卢汉很不高兴地说："怎么这样笨！过去拖是应付，现有李代总统的尚方宝剑，怎么还不立刻无条件地给我统统放掉！"这样，"九九整肃"遂以理想的方式了结，一大批爱国进步人士被营救了出来。⑭

山雨欲来风满楼，"九九整肃"这场轩然大波，终于平息。"九九整肃"时期的形势确实非常严峻，军事冲突一触即发。对于卢汉来说，尽力避免军事冲突过早地发生，是他准备云南起义的必要条件。他一方面应付、敷衍蒋介石，同时又要使自己不滑入军统特务头子毛人凤的圈套，从而失去共产党及全省人民对他的希望。结果，他不露声色地应付了蒋介石，慎重妥善地处理捕人问题，避免了杀人，巧妙地利用李宗仁以解脱自己，终于使这场风波平息了下来。卢汉在这场风波中既考验了自己，也锻炼了自己。

参考文献

①见《正义报》1945 年 10 月 7 日；《云南民国日报》1945 年 10 月 27 日。

②上海《密勒氏评论报》1945 年 11 月 1 日。

③范承枢：《卢汉就任省主席的经过》，《文史资料选辑》第 86 辑第 74 页。

④同③。

⑤《一二·一运动史料汇编》第 5 辑第 70—71 页，云南师范大学编印，1980 年第 1 版。

⑥《一二·一运动史料汇编》第 3 辑第 259 页。

⑦《云南民国日报》1945 年 12 月 18 日。

⑧王佩华：《刘淑清传》第 123 页，云南教育出版社 2001 年版。

⑨杨荫溥：《民国财政史》第 217 页，中国财政经济出版社 1985 年版。

⑩《正义报》1949 年 2 月 13 日。

⑪新华社短评：《警告杀人犯》，见《昆明起义》第 27 页，云南人民出版社 1989 年版。

⑫龙泽汇：《我在昆明和平解放前后》，见《昆明起义》第 319 页。

⑬李希泌：《我的父亲李根源》，见《健行斋文录》第 43 页，书目文献出版社 1996 年第 1 版。

⑭龙泽汇：《云南和平解放前后》，见《纵横》1988 年第 1 期。

十五　走向光明

（1949 年）

1. 配合解放搞武装　边纵游击遍全省

1946 年，全国解放战争开始前后，南方各省就已为反蒋武装斗争的开展作了准备。同年 11 月 6 日，中共中央对南方各省的指示中说："凡有可能建立公开游击根据地者，应即建立公开游击根据地。"①1947 年 3 月 8 日，中共中央指示中明确说，在蒋管区发动与组织农民武装斗争的客观条件已经具备。因此在这以后，南方各省"一切为着准备武装起义而斗争"的口号广泛流传。

1947 年 11 月，中共云南省工委书记郑伯克到上海向中共中央上海局汇报工作，上海局组织部长钱瑛根据中共中央的部署指出："中国人民的革命战争已经达到一个转折点，中国革命已经进入新的高潮时期。"②为配合中国人民解放军的胜利进军，钳制在云南的蒋系部队，在几年来武装斗争准备的基础上，已经有条件在全省范围内大规模开展游击战争、武装斗争，建立革命根据地。根据这一指示，同年 12 月，中共云南省工委在建水召开会议，部署在全省公开发动大规模武装斗争，并决定先在滇东南地区发动。于是反蒋武装斗争从滇东南到滇东北，再到滇西，普遍开了花，并建立了众多的游击根据地。1948 年 2 月，朱家璧、张子斋率一批骨干到达滇南，组建起主力游击队"一支人民的军队"。7 月公开宣布云南人民讨蒋自救军第一纵队的番号和军政领导人员名单，并根据省工委扩大会议精神，南下广西与桂滇边部队会师整训。

1948 年 7 月，在昆明爆发了"反美扶日"运动（又称"七一五"运动），广大师生进行了英勇的抗暴斗争。中共云南省工委又一次大规模地抽调共产党员和"民青"（民主青年同盟）成员、师生、工人和各类专业人员下乡，投入农村武装斗争。解放战争时期，先后抽调下乡达 1 万余人。

10 月，中共中央香港分局指示，将自救军一纵队与桂滇边部队第一支队合编，组建中共桂滇边工委前线委员会，部队沿用云南人民讨蒋自救军第一纵队番号，到滇桂黔边中心地区，巩固和扩大根据地，钳制驻滇桂黔地区敌军。“一纵”三战三捷，到1948年底，攻克马关、西畴、麻栗坡、广南4座县城，扩军5个团。云南武装斗争先后建立了五块成片的根据地，即罗盘、弥泸、开广、滇南和思普、滇中根据地。

1949年1月1日，在辽沈、淮海、平津三大战役即将胜利结束之际，中国人民解放军总司令部命令战斗在滇桂黔的云南讨蒋自救军第一纵队和桂滇边部队，以及中共在广西左右江地区、靖镇区、黔西南、滇东南的弥泸、罗盘、开广地区游击部队，合编为中国人民解放军桂滇黔边纵队（简称“边纵”），庄田为司令员，周楠为政委。朱家璧为副司令员，郑敦为副政委。“边纵”的成立，大大地鼓舞了广大指战员和这些地区的人民群众，推动了武装斗争的发展。同年2月，中共中央作出了关于调整长江以南党的领导机构的指示；7月，桂滇边工委和云南省工委合并为中共滇桂黔边区党委、滇桂黔边区的人民武装合并成立中国人民解放军滇桂黔边纵队，下辖有12个支队和2个独立团，其中有10个支队和2个独立团在云南境内；成立中共昆明市委和12个地委、10个专员公署。

到1949年底云南起义前，“边纵”主力部队发展到5万余人，战斗活动遍及云南、广西、贵州三省147个县，在200万人口的广大地区，建立起12个成块的游击根据地，钳制15万国民党军队。各县区游击队发展到10万余人，共歼敌6.1万余人，解放县城91座，其中在云南的县城（包括设治局）达63座，超过当时云南全省县城数的一半以上。边纵的游击武装斗争遍及云南全省，形成了对昆明及交通沿线地区的包围态势。这样，既为解放大军的胜利进军创造了条件，也动摇了云南地方实力派的统治基础，为昆明起义、滇军起义提供了保障。

2. 宋一痕南北接洽　龙泽汇边纵密谈

昆明起义、滇军起义，是中国共产党对云南地方实力派、对滇军长期争取的结果，是中国共产党统一战线政策的胜利。还在抗日战争时期，为了建立、发展和巩固抗日民族统一战线，中共中央很重视争取地方实力派的工作。周恩来、朱德、叶剑英、罗炳辉等都曾做过滇军将领龙云、张冲等的工作，在滇军 184 师中建立了中共支部。1943 年，中共中央南方局派华岗为中共代表和龙云建立了直接的联系，设置与中共中央联系的秘密电台。

抗日战争胜利后，蒋介石为发动内战，在昆明发动政变，赶走了龙云。然而，不久卢汉回任省政府主席，虽然他采取了“拥蒋保己”的政治态度，却因并非蒋的嫡系，最终还是与蒋介石发生了控制与反控制的尖锐矛盾。卢汉仍然是云南地方实力派的代表，滇军的最后一任统帅。

1946 年 4 月，滇军主力调往东北战场打内战，中共中央做了在东北滇军的大量工作，终于在 1946 年 5 月有了潘朔端领导的 184 师海城起义和 1948 年 10 月曾泽生领导的六十军长春起义。

对于卢汉及其建立的“新型滇军”，中共云南省工委按照中共中央、南方局的指示精神，采取了利用蒋卢矛盾，实行区别对待，对以卢汉为首的地方实力派和滇军，既斗争又争取，以争取为主的方针。1948 年全省农村武装斗争逐步开展，中共地方党组织在领导武装斗争中，着重打击蒋系中央军，而对地方部队及滇军则开展政治攻势，确实收到了良好的效果。

1949 年 3 月，在河北西柏坡村举行的中共中央七届二中全会对迎接全国解放的新形势，进行了分析，提出了今后解决残余的 100 多万国民党军队的方式，不外天津、北平、绥远三种。4 月，中国人民解放军向全国进军的同时，毛泽东、朱德发布了《中国人民解放军布告》（即约法八章），对残存的国民党军队产生了很大的震动。

而在这之前的2月下旬，卢汉委托与中共有联系的民主人士宋一痕，向中共中央香港分局递交了致毛主席、朱总司令信件，表示了反蒋的政治态度，要求中共派代表到云南，以及和中共中央建立电讯联系等问题。香港分局负责人潘汉年接见了宋一痕。中共中央指示香港分局答复卢汉，云南、四川均可按北平方式行事，而且可以更多地照顾地方实际。5月，中共中央东北局从起义滇军中选派了原滇军军官，人民解放军第五十军代理参谋长张秉昌回昆明，向卢汉转达了中共中央争取卢汉起义的意见，并提醒卢汉，要警惕蒋介石的阴谋，设法拒绝蒋介石的嫡系到云南，建议卢汉扩充部队，中共中央军委准备派一批起义或投诚的滇军中下级军官回云南，可供安排和使用。1949年6月，朱德、叶剑英、李克农委派参加北平起义的原国民党北平警备区中将司令官、云南籍傣族人士周体仁，回云南策动卢汉起义。周体仁以“解甲归田”为名回到昆明，通过龙泽汇进入卢公馆，与卢汉长谈。他向卢汉介绍了北平和平解放的详细经过，以亲身经历赞颂了中共“爱国一家”“爱国不分先后”的政策；转达中共中央领导人“对卢汉将军的关切期望”。卢汉深受感动。[③]

与卢浚泉一同在锦州被俘的原九十三军暂编20师直属炮兵营营长夏际昌，经教育释放回到云南，带来了卢浚泉（卢汉的族叔）给卢汉的口信：“不能再为蒋介石卖命了，我（卢浚泉）的看法是要积极准备起义，赶紧扩充点部队才有办法。”[④]

同年7月，卢汉的代表宋一痕经中共中央华南分局介绍到北平，表示愿意反蒋起义，接受中国共产党的领导。周恩来、朱德和李维汉等接见了宋一痕，对卢汉准备起义“表示欢迎”，并告知什么时候起义要商量，不能过早行动，以避免解放军支援不上出问题。

中共云南省工委也加紧了工作，明确要放手发动群众，大力开展武装斗争，做好配合野战军解放云南的准备，积极争取以“绥远方式”解放云南问题。还通过多种渠道、多种方式，广泛开展统一战线工作。在中共云南省工委领导下，在昆明建立了两个中共统战工作小组。一个是由省参议会副议长、中共党员杨青田为组长，参议员、中共党员唐用九、马曜参加的统战小组，以省参议会为阵地开展工作。另一个是以中共党员郭佩珊、李剑秋、吴邦彦组成的统战小组，在社会上层人士、新闻界和军队、政府机构中开展工作。中国国民党革命委员会也配合中共，做推动地方实力派起义的工作。

同年5月和8月，卢汉两次派出自己的代表、九十三军军长龙泽汇（卢汉夫人龙泽清的兄弟）与“边纵”负责人朱家璧等人，先后在寻甸县磨盘寺、路南石林举行两次会谈。第一次会谈后，卢汉分批送给“边纵”步枪3000枝、轻机枪百余挺，子弹数十万发。第二次会谈中，双方同意云南起义应在解放大军接近云南之际举行；还商定卢汉保安部队不向“边纵”进攻，“如保安部队被迫配合中央军向边纵进攻，应向边纵通报保安部队的行动路线，并及时提供国民党、中央军的有关情报”[5]。事后，卢汉如约送了情报。

“九九整肃”期间，卢汉曾让宋一痕致电中共中央华南分局，请求中共速派人联系，以便“共商挽救与保护之策”。可以看出，捕人、杀人并非卢汉的本意，最后全部人员被释放，与卢汉的努力也是分不开的。因此，中共云南地下组织及边纵，对卢汉仍采取又斗争又争取、以争取为主的方针。

蒋介石派国防部总参谋次长萧毅肃（亦曾任西南军政长官公署副长官）到昆明督促、部署围剿云南人民武装。蒋系中央军向滇东南、滇东北、滇南进攻；地方保安部队向滇西北、滇西进攻。卢汉曾密令把蒋系中央军的军事行动，告知滇桂黔边纵领导人朱家璧。

中共云南地下组织为了促成卢汉起义，在以后国民党中央军、中央机关入滇、桂军入滇、驱逐国民党顽固分子离滇及建立云南独立财政圈子等一系列问题上，发动全省各界群众进行多种形式的斗争，支持和声援卢汉，为他创造起义的有利环境。在农村武装斗争中，还与卢汉的保安团队主动达成地方性的双边协议，如对大理、下关等据点，游击武装暂不占领，由开明人士主政，协力肃清蒋特等。在争取卢汉走向光明的过程中，还注意到云南局势的复杂性和曲折性，警惕小的曲折，防止另一面的问题发生，这也是必要的。总之，中共对卢汉的争取和卢汉与中共的联系，是双边的，相互影响、相互作用的。

3. 顺形势昆明起义 应潮流全省响应

1949 年 10 月 1 日，中华人民共和国宣告成立。人民解放军继续胜利进军，桂系白崇禧主力部队在湖南被歼。10 月 14 日广州解放。11 月 1 日，中国人民解放军第二野战军第三、五兵团及第四野战军之第四十二、四十七、五十军等部在南起贵州天柱、北至湖北巴东 500 公里的地段上发起进攻。11 月 15 日贵阳解放，11 月 21 日遵义解放，11 月 30 日重庆解放，蒋介石逃至成都，12 月 4 日南宁解放。第四兵团由广西百色向云南挺进。而在云南，滇桂黔边纵队全力抗击敌军“围剿”，打乱了敌人的部署，切断了敌军外逃的通路，积极准备迎接人民解放军主力解放云南。

11 月 21 日，第二野战军司令员刘伯承、政治委员邓小平发表《解放川黔滇康四省四项办法约法八章》（“四项忠告”），指出国民党所谓“最后战略体系”，已被我拦腰打断。针对西南残存蒋军惶惶不可终日的普遍心理，“四项忠告”分别对军政、机关、特务及乡保各类人员提出停止抵抗、保护公物、停止作恶及按我军指示维持地方秩序、投向光明的办法，有功者赏，有罪者罚。同时，第四兵团司令员陈赓派出一个三人小组秘密到昆明，策动驻滇蒋军和卢汉起义。

蒋介石派张群做卢汉的工作，让国防部等迁入昆明，而将云南省政府、绥靖公署迁往滇西，卢汉提出种种困难，表示难以照办而拒绝。蒋介石遂将陆军总司令部部分直属部队及一些军事机构派入云南。至 12 月初，已退至昆明的机关和部队有：国民党宪兵司令部副司令李楚藩，空军第五军副司令沈延世，国防部第二厅副厅长沈蕴存。进入云南境内的还有：贵州省政府残余机关，第八十九军驻滇东；先期入滇的李弥第八军拟定了在云南扩军 20 万人的计划，又派其第 3 师田仲达部由曲靖向昆明急进，企图控制昆明巫家坝飞机场。

卢汉利用解放军迫近云南的有利形势，积极调整兵力部署：令第九十三军向昆明集结，令原驻滇西七十四军急速向楚雄一带推进，以呼应昆明。卢汉将云南库存的部分黄金分给上述两军，作起义后万一需打游击的费用。卢汉还通过与中共有联系的民主人士吴少默、刘淑清、杨克成告知中共昆明地下组织，他已决定起义，并通报了调集部队、寻机扣押蒋系军长李弥、余程万等的打算。

12 月 1 日，卢汉下令成立昆明警备司令部，以佴晓清为司令，负责维持社会治安。次日昆明警备司令部下令实施戒严，在每晚 10 时至第二日晨 6 时的戒严期间内，断绝市内交通，禁止行人来往，设立交通检查站，实行航空旅客检查，借以了解和控制进入云南的国民党中央军政及特务人员的行踪。

12 月 3 日、4 日，卢汉先后派财政厅长林毓棠及周体仁到香港、广州，向中共中央华南局驻港负责人张铁生、广东省人民政府主席叶剑英报告卢汉即将起义，请予支援。同时，卢汉与中共昆明地下市委联系后，昆明市委表示欢迎和支持起义。12 月 6 日，卢汉召集亲信幕僚杨文清、龙泽汇、马镁、佴晓清等，举行紧急会议。卢汉说："时机是紧急了，如等解放大军到威宁、盘县一带，我们才起义，那就太迟而没有价值了。"⑥会议一直开到次日凌晨 6 时，最后决定加紧调集部队，用一切手段立刻把余建勋第七十四军和九十三军的陇生文师赶运至昆明，迅速准备起义。12 月 8 日，绥靖公署发布了两个文告，一是宣布卢汉病假结束（原卢汉因准备起义而请"病假"，行政工作由杨文清代理），全面主持云南工作；二是对要进入云南的宪兵团及散兵游勇，将其人数、武器及驻在地点报告，并就地驻扎、不得擅自移动。

12 月 7 日，张群带着蒋介石要卢汉答应让出昆明作国民党军事

指挥机关的使命飞到昆明，一再逼卢汉，但再次遭到拒绝。张群向蒋介石汇报，卢汉的"态度不好"；蒋遂决定将政府迁往台北，在西昌设大本营，并命张群率龙泽汇、李弥、余程万等于12月8日一同飞成都"面授机宜"。

12月8日，龙泽汇一行在成都中央军校面见了蒋介石。龙泽汇向蒋诉苦，罗列了一大堆困难。蒋介石心里明白，在此危急关头，不能不继续笼络，遂答应了龙泽汇提出的全部要求说：武器在库里有的是；尚有美国借给的银洋存在菲律宾，马上空运给你们；至于汽油就更好办了，立刻从海防沿滇越铁路运到昆明。开出这些空头支票后，蒋介石表示："我的学生必须听话，效忠党国，现在云南就靠你们了！"当晚，卢汉得知张群将于次日与龙泽汇、李弥、余程万返昆的消息后，认为形势紧迫，如蒋介石的计划得以实现，起义的机遇就会丧失，在这"千载一时之机"，当机立断，决定立即起义，并向中共昆明地下组织通报。中共昆明市委作了相应的应变部署。

12月9日下午，龙泽汇、李弥、余程万再度和张群同机飞昆明。下机后，龙泽汇驱车直接会见卢汉。两人一见面，卢汉的第一句话就问："岳公（张群，字岳军）来了没有？"龙答："来了！"卢说："来了就好！"

为迷惑蒋系中央在昆军政人员及特务的耳目，卢汉施放烟幕，特于12月9日下午7时在昆明翠湖东路卢汉新公馆大摆筵席，宴请美、英、法驻昆领事，制造歌舞升平、若无其事的样子。

卢汉随即软禁了张群，并借张群来昆之名，发出如下通知：

本日张长官莅昆，订今日（九日）下午九时在青莲街卢公馆开会。各军、各单位关于应请示和需要请领的一切事项，须先行分别列单，到会时自行呈出，特此通知。

主任卢汉九日下午五时⑦

这一天中午，卢汉已得到准确的消息，张群等人乘坐的飞机下午到昆，同机前来的还有第二天准备飞台湾的特务头子徐远举等人；美制大型运输机 10 架，并在当日将部分国民党高级官员及其家属运至昆明，准备加油后飞广州去台湾。卢汉随即下令：控制巫家坝机场，飞机只许进，不许出。保安团队官兵、全市通讯系统由绥靖公署统一指挥，占据全市交通要道、电讯设施，切断特务的联络。龙泽汇回到昆明后，卢汉命令龙立即上五华山，严格掌握九十三军，该军陇生文师在右起滇池、左至东站一线布防；张秉昌师沿金殿至长虫山一线布防；张中汉师负责城区戒严，作城防预备队。

被安排在公馆卧室的张群，想与成都打电话，但电话线已被切断，摇不通；张群要求副官带他去见卢汉，却进来了两个卫兵，下了他的枪，说卢汉已上五华山，将要起义了。

云南绥署保防处处长、军统原云南站站长沈醉已获悉卢汉下令控制了飞机场，预感情况不妙。他召集部下开紧急会议，让大家"提高警惕"。赴卢汉会议前，将身上的手枪、证件等交给部下说："眼下只有先去开会，再随机应变。"晚上 9 时，在昆明的蒋介石集团主要军事、特务头目出席会议：第八军军长兼第六编练司令部司令李弥、第二十六军军长余程万、宪兵司令部副司令兼西南宪兵区指挥李楚藩、西南宪兵区指挥部参谋长童鹤岑、空军第五军副司令沈延世、第 193 师师长石补天、云南绥署保防处长沈醉等陆续到达青莲街卢汉公馆。客人们等到 9 点半，还不见卢汉的踪影。石补天起来正想到外面看看动静。云南省政府警卫营长李青龙随即大踏步走进会场，与会者误以为卢汉来举行会议了，不约而同地起身恭立。殊不知响起了炸雷般的一声喊叫："举起手来，不准动！"李弥、余程万等人员全部被扣，均用汽车送上五华山光复楼先软禁起来。

1949 年 12 月 9 日晚 10 时正，通信兵将各部队的电话都接到总机上，卢汉站在光复楼主席办公室里，向各部队及全省人民庄严宣告："云南起义了！各单位按原订计划开始行动！"目睹这一时刻场面的，有原代省主席杨文清、绥靖公署副主任马锳、参谋长谢崇文、第九十三军军长龙泽汇、财政厅长林毓棠、昆明市长曾恕怀、昆明

警备司令佴晓清等人以及部分工作人员和卫士。宣布起义后，吴少

卢汉起义通电

中央人民政府毛主席、朱总司令、周总理、人民革命军事委员会并请转人民解放军各野战军司令员、副司令员、各政委，全国各军政委员会，各省市人民政府，各省市军事管制委员会公鉴：

云南人民，自民国以来，对民主和平统一大业，企希夙深，护国讨袁之役，早已昭然在人耳目；抗战军兴、更兴全滇人力物力，贡献国家。我三迤父老原期抗战胜利，国土光复之后，中国即可实现和平统一，致力于民主富强康乐之新中国建设。不料国民党反动政府背弃革命，排除异己，为巩固其一党独裁的血腥统治，不惜穷兵黩武，残民以逞，破坏政协，挑起内战，以美帝为后台，阴谋消灭澎湃发展中的人民革命，致使我全国四亿五千万人民，重陷于水深火热的深渊，民族生机为之摧残殆尽。

汉忝主滇政，忽已四载，昧于时局之所趋，慑于蒋匪之威胁，未能及时团结军民，抵抗强暴，坐令数万健儿被调于反人民之战场，千百青年受难于反革命之毒手，反躬自省，负疚良多。

今当全国解放大业即将完成之际，蒋匪仍执迷不悟，横施压力，妄图将其残余势力撤退来滇，作最后的困兽之斗。时势至此已屭忍无可忍。

爰为征询全体军政同胞之意，顺应全滇父老的要求，即日宣布与蒋匪领导下的国民党反动政府断绝关系，全境自动解放，归向人民民主阵营，并暂时组织云南人民临时军政委员会，维持地方秩序，保护公私资财，听从中央人民政府暨革命委员会命令，并竭诚欢迎解放大军早日入滇接管。

今后，汉等誓以至诚，接受中国共产党的领导，为实现新民主主义、建设民主自由和平康乐的新中国而奋斗。

谨此电叩，敬候指示。

卢 汉

1949年12月9日22时①

①此为卢汉发表通电的时间，后经朱德建议，卢汉修改，由新华社于1949年12月22日正式发表。此为正式发表之电文。

卢汉起义通电

默、杨青田、宋一痕等人赶到光复楼，向卢汉表示热烈祝贺。卢汉率领了滇军第九十三军、七十四军及全省保安团队，以及云南省、昆明市政府脱离国民党阵营，宣布起义，归向了人民民主阵营，并通电报告中央人民政府毛泽东主席、朱德总司令、周恩来总理及中央军委、解放军总部等，宣布起义，暂组织临时军事委员会，维持地方秩序，听候中央人民政府命令。同时向全省发布了起义安民

布告。

12月11日，毛泽东、朱德复电卢汉，指出卢汉率部起义，必将加速西南解放战争之进展，必为全国人民所欢迎。[⑧]起义同时宣布全市实行紧急戒严，逮捕中统、军统特务徐远举、周养浩等人；在飞机场扣留了20架飞机。12月10日中午，全市户口检查结束。11日，解除戒严。接着，在昆明的一些国民党中央军、政机关跟随起义。昆明飞机场和在昆空军人员2023人也随之起义。

宣布起义后，卢汉致电西康刘文辉，要求会同四川各将领，扣留蒋介石。此电为蒋介石截获，蒋遂于当日下午2时乘飞机离开了大陆。西康刘文辉、四川邓锡侯亦于12月9日在四川彭县通电起义。

12月11日，卢汉宣布成立了“云南人民临时军事委员会”，以维持秩序。临时军事委员会主席由卢汉担任。临时军政委员会主要进行了整编部队、镇反肃特、维护治安的工作。肃特期间共逮捕关押特务反动嫌疑分子1290名。同日，卢汉将张群用飞机送往香港，这件事卢汉事前未予报告，遂受到了中共组织的批评。

不过，昆明最终起义了，全省各地迅速响应，省内滇军全部起义，归向了人民阵营，走向了光明的道路。这是自辛亥革命以来近40年间，滇军最后的也是最好的出路。12月25日，卢汉在五华山光复楼宴请滇军连以上军官，对各级滇军军官的拥戴和支持，表示衷心的感谢。宴会上卢汉发表了热情洋溢的讲话，最后语重心长地说：“时代天翻地覆，个人脱胎换骨。现在我把大家带上了路，各位以后的路就要自己走了！”原宪兵13团7连连长、起义后为暂编十三军直属团迫炮连连长段成宗回忆说，卢汉讲的这几句话，给我们留下了深刻的印象。50多年过去了，我至今也忘不了啊！卢汉当时既然能送走张群，那么他要走也是很容易的。但他没有走，他和滇军都留下来了。[⑨]起义滇军留下来了，随即改编成为中国人民解放军。滇军的历史结束了，但是它不是被消灭，也不是消失，而是以新的形式走上了新的光明的道路。这是滇军值得自豪的，也是滇军的骄傲。

4. 保卫昆明获胜利　滇南战役添辉煌

卢汉率部在昆明宣布起义后，蒋介石并不甘心，为挽救在大陆彻底覆灭的命运，于 12 月 10 日派飞机在昆明上空抛撒传单，要卢汉“回头是岸”，宣称要“炸平昆明”。随即任命李弥为云南省政府主席、余程万为云南绥靖公署主任；急令陆军总司令部参谋长汤尧升任副总司令兼参谋长，监督云南国民党军政事务；成立军事指挥部，由汤尧负责；指挥第八军、二十六军进攻昆明，将两军合编为第八兵团，而以汤尧兼兵团副司令（司令为王伯勋），在曲靖设指挥部。两军及有关部队约 4 万余人，共同反扑昆明。因李弥、余程万被扣，以曹天戈、彭佐熙分别代理第八、第二十六军军长。蒋介石又派飞机轰炸昆明。国民党陆军总部对进攻昆明的部队发给大洋 10 万元，允诺“攻下昆明，准许自由行动三天”。

入城解放军部队行至拓东路

在汤尧指挥下，国民党军于 12 月 16 日下午，其先头部队与在昆明外围的滇军起义部队发生接触，国民党军在昆明东、南郊发动猛烈进攻，昆明保卫战激烈展开。

这时，南下的解放军尚未到达云南，边纵部队亦还未赶到昆明，

卢汉（前右一）与率部进入的陈赓、宋任穷将军亲切握手

在昆明的滇军起义部队只有10个团，兵力和武器装备都处于劣势，虽然士气旺盛，但昆明仍面临严峻形势。卢汉一面急电刘伯承、邓小平首长求援，请求野战军驰援昆明；一面又组织起义部队抵御敌军进攻。中共昆明市委迅速组织3000余人的义勇自卫总队，维护市内秩序，支援前线；正在滇西作战的边纵朱家壁部亦急速驰援昆明。

卢汉为分化蒋军，先放出了李弥，但李回到第八军后，对昆明的攻势并未减弱。12月17日至20日间，敌军攻势甚猛，一度打到了昆明近郊南窑、五里多、豆腐营、纺织厂、火车北站地区，形势相当严重。起义官兵在人民群众的支持下，终于顶住了敌军的进攻。

到12月20日，二野五兵团第49师奉命神速进军，进抵滇东曲靖地区。卢汉用电话将喜讯传到前沿阵地上，一时群情振奋，士气高昂。进犯昆明的敌军获悉情报后，恐成瓮中之鳖被围歼，于是日晚相继仓皇撤退，向南逃窜。卢汉又放出了第二十六军军长余程万，二十六军攻势逐渐减弱。到12月22日，第49师在边纵的配合下，占领沾益、曲靖、陆良县城，歼灭国民党沾益留守处、第六编练部、

昆明人民向入城的解放军献花

昆明人民欢迎中国人民解放军入城

入城解放军部队到正义路

联勤运输部之敌1000多人。12月23日，于路南天生关阻歼南逃之敌联勤总部、陆军总部等，歼敌4000余人。进攻昆明的第八军、二十六军遂全部溃逃至滇南蒙自一带集结。至此昆明保卫战胜利结束，滇军参与这次战斗，并在结束自己使命前留下了光荣的一页。

再说，残存的国民党军压缩到了滇南，在汤尧的指挥下向蒙自、开远附近集结，企图沿滇越铁路逃往国外，或由蒙自机场飞往台湾。1950年1月汤尧飞台湾接受命令后，再飞回蒙自，以第八兵团集结蒙自确保空中走廊，以第二十六军置于开远为屏障。

中共中央军委命令第四兵团指挥部队从广西南宁、百色地区向云南挺进，断敌南逃后路，与边纵配合歼敌于滇南。这样，大陆最后的重要战役——滇南歼灭战就展开了。

1950年1月11日，经过连续14天900余公里的急行军，四兵团第三十八军占领河口，封锁了中越边境。1月15日，第十三军之第37师进至蒙自，经过6小时战斗，控制了蒙自机场。随后四兵团与边纵配合，共同追敌，先在个旧、鸡街、蛮耗等地歼敌第二十六军残部，继在宜得歼灭第八军第237师；在野战军的威慑和“边纵”十支队的围歼下，在建水安边哨敌师长田仲达残部、白沙大山地区敌第二十六军二七九团投诚。汤尧南逃无望，乃率第八兵团残部向西逃窜，企图经元江、墨江、镇沅逃往国外，解放军配合边纵、起义部队尾追。由昆明南下的边纵部队、起义部队，在新平歼灭地霸李润芝匪部，一部南下思普地区，一部赶赴元江，歼敌第510团，与追敌的解放军三十七、三十八师，在元江东岸歼敌第八军主力，生俘敌陆军副总司令汤尧、第八军军长曹天戈及其部下6000余人。侥幸从元江逃脱之敌，亦在2月7日至19日大部被歼于镇沅、墨江官厅、佛海（今勐海）、打洛等地，只有少数散兵逃出国境。2月19日，解放军把五星红旗插到了中缅边境的打洛镇，滇南战役胜利结束。

滇南战役历时近两个月，除少数残敌逃往国外，共歼敌32000余人，完成了祖国西南边疆追歼逃敌作战的任务。滇南战役主要是

1950 年 2 月，卢汉在欢迎解放大军大会上讲话

解放军主力作战取得的胜利，边纵武装作了有力的配合，滇军起义部队也参与了部分战斗，这是滇军参与的最后一次战斗。此后，滇军经过整编，完全融入中国人民解放军中了。

1950 年 2 月 20 日，中国人民解放军第四兵团在陈赓、宋任穷、周保中等人率领下，正式进入昆明，卢汉则率起义官兵和昆明群众一道举行了隆重的欢迎解放军的入城仪式。自昆明东郊菊花村起，一直到省政府所在地的五华山，沿途都悬挂着“欢迎劳苦功高的解放大军”，“中国共产党万岁”“毛主席万岁”“感谢共产党解放云南人民”等巨幅横标。在菊花村马路侧，扎了一座“欢迎台”，台的正中悬挂着一面巨大的锦旗，上书：

高黎贡山那么的伟大，
金沙江水那么的声威，
中国人民解放军，
我把它象征您，
也把它献给您！

云南省军政委员会主席卢汉献[10]

2 月 22 日，昆明各界在拓东运动场举行了盛大的欢迎大会，陈赓、宋任穷、周保中、卢汉等先后在大会上讲话。2月24日，在云南省地师干部会议上，第四兵团司令员陈赓在讲话中宣布，云南从今天起已完全获得解放了！

云南解放了，滇军也在解放中结束了自己的历史使命。

参考文献

①《中共中央给南方各省工作的指示（节录）》，见《广东档案史料丛刊》，《华南党组织档案选编》第38页。

②《白区工作的回顾与探讨（郑伯克回忆录）》第403页，中共党史出版社1999年版。

③黄凤麟：《周体仁在争取卢汉起义中的贡献》，见《昆明起义》第217页。

④夏际昌：《卢浚泉对卢汉起义的影响》，见《昆明文史资料选辑》第3辑第137页。

⑤龙泽汇：《我在昆明和平解放前后》，见《昆明起义》第317页。

⑥龙泽汇：《我在昆明和平解放前后》，见《昆明起义》第321页。

⑦同上，第322页。

⑧《毛泽东、朱德复卢汉电》，见《昆明起义》第60页。

⑨《访段承宗记录稿》，1999年12月9日，未刊。

⑩马子华：《卢汉后半生》第16页，四川文艺出版社1992年版。

附　　录

一　滇军史大事记

1908 年（清光绪三十四年）

云南组建新建陆军第十九镇。

1909 年（清宣统元年）

9 月 28 日云南陆军讲武堂正式开学。

1910 年（清宣统二年）

5 月 28 日李根源继任云南陆军讲武堂总办。

1911 年（清宣统三年）

3 月蔡锷由广西调来云南。

7 月蔡锷任新军第十九镇第 37 协协统。

10 月 10 日辛亥武昌起义爆发。

10 月 27 日辛亥云南腾越起义。

10 月 30 日辛亥云南昆明重九起义。

11 月 1 日云南军政府成立，蔡锷为军政府都督。

11 月 14 日滇军援蜀军以韩建铎为总司令，从昆明向四川出发。

1912 年（中华民国元年）

1 月 1 日中华民国建立，孙中山就任南京临时政府大总统。

1 月 27 日滇军北伐军成立，以唐继尧为司令。

2 月 12 日清朝皇帝溥仪宣布退位。

3 月 3 日唐继尧率北伐军突袭贵阳，被推为贵州临时都督，后又被任命为贵州都督。

3 月 10 日袁世凯在北京就任中华民国临时大总统。

5 月 6 日援蜀滇军回昆明。

7 月滇军西征军组建，以殷承瓛为司令官，率师入藏平叛。

8月15日滇军西征军与西藏叛军战于溜筒江，滇军胜。

8月26日滇军西征军攻克盐井、乡城。

12月10日滇军西征军返回昆明。

1913年（中华民国二年）

7月12日“二次革命”爆发。

10月10日袁世凯就任正式大总统。

10月蔡锷奉调离昆去北京，唐继尧回任云南都督。

1914年（中华民国三年）

10月唐继尧被委为开武将军兼巡按使（不久任可澄继为巡按使）。

1915年（中华民国四年）

9月到11月之间，滇军军官三次举行秘密会议，酝酿讨伐袁世凯。

12月12日袁世凯复辟帝制。

12月19日蔡锷从北京经日本、中国香港，辗转来到昆明。

12月21日至22日滇军军官举行第四、五次会议，决定发动讨袁护国战争。

12月25日云南宣布独立讨袁，护国战争爆发，蔡锷、李烈钧、唐继尧分任护国军第一、二、三军总司令。

1916年（中华民国五年）

1月14日护国第一军从昆明出发去四川前线作战。

1月21日护国军占领叙府（今四川宜宾）。

11月27日贵州宣布反袁独立。

2月至3月川南几乎全部化为战场，叙府得而复失，纳溪三易其手。

3月14日袁世凯任命的“云南查办使”龙勤光进犯云南失败，其在广西百色的司令部缴械投降。

3月15日广西宣布独立讨袁。

3月22日袁世凯取消帝制。

5月8日护国军在广东肇庆成立护国军军务院，以唐继尧为抚军长。

6月6日袁世凯死去，护国战争结束。

7月蔡锷被任为四川督军，旋因病去日本治病，于11月8日去世；唐继尧被任为云南督军。

1917年（中华民国六年）

4月18日川滇军成都巷战（刘罗战争）爆发。

7月5日川黔军成都巷战（刘戴战争）爆发。

9月1日国会非常会议在广州选举孙中山为中华民国军政府大元帅，次日选举唐继尧、陆荣廷为元帅，唐、陆皆拒绝就职。护法战争爆发。

△唐继尧组织滇黔靖国联军，自任总司令。

12月21日四川熊克武加入滇黔联军，唐继尧任川滇黔靖国联军总司令。

1918年（中华民国七年）

5月4日孙中山辞大元帅职，通电指出："南与北如一丘之貉。"

5月12日广东督军莫荣新诱捕滇军将领、广州军政府陆军总长张开儒；杀害滇军将领，广州军政府陆军、交通两部次长崔文藻。

5月20日广州军政府改组，废除大元帅制，选举岑春煊、唐继尧等七人为总裁，唐立即就职。孙中山去上海，第一次护法战争失败。

9月唐继尧去重庆，召集川滇黔鄂豫五省联军会议，自命八省靖国联军总司令。

1919年（中华民国八年）

5月唐继尧对昆明五四爱国运动采取两面态度。

11月23日唐继尧与北洋直系军阀吴佩孚签订军事密约。

1920年（中华民国九年）

6月1日唐继尧宣布废除督军称号，以联军总司令名义控制云南。

10月8日在川滇战争中，驻川滇军第二军军长赵又新死于泸州，滇军被逐出川境。驻川滇军第一军军长顾品珍率部返滇。

1921年（中华民国十年）

2月8日顾品珍逐走唐继尧，进入昆明，以滇军总司令名义统治云南。

12月唐继尧拒绝孙中山北伐命令，改编在广西的滇军为4个军，回滇驱逐顾品珍。

1922年（中华民国十一年）

3月唐继尧率军回滇，打死了顾品珍，返回昆明，重掌云南大权。

年底重组滇黔联军，唐继尧自任总司令。

1923年（中华民国十二年）

2月唐继尧派其堂弟唐继虞率兵入黔。

10月唐继尧组织建国联军，自称七省建国联军总司令。

1924年（中华民国十三年）

9月孙中山第三次重建的广州军政府，推举唐继尧为副元帅，唐再次拒绝就任。

1925年（中华民国十四年）

2月唐继尧派兵进犯广西，第一次滇桂战争爆发，旋遭失败。

1926年（中华民国十五年）

8月维西镇守使罗树昌等起兵声讨唐继尧，旋遭失败。

11月中共云南特支成立，同时成立了以“倒唐”为目标的云南政治斗争委员会。

1927年（中华民国十六年）

2月6日在中共地下组织的推动下，龙云、胡若愚、张汝骥、李选廷四镇守使发动“二六”政变，推翻了唐继尧对云南的14年统治。唐于5月23日病逝。

2月22日云南省务委员会成立，胡若愚、龙云等9人为省务委员，以胡若愚为省务委员会主席。

6 月 14 日胡若愚联合张汝骥发动“六一四”政变，囚禁了龙云。

同日蒋介石任命龙云为第三十八军军长，胡若愚为第三十九军军长，张汝骥为独立第八师师长。

△胡瑛代理三十八军军长，由滇西组织龙云军队反攻昆明。

7 月 24 日胡若愚率部离昆，旋释放龙云。

8 月 13 日龙云回昆，接任第三十八军军长兼代云南省务委员会主席。

8 月 18 日胡若愚、张汝骥联合四川刘文辉、贵州周西成部反攻龙云，双方在滇东北反复战斗。

1928 年（中华民国十七年）

1 月 21 日南京政府任命龙云为第十三路军总指挥。

中共云南地下组织遭到破坏。

1929 年（中华民国十八年）

春南京政府任命龙云为讨逆军第十路总指挥。

3 月龙云部师长孟坤与胡若愚、张汝骥联合组织反龙“靖滇军”。

4 月 12 日龙云部与贵州李燊部联合反击周西成，周战死。

7 月 11 日昆明北门街火药大爆炸，死伤惨重，称为“七一一”事件。

冬龙部击败“靖滇军”，俘获张汝骥，旋被处决；孟坤渡河溺死，仅胡若愚逃走。龙云最终统一了云南。

△龙云为云南省政府主席。

△卢汉以九十八师师长兼任省财政厅长，整理财政，效果较好。

1930 年（中华民国十九年）

5 月第二次滇桂战争爆发。龙云奉蒋介石命令，以卢汉为前敌总指挥出兵二万，进攻广西，10 月败退回滇。

1931 年（中华民国二十年）

3 月 10 日卢汉、朱旭、张凤春、张冲四师长举行“倒龙”会议，旋即失败。

1934 年（中华民国二十三年）

12 月中央红军进入贵州，龙云派孙渡率部“追剿”红军。

1935 年（中华民国二十四年）

2 月蒋介石任命龙云为第二路军总司令，令龙率部对抗红军。

2 月初中央红军进入云南，中旬离开云南。

4 月中央红军进入云南，5 月抢渡金沙江后离开云南。

11 月中共云南地下组织重建。

1936 年（中华民国二十五年）

1 月蒋介石任命龙云为“滇黔绥靖公署”主任。

3 月红二、红六军团进入云南，5 月离去。

4 月 5 日蒋介石任命龙云为“滇黔剿共军”总司令。

1937 年（中华民国二十六年）

7 月 7 日“卢沟桥事变”，日本帝国主义发动全面对华战争。

8 月龙云赴南京出席“国防会议”，同意出兵 20 万，并与中共领导人朱德等建立了联系。

9 月滇军整编为第六十军，以卢汉为军长。

10 月滇军六十军从昆明出发，开赴前线抗日。

1938 年（中华民国二十七年）

4 月滇军在台儿庄与日军激战。旋六十军改编为第三十军团，以卢汉为军团司令；再改三十军团为第一集团军，下辖六十军、五十八军和新三军 3 个军。

5 月 20 日滇军撤出徐州台儿庄地区。

11 月在保卫武汉战斗的外围战崇阳战中，滇军失利。

1940 年（中华民国二十九年）

9 月设立滇南作战军，以卢汉为总司令，是为第一集团军总部；在湖南的第一集团军总部改为副总部。

1941 年（中华民国三十年）

5 月在保卫中条山的战斗中，第三军军长唐淮源、第三军第 12

师师长寸性奇（皆云南人）英勇战斗，壮烈殉职。

△蒋介石任命龙云为军事委员会昆明行营主任。

秋设滇越边区总司令部，以卢汉为总司令。

1942 年（中华民国三十一年）

5 月初日本侵略者从缅甸侵入云南，怒江以西国土沦陷，滇西抗战全面展开。

1943 年（中华民国三十二年）

10 月中共中央南方局派华岗来昆明，与龙云建立了联系。

12 月滇军五十八军收复湖南常德。

1944 年（中华民国三十三年）

5 月滇西反攻战开始。

9 月 14 日收复腾冲。

11 月 20 日收复芒市。

1945 年（中华民国三十四年）

1 月 20 日收复畹町，滇西国土全部收复。

春滇越边区总司令部改编为第一方面军，以卢汉为总司令。原第一集团军副总部改为总部，以孙渡为总司令。

8 月 15 日日本投降，抗日战争取得胜利。

9 月 28 日卢汉率第一方面军入越南后，接受北纬 16 度以北地区日军投降。

10 月 3 日蒋介石指使昆明防守司令杜聿明发动“十·三政变”，下令免去龙云本兼各职，调任军事委员会军事参议院院长，卢汉继任省政府主席，却以民政厅长李宗黄代主席。

10 月 6 日龙云被迫离开昆明，飞往重庆，结束了自己统治云南 18 年的历史。

12 月 1 日卢汉就任云南省政府主席。

同日“一二·一”运动发生。

1946 年（中华民国三十五年）

春驻越滇军六十军、九十三军调往东北打内战。

5 月 30 日滇军第六十军 184 师在师长潘朔端领导下于东北海城起义。

6 月卢汉由南京转赴东北“慰问”滇军。

7 月 11 日及 15 日著名民主人士李公朴、闻一多在昆明被害，称为“李闻惨案”。

1947 年（中华民国三十六年）

2 月滇军将领张冲冲破重重阻碍，到了延安，从事策反滇军工作。

1948 年（中华民国三十七年）

9 月卢汉再次到东北“慰问”滇军。

10 月 15 日锦州解放，原滇军九十三军军长、后为六兵团司令卢浚泉被俘。

10 月 17 日滇军六十军在军长曾泽生领导下于长春起义。

1949 年（中华民国三十八年）

2 月 12 日因兑换金圆券引起骚动，卢汉在昆明南屏街下令枪杀无辜群众 21 人，是为“南屏街血案”。

春卢汉派宋一痕为代表，与中共中央香港分局取得联系，5 月、8 月派龙泽汇先后两次与“边纵”领导人会谈。

秋原六十军代参谋长张秉昌、原国民党北平警备司令周体仁（皆为云南籍人），由中共委派回滇，做争取卢汉的工作。

6 月 8 日云南绥靖公署成立，卢汉为主任。

8 月 14 日龙云在香港发表谈话，敦促卢汉起义。

8 月 27 日蒋介石在重庆紧急召见西南各省军政长官。

9 月 6 日卢汉飞重庆会见蒋介石，两日后回昆。

9 月 9 日云南进行整肃，逮捕 400 余人，是为“九九整肃”。两月后被捕人员全部获释。

10 月 1 日中华人民共和国成立。

12 月 1 日卢汉下令成立昆明警备司令部，次日实施戒严。

12 月 3 日、4 日卢汉派林毓棠、周体仁赴香港、广州与中共组织联系起义事。

12月9日国民党西南军政长官张群飞昆明，卢汉即于当晚10时宣布云南起义，滇军全部响应起义。

12月16日至23日国民党第八军、二十六军围攻昆明，发生了昆明保卫战，23日后敌军向滇南逃窜、集结。

1950年

1月至2月间进行了近两个月的滇南歼灭战，除少数人逃往国外，全歼国民党残军。

2月20日解放军正式进入昆明。

2月22日昆明各界举行盛大欢迎会。

2月24日，在全省地师干部会上，陈赓宣布云南从今天起已完全获得了解放。滇军也结束了自己的历史使命。

二　主要参考书目

1.《云南近代史》，云南人民出版社 1993 年 7 月第 1 版。

2. 谢本书、冯祖贻主编：《西南军阀史》（三卷本），贵州人民出版社第一卷 1991 年 2 月、第二、三卷 1994 年 10 月第 1 版。

3. 余应彬著：《黑红门——滇系军阀全传》，团结出版社 2002 年 2 月第 1 版。

4. 喻宗泽主编：《云南行政纪实》，云南省政府 1943 年付印。

5. 谢本书著：《袁世凯与北洋军阀》，上海人民出版社 1984 年 6 月第 1 版。

6. 张磊著：《孙中山评传》，广州出版社 2000 年 11 月第 1 版。

7. 尚明轩著：《孙中山传》，北京出版社 1981 年 9 月第 2 版。

8. 白蕉编著：《袁世凯与中华民国》，（上海）人文月刊社 1936 年第 1 版。

9.《续云南通志长编》（三册），云南省志编纂委员会办公室，1985 年 12 月第 1 版。

10. 丁文江、赵丰田编著：《梁启超年谱长编》，上海人民出版社 1983 年 8 月第 1 版。

11. 谢本书、牛鸿宾著：《蒋介石与西南地方实力派》，河南人民出版社 1990 年 10 月第 1 版。

12. 云南历史学会编：《云南辛亥革命史》，云南大学出版社 1991 年 10 月第 1 版。

13. 谢本书等编：《云南辛亥革命资料》，云南人民出版社 1981 年 8 月第 1 版。

14. 中国科学院历史研究所第三所编辑：《云南贵州辛亥革命资料》，（北京）科学出版社 1959 年 1 月第 1 版。

15. 张宪文主编：《中华民国史纲》，河南人民出版社 1985 年 10 月第 1 版。

16. 《朱德选集》，人民出版社 1983 年 8 月第 1 版。

17. 中共云南省委党史研究室著：《中共云南地方史》（第一卷），云南人民出版社 2001 年 6 月第 1 版。

18. 谢本书、李成森著：《民国元老李根源》，云南教育出版社 1999 年 9 月第 1 版。

19. ［美］史沫特莱著：《伟大的道路——朱德的生平和时代》，（北京）生活·读书·新知三联书店 1979 年 4 月第 1 版。

20. 谢本书著：《蔡锷传》，天津人民出版社 1983 年 3 月第 1 版。

21. 谢本书著：《讨袁名将——蔡锷》，兰州大学出版社，1997 年 1 月第 1 版。

22. 谢本书著：《唐继尧评传》，河南教育出版社，1985 年 2 月第 1 版。

23. 谢本书、宋光淑著：《共和再现——云南辛亥起义和护国首义》，云南人民出版社 1995 年 2 月第 1 版。

24. 庾恩旸著：《云南首义拥护共和始末记》，云南图书馆 1917 年印（平装一册，精装两册）。

25. 云南社科院历史研究所、贵州社科院历史研究所合编：《护国文献》（两册），贵州人民出版社 1985 年 12 月第 1 版。

26. 曾业英编：《蔡松坡集》，上海人民出版社 1984 年 7 月第 1 版。

27. 谢本书等著：《护国运动史》，贵州人民出版社 1984 年 4 月第 1 版。

28. 孙代兴、吴宝璋主编：《云南抗日战争史》，云南大学出版社 1995 年 7 月第 1 版。

29. 谢本书、温贤美主编：《抗战时期的西南大后方》，北京出版社 1997 年 6 月第 1 版。

30. 谢本书著：《龙云传》，四川民族出版社 1999 年 1 月第 1 版。

31. 江南遗著：《龙云传》，（香港）星辰出版社 1987 年 10 月第 1 版。

32. 谢本书、牛鸿宾著：《卢汉传》，四川民族出版社 1990 年 10 月第 1 版。

33. 谢本书著：《张冲传》，四川民族出版社 1993 年 10 月第 1 版。

34. 吉林政协文史办编选：《长春起义纪实》，吉林文史出版社 1987 年 10 月第 1 版。

35. 中共云南省委党史资料征集委员会编：《昆明起义》，云南民族出版社 1989 年 12 月第 1 版。

36. 云南省档案馆编：《滇军抗战密电集》，1995 年 9 月内部印刷。

37. 中共云南、广西、贵州省（区）委党史资料征委会编：《中国人民解放军滇桂黔边纵队》，云南民族出版社 1990 年 3 月第 1 版。

38. 成都军区政治部宣传部编：《红军长征过云南》，四川人民出版社 1990 年 4 月第 1 版。

39. 李玉、袁蕴华、费祥镐编：《西南义举——卢汉刘文辉起义纪实》，四川人民出版社 1988 年 7 月第 1 版。

40. 马子华著：《一个幕僚眼中的云南王——龙云》，云南美术出版社 1994 年 3 月第 1 版。

41. 马子华著：《卢汉后半生》，四川文艺出版社 1992 年 5 月第 1 版。

42. 李根源著、李希泌编校：《新编曲石文录》，云南人民出版社 1988 年 1 月第 1 版。

43. 杨维真著：《唐继尧与西南政局》，（台湾）学生书局 1994 年 1 月初版。

44. 中共云南省委党史研究室编：《中国共产党在滇军中的工作》，云南人民出版社 1983 年 12 月第 1 版。

45. 中国第二历史档案馆、云南省档案馆合编：《护法运动》，（北京）档案出版社 1993 年 12 月第 1 版。

46. 《孙中山三次在广东建立政权》，中国文史出版社 1986 年 11

月第1版。

47. 欧之德著：《卢汉起义纪实》，（北京）中国华侨出版公司1991年9月第1版。

48. 王朝闻著：《龙云卢汉与蒋介石》，中国青年出版社1990年12月第1版。

49. 孟端星著：《曾泽生传》，北京燕山出版社1998年12月第1版。

50. 中共云南省委党史研究室编：《海城起义》，云南民族出版社1999年5月第1版。

再版后记

从“枪杆子里面出政权”的理论到“有枪便是草头王”的俗语；从克劳塞维茨的“战争论”到林彪的“政变经”；从古代的伯罗奔尼撒战争到现代的伊拉克战争，都说明了武装力量——军队的重要性。

研究任何一个政权的活动，都离不开支撑它的重要实力——武装力量，即军队。研究民国时期的云南，也离不开支撑云南地方政权的武装力量——滇军。这是历史研究的重要内容。正因为有了滇军，民国时期的云南才成为能够演绎风云的云南。

当深入研究滇军的活动及其作用时，我们才发现，地处西南边陲，经济并不算发达地区云南的滇军，却有许多为人不知或为人不注意的趣事和特色，诸如在民国初年，滇军精锐冠于全国；在军阀混战时期，滇军一度称霸西南，影响全国；抗日战争时期，滇军乃国之劲旅，出现了众多的抗日名将和抗日烈士，却没有出现过投降将军和伪军；解放战争时期，滇军最终走上了光明的道路，从而结束了自己的历史使命。

滇军在历史上活动近40年，常常以民族气节和“云南精神”鞭策自己，这是滇军之所以在中国近代历史上有着不可取代性及其最终走向光明道路的重要文化内涵。

滇军，值得让人们回忆和思索。

这本书，初版（2004年版）乃应云南人民出版社社长兼总编胡廷武之建议，与编辑室主任王建南，责任编辑吴虹、许智明、杨铉诸先生具体商议，并得到他们帮助，得以完成的结果。初稿完成后，又得到云南中国近代史研究会、中共云南省委党史研究室、云南省新闻出版局以及云南人民出版社审读室的领导和专家之指教，在此表示感谢。

本书出版后，承蒙社会各界的厚爱，很快售罄。云南人民出版社文化读物编辑室主任段兴民先生建议再版，我很高兴地接受了，并得到现任云南人民出版社社长刘大伟先生的支持。在编辑室各位同仁的共同努力下，这本书很快得以再版，可供进一步研究中国近代军事史，特别是研究滇军史的参考。

滇军在辛亥革命、护国运动、抗战、云南解放过程中的光荣业绩，都是值得我们怀念和纪念的。

本书再版时，基本上保留了原书的面貌，只作了必要的文字校订，调整了版式。

2013 年 2 月